JOURNAL

DES

OPÉRATIONS MILITAIRES ET ADMINISTRATIVES

DES

SIÉGE ET BLOCUS DE GÈNES,

Par le lieutenant-général baron THIÉBAULT.

Nouvelle édition.

Ouvrage refait en son entier, avec addition d'un second volume comprenant un grand nombre de pièces, inédites, officielles et d'une très haute importance.

Fais ce que dois, advienne que pourra.

—

TOME PREMIER,

—

PARIS

J. CORRÉARD, Éditeur d'Ouvrages militaires,
Rue de l'Est, n° 9.

J. Dumaine, neveu et successeur de G. Laguionie, rue Dauphine, 36.

B. Behr à Berlin.
Joseph Bocca, à Turin.
Decq, à Bruxelles.
J. Issakoff, lib.-édit., comm. officiel de toutes les Bibliothèques de la garde impériale à Saint-Pétersbourg.
Doorman, à La Haye.

Michelsen, à Leipsig.
Kaulfuss, Prandelet Cie, à Vienne.
Pierre Marietti, à Turin.
Muquardt, à Bruxelles.
Casimir Monnier, à Madrid.
Van Cleef frères, à La Haye.
H. Baillière, 219, Régent Street, à Londres.

A Alger, à la Librairie centrale de la Méditerranée.

1847

BLOCUS DE GÊNES.

—

1

IMPRIMERIE DE GIROUX ET VIALAT, A LAGNY.

P. THIÉBAULT

Général de Brigade

(d'après le Dessin original fait par Viccart en Juillet 1800)

JOURNAL

DES

OPÉRATIONS MILITAIRES ET ADMINISTRATIVES

DES

SIÉGE ET BLOCUS DE GÊNES,

Par le Baron **THIÉBAULT,** Lieutenant-Général.

NOUVELLE ÉDITION.

Ouvrage refait en son entier.

Fais ce que dois, advienne que pourra.

1

―――――

PARIS

J. CORRÉARD, ÉDITEUR D'OUVRAGES MILITAIRES,

RUE DE L'EST, 9.

―

1846.

1847

DÉDICACE.

Aux braves de la vieille et triomphale armée d'Italie!

A la mémoire, c'est-à-dire aux mânes de ceux de ces braves qui n'existent plus!

Enfin aux armées françaises, comme monument de ce que peuvent, pour la défense du pays et de la liberté, l'intrépidité, la constance dans les revers, l'abnégation dans les souffrances, dans les fatigues et dans les privations les plus cruelles!

MASSÉNA

AU GÉNÉRAL THIÉBAULT.

———o●———

MON CHER GÉNÉRAL,

C'est avec satisfaction que j'ai pris connaissance des changements et additions par lesquels vous venez de compléter le journal des siége et blocus de Gênes.

Les faits qu'il contient, les développements qui l'enrichissent, les préceptes dont il est semé, le rendent digne de son sujet; et si l'évènement qu'il consacre est historique, la manière dont vous venez d'achever sa rédaction en fait un ouvrage élémentaire et classique.

Un seul reproche pourrait vous être fait, celui d'avoir trop peu parlé de vous. Mais ce laconisme cadre avec votre attention à signaler la conduite des corps, des officiers et des chefs de tous grades, qui ont pris part à cette lutte si pénible et si glorieuse.

Recevez, mon cher Général, l'assurance de mon estime et de mon attachement.

Signé MASSÉNA.

Paris, 28 février 1815.

S. A. R. LE PRINCE HENRI DE PRUSSE,

FRÈRE DE FRÉDÉRIC-LE-GRAND,

AU GÉNÉRAL THIÉBAULT,

En réponse à la lettre servant d'envoi à un exemplaire de la seconde édition du JOURNAL DES SIÉGE ET BLOCUS DE GÈNES (*).

——— ⁂ ———

MONSIEUR,

J'ai reçu avec reconnaissance le livre que vous m'avez adressé ; l'intérêt sincère que je n'ai cessé de prendre à la France et à ses braves défenseurs me rendait digne de votre souvenir. J'ai lu avec attendrissement et enthousiasme le tableau des maux endurés par la valeureuse armée d'Italie! Que ne puis-je connaître et té-

---

(*) M. le lieutenant-général comte de la Roche-Aymon, pair de France, et, en 1801, attaché à S. A. R., fut chargé, par elle, de la rédaction de cette réponse, trop française en effet pour qu'un Français n'y eût pas eu quelque part, et trop digne pour que ce prince n'en ait pas fourni les principales pensées et ne l'ait pas approuvée en son entier !

moigner personnellement à tous les héros qui la composaient la reconnaissance que leur doit tout ami de l'humanité ! C'est à leur patience héroïque, à leur patriotisme au-dessus de tout éloge, que la France doit ses nouveaux triomphes et ses succès, que l'Europe entière doit la fin d'une guerre aussi désastreuse. Le général Masséna, plus heureux que Léonidas, a deux fois défendu et sauvé sa patrie ; la Suisse et la Ligurie ont été alternativement les théâtres de sa fortune et de son patriotisme. Deux fois il a arrêté, avec des forces inférieures, les nombreuses armées ennemies qui, fières de leur supériorité, ne comptaient que sur la victoire ! La République ne peut jamais oublier son dévouement, les militaires de tous les pays rendent à ses talents l'hommage qu'il mérite. Quoique je n'aie pas le plaisir de vous connaître personnellement, la modestie avec laquelle vous avez rédigé l'histoire d'évènements auxquels vous avez pris une part active, ne peut qu'ajouter à la bonne opinion que j'ai de vos talents.

Je suis avec les sentiments distingués qui vous sont dus,

Votre affectionné,

Signé HENRI.

Berlin, ce samedi 28 février 1801.

NOTE.

Tout le monde connaît la noble simplicité du monument élevé à Masséna, dans l'enceinte du Père-Lachaise!... Ce grand nom, sans autre inscription que

MASSÉNA (sur une face),

RIVOLI,
ZURICH,
GÊNES,
ESSLING,   (sur l'autre),

est de la plus haute éloquence, et rappelle qu'il reste peu de chose à dire de celui dont le nom dit toute la gloire !

On ne peut cependant s'empêcher de remarquer que la lettre que l'on vient de lire renfermait une belle inscription pour la tombe de cet illustre capitaine ! Et, en effet, il eût été beau de montrer le prince Henri de Prusse, frère de Frédéric-le-Grand, et grand général lui-même, redisant à la postérité, à laquelle il appartient à tant de titres :

Plus heureux que Léonidas,
Masséna, deux fois, a sauvé sa patrie!

Dans son ouvrage *Sur la défense des places de guerre,* ouvrage fait par ordre de l'Empereur et remanié par lui, le général Carnot dit, p. 393, première édition :

« Le journal de la défense de Gênes ayant été ré-
« digé par un officier distingué de cette armée, qui
« avait coopéré lui-même à toutes ses opérations, nous
« ne nous permettrons pas d'en rien retrancher. Ce
« journal doit être lu en son entier, et médité par tous
« les militaires appelés à défendre des places, comme
« une source d'instructions précieuses, comme un mo-
« dèle admirable de constance et d'intrépidité (*). »

Nota. Dans le manuscrit de l'ouvrage du général Carnot, la

_____

(*) Comme preuve de la manière dont cet évènement et mon Journal furent et continuèrent à être jugés, même dans les classes les plus hostiles à la gloire de nos armes, je crois pouvoir citer la

mention relative à mon *Journal du Blocus de Gênes* avait trois pages : l'Empereur en biffa plus des trois quarts, et c'est dans la fraction de page qu'il laissa, que se trouvent les deux phrases ci-dessus copiées.

Lafond, peintre, et ami intime de Carnot, m'a dit avoir vu les pages et passages biffés par Napoléon !

---

lettre qui suit, et que m'écrivit ce terrible abbé Bernier, de la Vendée, qui, au milieu des effroyables massacres qu'il ordonna, trouva un matin, à sa porte, un seau rempli de sang, avec ce mot.... *Bois !* ...

« GÉNÉRAL, »

« J'ai reçu l'excellent ouvrage que vous m'avez envoyé ! Je
« m'empresse de vous en faire tous mes remerciements ! Il me
« sera doublement précieux, et par les faits glorieux qu'il con-
« tient, et par la profonde estime que m'a inspirée son auteur !
« Le blocus de Gênes, à jamais célèbre, acquiert, par la lecture
« de votre ouvrage, un nouvel intérêt ! Il apprend à la France, à
« l'Europe entière, par quels genres de privations, et par quels
« traits de courage, nos guerriers savent, même dans le malheur,
« dicter, en quelque sorte, des lois à leurs ennemis ! »

« Recevez, général, avec mes actions de grâces, l'hommage de
« mon respect. »

« **Orléans**, 27 floréal an XII. »

Introduction.

Préliminaires.

Quarante-six années se sont écoulées depuis l'évènement dont cet ouvrage consacre le souvenir.

Mais le temps, fatal aux faits ordinaires, ajoute sans cesse à l'éclat des faits héroïques. Les premiers, qu'un seul jour affaiblit, ne tardent pas à se confondre, et bientôt s'effacent, tandis que les derniers, excitant une admiration croissante, non moins dignes des tributs de l'avenir que des hommages contemporains, honorent la patrie autant que les chefs qu'ils illustrent, commandent une émulation féconde en imitateurs, et, tels que les blocus et siége de Gênes, s'élèvent et grandissent à mesure qu'ils s'éloignent davantage.

C'est donc en vain que les guerres et les bouleversements politiques qui les ont suivis, ont mis entre ce blocus et nous plus que l'équivalent d'un siècle; c'est en vain que la presque totalité des braves qui ont figuré dans

cette noble lutte ont cessé d'exister, ou bien qu'ils ont
quitté la scène du monde; que les familles de plusieurs
d'entre eux ignorent si elles ont à revendiquer quelque
part de tant de gloire; c'est en vain que vingt-neuf ans
ont passé sur la tombe de l'homme de guerre que la défense de Gênes plaça si haut qu'elle eût suffi pour l'im-
mortaliser; c'est en vain que pour cette défense l'incor-
ruptible avenir succède au présent et au passé, que pour
elle l'histoire a commencé!... Aucun des siéges ou blocus de notre époque, ou des temps antérieurs, n'est en
effet certain d'une plus grande et d'une plus durable
célébrité : assertion à ce point exacte, que plus cet
évènement sera comparé à des évènements de la même
nature, plus il paraîtra incomparable !

Mais si, par lui-même, il excite le plus juste étonnement, combien n'est-il pas mémorable par les intérêts
qui s'y rattachèrent.

La perte de Gênes consommait nos défaites au-delà
des Alpes; sa conservation fondait l'espoir de les réparer. Maître de cette place, à l'époque où le général
Masséna la défendit, l'ennemi l'était de l'Italie entière.
Il pouvait reprendre ses premières positions sur le Var,
pénétrer dans nos provinces méridionales, nous enlever
la Savoie, attaquer, de revers, notre armée d'Helvétie,
ou du moins annuler nos efforts de ce côté; tandis que,
conservant Gênes assez longtemps pour déjouer de tels
desseins, nous formions une diversion puissante et favorable aux opérations de nos armées sur le Rhin et
dans la Suisse, et à leur rentrée dans la haute Italie par
les débouchés du Piémont et de la Lombardie.

Sous d'autres rapports, de quelle importance n'était pas pour l'ennemi comme pour nous cette place riche et peuplée, cette place, débris d'une puissance naguère formidable (*), mais enfin qui pouvait encore servir de

---

(*) Gênes, ancienne capitale de la Ligurie cisalpine, avait joué, au temps des croisades, un rôle hors de toute proportion avec sa population et l'étendue de son territoire. C'est dans ses ports que se trouvaient, à cette époque, les meilleurs navigateurs et les plus habiles pilotes de la Méditerranée. Indispensables aux Croisés, qu'à grands frais ils transportèrent en Palestine, ils ne leur devinrent pas moins utiles comme valeureux auxiliaires et comme inventeurs d'une espèce d'artillerie qui rendit d'inappréciables services. Ils avaient donc d'incontestables droits à une part dans les conquêtes ; mais joignant le génie du commerce au génie de la guerre, ils préférèrent des places maritimes qui, fortifiées, ne nécessitaient que des garnisons, à des territoires pour la défense desquels il aurait fallu des armées ; de cette sorte, et tout en se rendant maîtres de la Sardaigne et de la Corse, ils fondèrent en Asie et en Afrique les riches comptoirs auxquels ils durent les colossales fortunes qu'attestent encore et ces palais, ces églises, ces monuments qui firent de Gênes, *Gênes-la-Superbe*, et cette double enceinte dont les approches sont défendues par des forts qui achèvent de faire de Gênes une place du second ordre !

Deux rivales cependant, Pise et Venise, lui disputaient cette productive suprématie ! C'était plus qu'il n'en fallait pour recourir aux armes, par lesquelles ces trois États devaient un jour disparaître !

Malgré une vigoureuse résistance, Pise succomba dans la lutte ; et sans l'opiniâtreté d'André Doria, Venise était fort menacée d'avoir le même sort !

Toujours est-il qu'un pays de six lieues de large et de soixante

refuge à une armée et à une flotte, qui renfermait un double arsenal, et qui, indépendamment d'un point d'appui respectable, offrait en temps de paix les moyens de rassembler, à l'aide d'un grand commerce, les produits des deux mondes.

Au début de la campagne de 1800, Gênes se trouva donc l'objet de l'ambition de la coalition et de la sollicitude de la France, et, de part et d'autre, l'on, s'efforça de sauver cette place ou de la conquérir. C'est à Vienne même que l'attaque de Gênes et de nos positions dans la Ligurie fut discutée et arrêtée. C'est là que le calcul de nos maux présents et passés, de notre dénûment, de notre misère, et d'une mortalité effrayante, que tous les

---

lieues de long, joua un rôle immense, prit et délivra des rois, intervint dans d'importantes négociations, et même vit des membres de ses grandes familles s'allier à des maisons souveraines ! Mais il n'est pas d'édifice qui puisse se soutenir sans de larges bases : Gênes n'en ayant aucune, était à la merci de la première bourrasque sérieuse ! Les guerres civiles de l'Italie marquèrent le terme de ses prospérités, de sa puissance. Ce qui pouvait à peine se soutenir par des efforts communs, s'écroula, et devait s'écrouler par l'effet des divisions. Poursuivie et frappée par le malheur, après avoir été comblée par la fortune, Gênes perdit et ses comptoirs d'outre-mer, et ses conquêtes territoriales, et la Sardaigne et la Corse ; réduite à une seule ville, à un seul port, valant la peine d'être cités, cette république, n'ayant plus qu'un simulacre d'existence, après avoir été sauvée par Boufflers, après avoir dû à Masséna son dernier rôle historique, finit par devenir, en dépit des plus fortes haines nationales, une des provinces du Piémont.

risques de notre position militaire servirent de base et de justification aux plus grands projets, aux plus vastes espérances ; et c'est avec la conviction d'un succès prompt et entier que, sans parler de 15,000 hommes de troupes anglaises réunies à Mahon, une armée autrichienne, fraîche, nombreuse, électrisée par ses victoires, secondée par des régiments sardes, par l'insurrection du Piémont et d'une partie de la Ligurie, par une flottille napolitaine et par une flotte anglaise, fut dirigée contre une poignée de soldats épuisés, disséminés sur une langue de terre de près de soixante lieues, resserrés entre les plus hautes montagnes et la mer, n'ayant ni moyen de se réunir, ni pour ainsi dire de retraite, et composant, après une année de désastres, les débris de l'armée d'Italie.

Que pouvait la France pour rétablir un équilibre à ce point rompu ? Qu'avait elle à opposer à de telles masses, et quel parti restait-il à prendre au chef de son gouvernement ?... Ordonner de se maintenir en avant de Gênes, quand M. de Mélas occupait tout le Piémont ?... Faire attaquer un ennemi auquel on n'avait pas les moyens de résister ?... Renforcer l'armée dans un pays où la famine et les épidémies dévoraient tout ?... Compromettre de nouvelles troupes dans des positions que l'égalité même des forces ne pouvait rendre tenables ?... Acheter par des sacrifices et des risques immenses le misérable honneur de combattre sans résultats, quels que pussent être le talent des chefs et la valeur des troupes ?... Rien de tout cela n'était ni possible, ni désirable ; et pourtant on ne pouvait abandonner Gênes, et, sans ressources comme sans espoir, il fallait y rester, subir les évènements, disputer cette place jusqu'à la dernière extrémité!

Si de telles considérations n'échappaient à personne, combien les hommes que leur devoir associait à cette position ne devaient-ils pas en être frappés! Tout les ramenait en effet à cette question terrible : *Quelle sera la fin d'une situation aussi formidable, aussi désespérée?* Ce secret était celui du temps : et jusqu'à ce que la victoire le révélât, n'ayant, à l'exception de huit demi-brigades encore de plus de 1,000 hommes chacune, que quelques débris de corps à opposer à des forces écrasantes, il ne nous restait qu'à prolonger une lutte, quelque inégale qu'elle pût être, qu'à rendre secondaires les points qui semblaient devoir être décisifs, enfin qu'à manœuvrer et à combattre, non pour vaincre, mais pour affaiblir et diviser l'ennemi, en attendant que sa défaite pût résulter de nouveaux moyens et de plus hautes combinaisons!...

Mais où trouver des hommes pour de tels rôles?... Impossibles sans une forte capacité, un grand caractère, une imposante réputation, ces rôles ne pouvaient être remplis que par des chefs célèbres et assez magnanimes pour céder aveuglément à tout ce qui leur était demandé au nom de la patrie. De tels hommes sont des secours que souvent on cherche en vain. La France en possédait alors, et l'histoire redira par qui fut donné et suivi l'exemple de cette héroïque résignation : à la tête de noms justement célèbres, elle placera avec vénération et reconnaissance le nom de Masséna, qui, pour prix de tant et de si brillants faits d'armes antérieurs, pour prix de l'immortelle campagne qu'il terminait en Suisse, où il avait sauvé et illustré son pays, à Zurich, sur la Limmat, à Glaris..., et battu ou détruit en si peu de jours les armées de Korsakoff, de Hotzen et de Suwarow, accepta, par l'abnégation entière de tout ce qui lui était personnel, l'effrayant commandement de l'armée d'Italie (*).

Rôles du centre et de l'aile gauche de l'armée.

Mais en consacrant ce qui est relatif au blocus de Gênes et aux hommes qu'il a illustrés, que ne puis-je rappeler avec les mêmes détails la lutte à laquelle le reste de la Ligurie, le Piémont et le Milanais servirent de théâtre pendant cette campagne de triomphe et de gloire ! Que ne puis-je, en effet, complétant un si vaste, un si riche tableau, faire marcher de front l'histoire des opérations de la gauche, du centre et de la droite de l'armée d'Italie, et décrire le mouvement magique de cette armée de réserve, qui, après avoir été pour ainsi dire improvisée, sembla portée par les nuages dans la Lombardie et le Piémont !... Certes on n'aurait pu, sans un

---

(*) Le 29 ventôse, le général Vignolle, chef provisoire de l'armée de réserve, écrivait de Dijon au général Masséna :

« Les généraux Bonaparte et Berthier sont certainement bien « informés de la triste situation de l'armée d'Italie,.. Vous savez « ce que je vous écrivis sur son dénûment. Vous n'avez jamais « donné de plus grande preuve de dévoûment qu'en acceptant le « commandement de cette armée. »

noble orgueil, accomplir une si belle tâche ! on n'aurait souffert que de l'impossibilité de s'élever au niveau de son sujet !... Mais le plan qui seul pouvait convenir à cet ouvrage, les considérations qui l'ont fait écrire, et la difficulté de parler de faits dont on n'a pas été le témoin, ont forcément borné ce travail à ce qui appartenait au rôle de l'aile droite de l'armée d'Italie.

Et pourtant, sans aborder les opérations de l'armée de réserve, sans dire que la campagne immortelle qu'elle fit ne fut possible que par la résistance à laquelle Gênes servit de théâtre, combien n'eût-il pas été glorieux de retracer les faits brillants qui constatèrent les efforts et la constance de l'aile gauche de l'armée, aux ordres du lieutenant-général Thureau, et du centre que commandait le lieutenant-général Suchet.

En proie à de grandes privations, l'aile gauche, après avoir passé l'hiver au milieu des âpres frimas et de montagnes presque inaccessibles, après avoir, avec 6,000 hommes, tenu une ligne immense contre des forces doubles des siennes, ouvre la campagne le 20 germinal et débute par la prise d'Exilles, de cette place longtemps disputée, cependant enlevée, quatre fois réattaquée et toujours conservée. Le 24, elle s'empare du Mont-Cenis et s'établit de nouveau dans les positions précédemment occupées par elle. Le 14 floréal, l'ennemi cherche à les reprendre et échoue malgré l'avantage du nombre. Le 1er prairial, 1,200 français forcent une ligne de redoutes qui paraissaient inexpugnables, tuent plus de 300 hommes, enlèvent le camp de Gravierres, et secondés par une réserve que le général

Thureau fait donner à propos, font 1,600 prisonniers.
Le 5 prairial, l'aile gauche attaque l'ennemi sur tous
les points, le bat et le poursuit jusqu'à la tour du
Col. Enfin, le 15 du même mois, près Saint-Ambro-
gio, notre infanterie charge deux fois la cavalerie autrichienne et lui tue ou blesse 400 hommes, et la 28me
légère, deux fois enveloppée par des forces triples des
siennes, et ayant épuisé ses cartouches, se fait deux
fois jour à la baïonnette et punit l'ennemi de son audace ! Actions éminemment glorieuses et au moyen
desquelles le lieutenant-général Thureau, non satisfait
d'avoir repris ses anciennes positions, s'établit en
avant d'elles sur un territoire conquis par ses armes,
et qu'il ne quitte que pour renforcer l'armée de réserve, en réunissant à elle les 4 à 5,000 hommes qui
lui restaient.

Mais si l'aile gauche eût offert ces honorables faits à
consigner, le centre de l'armée en eût offert davantage.

Assaillis le 15 germinal sur les hauteurs de Saint-
Jacques, par près de 15,000 Autrichiens, les 5,000
combattants qui les défendaient ne se reploient qu'a-
près la plus vigoureuse résistance, et prennent position
à Finale sans avoir été entamés, et sans avoir laissé un
seul homme dans les mains de l'ennemi.

Cinq jours après, cette poignée de braves, appelée à
seconder les efforts du général en chef pour réunir les
troupes du centre à celles de l'aile droite, ose tenter la
reprise de Saint-Jacques, arrive aux ouvrages dont cette
formidable position est hérissée, plante ses étendards

sur les retranchements de l'ennemi, les force en partie, et ne se retire, après les plus brillants efforts, qu'en ramenant 1,600 prisonniers.

Irrités, mais non découragés par cet insuccès, ces troupes et leur chef ont assez de dévouement pour exécuter une seconde fois cette attaque pénible autant que difficile, et assez d'audace pour se préparer à la recommencer une troisième, lorsque la nouvelle de la retraite de l'aile droite sur Gênes détermine le lieutenant-général Suchet à quitter une position qui devenait de plus en plus menaçante, et à se reployer en arrière du Var.

Ces mouvements, exécutés contre un ennemi partout assez fort pour attaquer nos braves en tête et en flanc, et pour les tourner à la fois, offrent une série de manœuvres habiles et d'actions honorables, et conduisent à ces mémorables combats soutenus et livrés sur les deux rives du Var, combats qui rendirent le passage de cette rivière impossible à une armée de terre deux fois plus nombreuse que la nôtre et secondée par le feu d'une flotte anglaise.

Mais bientôt cette défensive fait place à l'offensive la plus audacieuse. Le général Elsnitz se trouvait en effet sur le Var, avec 20 à 21,000 hommes, et nous n'en avions pas 12,000 à lui opposer, y compris 3,000 conscrits ou gardes nationaux, à peine armés et habillés; et c'est malgré cette disproportion des moyens et des forces, que le général Suchet, informé des premiers succès de l'armée de réserve, et pressentant la nécessité où se trouvait le général Mélas de concentrer ses forces, se porte en avant au moment où le général Elsnitz commençait sa retraite, le surprend désuni, en partie morcelé, l'attaque et le bat, lui fait évacuer les Alpes maritimes, le précède à Sospello et au col de Tende, le rejette dans la rivière de Gênes, le poursuit en même temps par toutes les routes, lui prend 700 hommes au col de Brouis, 1,600 au camp des Mille-Fourches, 900 hommes et sept pièces de canon sur les flancs de cette position, 1,300 hommes, six drapeaux et un canon à Versago et sur la Bormida, outre plusieurs centaines d'hommes et quelques pièces enlevées dans des rencontres moins importantes, bloque Savone le 22 prairial, et arrive le 1er messidor devant Gênes, qui, d'après le traité de Marengo, lui ouvre ses portes le 5.

Sans doute, présenter cette série de faits éclatants avec les développements propres à les caractériser, c'est-à-dire en les rattachant aux combinaisons, aux calculs auxquels ils furent dus, eût été rendre un juste hommage aux chefs distingués (*) qui secondèrent le lieutenant-général Suchet, et au général Suchet lui-

---

(*) Un d'eux, qu'en dépit de ses *vingt-trois* ans, son grade était déjà loin de placer au niveau de sa capacité, l'adjudant-général Préval, chef de l'état-major général du corps aux ordres du lieutenant-général Suchet, rendit, pendant cette campagne, des services signalés. Il est, au reste, du petit nombre de ces hommes qui, par leur vaillance et l'entente des opérations de la guerre, étaient faits pour justifier tout ce que la fortune aurait pu faire pour eux, et ce qu'elle ne fit pas!

même; mais, telle qu'elle est, cette ébauche, avec ce que nous avons dit du rôle de l'aile gauche, suffira pour prouver que, dans cette campagne de gloire, les trois corps de l'armée d'Italie rivalisèrent de dévouement, firent et semblèrent dépasser tout ce que leurs forces et leurs moyens purent rendre possible, enlevèrent à l'ennemi 20 pièces de canon, sans en perdre une seule, et en deux mois d'opérations lui détruisirent beaucoup plus d'hommes qu'ils n'avaient pu lui en opposer.

Corollaires.

En préparant cette édition, nous nous étions proposé de consacrer une partie de l'introduction à offrir au lecteur, étranger à la profession des armes, le tableau de l'inégalité des chances entre celui qui attaque et celui qui défend une place de guerre, et à présenter les principales considérations de nature à exalter les sentiments qui doivent animer et guider tout officier chargé d'une telle défense ; enfin, nous avions résolu d'établir un parallèle complet entre le siége de Gênes et les siéges les plus fameux que l'histoire ancienne et l'histoire moderne rappellent, et de fixer de cette sorte le rang du blocus de Gênes, au milieu de tant d'évènements célèbres par le même genre de gloire. Mais l'entière exécution de ce projet nous aurait jeté dans des développements que le but de ce travail ne comportait pas, ce qui, sous ces trois rapports, nous a forcément borné aux considérations et aux aperçus les plus essentiels.

Inégalité des chances dans l'attaque et la défense des places.

Dans quelque lutte que ce soit, l'honneur est toujours en raison de la difficulté vaincue, de même que cette difficulté résulte de la disproportion des moyens et des forces. Or, toutes les chances de succès étant pour l'assiégeant, à ce point que toute place bien assiégée ne peut manquer d'être prise, la gloire de l'attaquant ne peut exister que dans la rapidité de ses succès, comme celle de l'assiégé dans la prolongation de sa défense.

L'investissement d'une place prouve, en effet, que celui qui l'exécute est maître de la campagne, circonstance aussi favorable sous les rapports moraux que sous les rapports de la guerre proprement dite.

L'attaquant faisant une action volontaire ne la fait qu'avec les moyens de réussir, tandis que l'assiégé, parfois complètement pris au dépourvu, l'est presque toujours pour quelques objets essentiels à ses besoins ou à sa défense matérielle, et en effet, si le manque de munitions ou de vivres ne cause qu'un retard à l'assiégeant, il détermine immédiatement la chute de quelque place que ce puisse être.

L'assaillant, toujours maître du temps, ne l'est pas moins du point de l'attaque; d'où il résulte que la force de quelque place que ce soit, ne peut jamais être calculée que sur celle de son côté le plus faible.

Mais encore l'attaquant n'expose-t-il que ce qu'il

est au moment d'employer, tandis que l'assiégé est souvent forcé d'exposer des objets dont la destruction détermine sa reddition immédiate. Et comment ne pas citer également cet encombrement de morts et de blessés, fatal comme spectacle et insalubrité, et que l'assiégeant n'a jamais à craindre.

Enfin, et sans observer que la forme circulaire des places isole leurs différentes parties, l'assiégeant agit de la circonférence au centre, ce qui fait converger ses feux, et l'assiégé du centre à la circonférence, ce qui fait diverger les siens; l'assiégeant peut, sur tous les points, quintupler les feux qu'on lui oppose; il tire, de plus, sur une masse et n'est accessible que sur une ligne; il agit sur des constructions et ne donne d'action que sur de la terre, indépendamment de ce que ses projectiles creux et ses fusées produisent des incendies qui ne peuvent le menacer.

Une avance dans les constructions, et le moment où l'assiégeant couronne le chemin couvert et livre ses différents assauts, résument donc tous les avantages de l'assiégé dans cette lutte inégale; mais, à part ces conceptions heureuses, telle que celle dont M. le général du génie Lamare, alors colonel, eut l'idée, et qu'en 1812 il exécuta, avec succès, au troisième siége de Badajoz(*), ne sait-on pas combien il est rare qu'à

(*) Voir l'intéressant et instructif ouvrage sur la troisième défense de Badajoz (Paris 1837), où l'on trouve en effet, page 190,

ce moment la garnison ne soit pas ébranlée autant
qu'affaiblie, et combien il est difficile qu'elle résiste

---

et comme moyen qui n'a été imaginé et employé que par lui, ce
qui suit :

« Le colonel Lamare avait fait placer au pied des contrescar-
« pes, devant les brèches, plusieurs barils foudroyants et 60 bom-
« bes chargées, du diamètre de 14 pouces. Ces bombes étaient
« rangées à deux toises les unes des autres et recouvertes de 4 à 5·
« pouces de terre ; des rouleaux en toile de 2 pouces de diamè-
« tre (qu'on appelle saucissons de mine), renfermant une lon-
« gue traînée de poudre à canon, les liaient entre elles en forme
« de chapelet; ces rouleaux, enveloppés de paille et placés entre des
« tuiles creuses formant auget, étaient aussi recouverts de terre.
« L'instant opportun fut saisi avec beaucoup d'à-propos. Un offi-
« cier mit le feu au chapelet lorsque les assaillants traversaient en
« masse les fossés pour franchir les brèches. L'explosion se fit
« avec un fracas épouvantable et aux cris répétés de : Vive l'Em-
« pereur! Le feu qui jaillissait de la longue traînée de poudre,
« des barils et des bombes, avec une détonation semblable à celle
« de la foudre, fit trembler le sol. A l'obscurité profonde succéda
« tout-à-coup la clarté d'un vaste incendie, offrant aux yeux un
« spectacle effroyable de ruine et de dévastation. Enfin, cette ex-
« plosion fut suivie d'une décharge à mitraille des pièces de flancs
« et d'un feu roulant de mousqueterie, dirigé à bout-portant sur
« les Anglais par 700 hommes d'élite, munis chacun de trois fusils;
« dès-lors ce ne fut plus un combat, ce fut un massacre, une bou-
« cherie; 3,000 hommes furent tués ou laissés pour morts dans les
« fossés ou sur les glacis, le reste chercha son salut dans la fuite.
« Les braves qui défendaient les brèches n'eurent pas plus de 20
« hommes hors de combat. »

On voit par cette invention, tout-à-fait digne d'être citée, à quel
rang M. le général Lamare s'était placé comme officier du génie ;

longtemps aux efforts réitérés de troupes pouvant sans cesse être renouvelées ? Et pourquoi la valeur, la constance , les talents qui peuvent se réunir pour la défense d'une place, ne se trouveraient-ils pas, au même degré, dans les troupes chargées de faire un siége et dans le chef qui les commande ? Si l'héroïsme peut être produit chez les uns par l'honneur, la résignation, la nécessité, le désespoir, il peut l'être chez les autres par l'enthousiasme qu'excite une réussite glorieuse et généralement certaine.

Sentiments qui doivent animer tout officier chargé de la défense d'une place.

Mais, quelle que soit l'inégalité des chances entre l'assiégeant et l'assiégé, elle ne sera, pour l'homme doué d'énergie, qu'un véhicule qui exaltera son courage, et

---

mais pour être entièrement juste à son égard, on doit ajouter qu'il était du très petit nombre des officiers non moins propres à commander et à diriger des troupes de ligne, qu'à exécuter des travaux de son art et à ajouter aux moyens connus.

Comment se fait-il que dans chacune de nos places de guerre, il ne se trouve pas dans le bâtiment occupé par le gouverneur, une bibliothèque contenant la totalité des ouvrages de nature à éclairer l'idée, à exciter le zèle des hommes chargés de la défense de la place. Cette bibliothèque, dont le premier adjudant serait le gardien, devrait être, et pendant plusieurs heures, ouverte chaque jour, afin que les officiers de tous grades puissent profiter du contenu des ouvrages dont elle se composerait.

qu'un sujet de découragement pour le lâche. Comment oublier, d'ailleurs, qu'un grand nombre de villes auraient été sauvées si elles avaient tenu quelques jours de plus? Sans parler des secours que l'on doit toujours espérer; sans rappeler les circonstances inattendues qui, parfois, font lever un siége au moment où tout semblait perdu, circonstances sur lesquelles on doit toujours compter; sans considérer la diversion utile que l'on peut faire et rendre décisive pour toute la campagne, la défense d'une place est une des plus belles occasions de se signaler que le sort puisse offrir à un homme d'honneur. Chargé d'une grande tâche, il doit la remplir tout entière; honoré d'une confiance proportionnée aux difficultés de la résistance, il doit la justifier à tout prix. Jamais il ne doit perdre de vue que, maître de lui, il l'est des autres, que toujours il dominera les évènements qui ne l'ébranleront pas; enfin, qu'arbitre de sa réputation, il a pour alternative la gloire ou l'ignominie; mais, je le répète, le brave n'a pas besoin de considérations de cette nature; supérieur aux attraits de la célébrité, aux calculs des récompenses, à l'ambition comme à la fortune, c'est par de plus nobles sentiments que les difficultés l'irritent, qu'il se fortifie dans le danger, et que, sourd à toute autre voix qu'à celle du devoir, il s'immortalise en donnant l'exemple d'un véritable héroïsme. Et quel est le chef militaire, quel est même le Français qui hésiterait à se dévouer, dans une si notable occurrence, lorsque tant de personnes de tout état, de tout âge, de tout sexe, ont préféré la mort au malheur de partager la honte de la reddition de leur ville, quand tant de femmes, quand des moines eux-mêmes, se sont à jamais illustrés par de tels exemples!

Parallèle entre les plus célèbres défenses de places que l'histoire rappelle et la défense de Gênes.

Nous n'avons plus à parler que des rapports qui existent entre les défenses de places les plus glorieuses que l'histoire consacre (*), et à les prendre pour base du jugement définitif qui doit être porté sur les siége et blocus de Gênes. Or, ce qui tient à la défense des places peut différer : *par la situation respective des troupes, avant le siége ou le blocus; par la durée de l'un ou de l'autre; par la disproportion des forces et des moyens; par l'acharnement dans les combats; par la résignation dans les souffrances et dans les privations,* comme *par les extrémités qui en sont la suite* , enfin, *par les résultats.* C'est d'après cette division que nous allons suivre notre marche comparative.

Sous le rapport de la *situation respective des troupes :* l'armée de l'empereur d'Allemagne était nombreuse et magnifique à l'ouverture de la campagne de

---

(*) J'aurais pu citer beaucoup plus de siéges que je ne l'ai fait ; mais il suffit que ceux dont je parle les classent tous, pour que ceux même dont je ne parle pas, aient leur place dans ce tableau.

1,800 en Italie; et par leur faiblesse numérique comme
par l'état physique des hommes, les forces que nous
pouvions lui opposer ne méritaient plus le nom d'armée. La misère, le désespoir, y avaient d'ailleurs
rompu tous les liens, au point de faire déserter les
troupes *par bataillons*. Cette formidable situation était
même d'autant plus difficile à changer, qu'elle résultait, à la fois, de l'effet moral d'une longue série de
désastres, de l'épuisement des hommes, de leurs besoins, de leur dénuement, de l'occupation d'un sol
étranger, sol que la saison achevait de rendre affreux,
et d'une mortalité qui, à Nice seulement, porta le nombre
des victimes à 400 *par jour*. Cependant, rétablir la discipline que, dans cette position, tout concourait à détruire, était le premier résultat à obtenir, et celui
sans lequel le chef de cette armée ne pouvait que partager la honte des désastres auxquels elle semblait
dévolue.

L'histoire moderne ne me fournit rien qui puisse
être mis en parallèle avec une position aussi désespérée; car, sans doute, et à propos de malheureux ne
fuyant que la famine, on ne citerait pas la défection
des 1,000 hommes qui, entraînés par la peur, aban-
donnèrent Bayard au commencement du siége de
Mézières, et que Bayard *n'essaya pas même de retenir*.

L'histoire ancienne fait mention de quelques généraux réorganisant des armées indisciplinées. Furius
Camillus remplit cette tâche pénible à l'armée de siége
de Véiës, et Scipion, aux armées chargées des sièges

de Carthage et de Numance ; mais, d'une part, les circonstances étaient moins graves, moins pressantes,
puisque Rome attaquait, et le mal était bien moins
grand qu'à Gênes ; de l'autre, ces deux chefs ne réta-
blirent la discipline qu'en détruisant les causes qui
avaient exaspéré les troupes, et en y consacrant une
campagne entière. Or, rien de tout cela n'est compa-
rable à ce que le général Masséna fit dans cette terrible
circonstance. L'armée d'Italie était, en effet, dans un
véritable état de dissolution lorsqu'il y arriva ; il était
hors de mesure de changer la situation des troupes ; il
ne lui restait pas un jour dont la perte pût être réparée ; et par la seule force de son caractère, de sa
volonté, de sa réputation, par les ressources que lui
suggéra son génie, il obtint un résultat aussi étonnant, aussi rapide que complet ; fait *extraordinaire* et
dont je ne connais *aucun autre exemple.*

Sous le rapport *de la durée* : les soixante jours pendant lesquels se prolongèrent les siége et blocus de
Gênes, semblent au premier coup-d'œil ne donner lieu
à aucun rapprochement ; l'histoire ancienne rappelle en
effet des siéges de dix et de treize années (*), et l'histoire
moderne, des siéges de 18 mois, de 2 ans et même de 3
ans et 78 jours (**).

Mais, dans la défense des places, les difficultés vaincues, les souffrances endurées, les efforts répétés, sont

(*) Troie ; Véiës ; Tyr, etc.
(**) Paris, par les Normands ; Candie ; Ostende, etc.

les bases sur lesquelles le temps doit être évalué : ainsi, Bellegarde s'est rendu célèbre en sauvant Quillebœuf, assiégé dix-sept jours par l'amiral de Villars ; Bayard a rehaussé sa gloire en conservant Mézières, attaqué pendant trois semaines par Charles-Quint ; et Masséna s'est immortalisé en défendant soixante jours la ville de Gênes, dont au surplus le blocus par mer durait depuis bien des mois.

Relativement aux *forces :* l'ennemi ouvrit la campagne avec six ou sept fois plus de combattants que nous n'en avions, et marcha sur Gênes avec trois fois plus d'hommes que nous ne pouvions lui en opposer. Cette dernière différence néanmoins n'aurait rien eu de décisif pour une garnison soutenant un siége ordinaire : en effet, 800 Ibériens disputèrent, pendant plusieurs années, Numance, contre 60,000 Romains ; 6,000 chevaliers défendirent longtemps Rhodes contre 200,000 Ottomans ; 5,000 braves, sous les ordres du duc de Guise, sauvèrent Metz attaqué par 112,000 hommes, etc., etc.

Pour peindre, à cet égard, la position et la conduite du général Masséna, il faut donc observer que Gênes n'est rien sans son enceinte extérieure surtout ; que cette enceinte n'est rien sans les forts qui l'entourent ; que non-seulement il défendit et conserva pendant tout le blocus ces différents points, en partie délabrés, et qui, même *en bon état,* auraient rendu *nécessaires* 20,000 *hommes de garnison,* mais qu'il sut tenir la campagne et moissonner des lauriers avec des hommes bien plus faibles par l'épuisement que par le nombre, et qui, de 14,000 disponibles au 15 germinal, se trouvèrent au 15 prairial, jour de l'évacuation, réduits à 4,500, les hôpitaux non compris; et encore ces 4,500 hommes ne purent-ils quitter Gênes par terre, qu'après avoir reçu, par suite du traité d'évacuation, c'est-à-dire de l'ennemi, *deux rations de vivres.*

L'acharnement dans les combats, dans des assauts donnés à des ouvragres sans brèches et placés sur d'inaccessibles montagnes, fut incontestablement tout ce qu'il put être, et s'il étonna l'ennemi, il dut étonner davantage ceux qui, connaissant l'affreux état de nos soldats, savaient combien le moindre effort leur était pénible. Malgré cette circonstance, cet acharnement égala tout ce qu'à cet égard l'on peut citer de plus honorable, et fut au dernier jour ce qu'il avait été au premier.

Et cependant, si de ces faits déjà si extraordinaires je passe *au courage dans les souffrances, au stoïcisme dans les privations, à la résignation, aux extrémités qui en ont été la suite*, je trouverai qu'ils distinguent et honorent les défenseurs de Gênes autant et plus peut-être que la gloire des armes, qu'ils ne permettent aucune comparaison et l'emportent sur tout ce que cite l'histoire.

Sans doute on ne peut rien ajouter à l'horreur de la famine que supportèrent les habitants de Syracuse, de Sagonte, de Carthage, d'Alise, de Jérusalem, de Palmyre, de Calais, de la Rochelle, d'Harlem, et même de Paris bloqué par Henri IV; mais, quand on pense qu'à Paris c'étaient des révoltés luttant contre leur roi, et redoutant sa justice ; à la Rochelle, des protestants combattant pour leur religion ; à Harlem, des habitants dévoués au prince d'Orange et haïssant les Espagnols ; à Calais, des Français soutenant les droits de leur souverain, et voulant sauver leur ville et leur fortune ; et dans les autres siéges que je viens de citer, des hommes défendant leur patrie, leurs biens, leur liberté, leurs familles, leur existence, et cherchant à échapper au pillage, à l'esclavage, au massacre, et à une destruction entière ; quand on songe que, dans ces occurrences, la totalité des habitants, réunis d'intérêts et d'efforts, faisaient cause commune avec les troupes, les excitaient, les soutenaient par les transports d'un vœu unanime, d'un intérêt immense et commun, d'une ardeur qui tenait de la frénésie, et les renforçaient en combattant avec elles ; on conçoit que l'on se soit réduit à manger des animaux immondes, de l'herbe, de vieux cuirs, et même de la chair humaine, comme au dernier siége de Paris (*), ou à en faire adopter la résolution, comme Critognat le fit à Alise, et l'on explique

---

(*) On alla, pendant ce siége, jusqu'à manger des cadavres que l'on déterrait dans le charnier des Innocents. Voltaire (Henriade, chant Xe) cite une mère qui fit cuire et mangea l'enfant qu'elle allaitait..... Fait effroyable, et qui déjà avait eu lieu au siége de Sancerre, et au siége de Jérusalem par Titus !.... Et qui sait, d'ailleurs, s'il ne se renouvela pas dans la population de Gênes ?

de même le désespoir des Syracusains et des huit cents transfugés de Carthage ; les Numanciens se tuant eux-mêmes au moment de la chute de leur place ; 12,000 personnes mourant de faim à La Rochelle, et pres-qu'autant à Calais, sans parler de se rendre ; les habi-tants d'Harlem, voulant se précipiter en masse sur les baïonnettes des assiégeants, etc. ; mais, *ce qui est unique dans l'histoire*, c'est que, sans aucun de ces motifs, en défendant une ville étrangère et conte-nant 75,000 habitants et réfugiés qu'il fallait ob-server, en faisant une guerre ordinaire, en luttant, d'une part, contre des intrigues, des séductions, des trahisons si propres à démoraliser, rebuter et décourager les troupes, à exciter les habitants à la révolte, et de l'autre, contre une armée et une flotte dont les chefs, avec toutes les garanties du droit des gens, offraient sans cesse *les plus honorables conditions*, on ait fait par dé-vouement pour sa patrie, par l'effet du caractère d'un seul homme, pour l'honneur enfin, ce qui n'avait ja-mais résulté que de la fureur des partis, de la terreur, du désespoir, et d'une volonté unanime justifiée par toutes les considérations humaines ; que, de cette sorte, on ait porté la constance jusqu'à dévorer ce qui même ne paraissait pas susceptible d'être mangé, des *havre-sacs* et des *gibernes* ; jusqu'à perdre par la famine un nombre effrayant de citoyens et de soldats, c'est-à-dire plus de 30,000, et que, par l'excès du be-soin, l'on en soit venu à cette épouvantable extré-mité dont on ne consacre ici le souvenir qu'avec un sentiment mêlé d'horreur et de pitié, je veux dire, de manger de la chair humaine, ainsi que cela est arrivé sur plusieurs champs de bataille.

Enfin, sous le rapport des *résultats :* la constance et la bravoure des Syracusains, sous Harmocrate, délivrèrent leur patrie, et l'opiniâtre défense de Spolette et autres petites places de l'Italie, retarda l'exécution des projets d'Annibal contre les Romains, et sauva Rome peut-être ; la valeur des Parisiens les préserva du joug des Normands ; deux fois, et la seconde sous les ordres d'Huniade, les habitants de Belgrade, en conservant leur ville, arrêtèrent les ravages d'Amurat et de Mahomet II, et couvrirent l'Europe ; la défense de Marseille débarrassa la France d'une des armées de Charles-Quint, et Landrecies fut l'écueil de sa fortune ; la prise d'Ostende coûta 90,000 hommes aux assiégeants, et le siége de Candie immortalisa Corsini. Qu'ajouterai-je ?.. De nos jours, la durée des siéges de Lille, de Thionville et de Landau, la durée du blocus de Maubeuge, concoururent puissamment à couvrir nos frontières, à arrêter l'ennemi et à donner à nos armées le temps de se recruter et de se réorganiser ; et la défense de Mayence, tout en conservant sa garnison à la France, détruisit pour ainsi dire une armée tout entière à l'Autriche, et cependant la durée de la défense de Gênes eut des conséquences plus importantes, puisqu'elle força l'ennemi à se morceler, qu'elle commença la ruine et la défaite d'une des plus belles armées que l'Autriche ait mises en campagne, qu'elle la contraignit à des sacrifices que l'occupation de cette ville ne pouvait plus compenser, et qui furent irréparables ; qu'elle facilita l'entrée de l'Italie à l'armée de réserve, et rendit possible la victoire de Marengo (*), et que, d'autant plus glorieuse qu'elle fut plus difficile et plus importante, cette défense forma le premier anneau de cette chaîne d'évènements surnaturels qui, en 1800 et depuis cette époque, illustrèrent la France et couvrirent l'Europe des monuments de sa gloire.

Ainsi, sous les rapports de la situation respective des troupes, de l'état de débandement et d'indiscipline où le général Masséna trouva l'armée d'Italie, du temps bien évalué, des forces, de la famine, des épidémies et des pertes, du nombre comme de la nature des combats et de leur acharnement, des résolutions les plus hardies, des motifs les plus magnanimes, enfin, des résultats, il est évident que les blocus et siége de Gênes, déjouant les plus vastes projets, contribuant au succès des plus hautes conceptions, et faisant briller d'un nouvel éclat la gloire d'un grand capitaine, l'emportent sur tout ce qu'en ce genre il est possible de leur comparer.

Observons, en terminant, que le général Masséna s'enferma volontairement dans Gênes, et que les dan-

---

(*) M. le général Duchasteler, chef de l'état-major général de l'armée Autrichienne, causant de la bataille de Marengo avec le général Berthier, à Alexandrie, lui dit : *Ce n'est pas ici, monsieur le général, c'est à Gênes que la bataille de Marengo a été perdue*

gers qui allaient entourer cette place, et la difficulté de l'en préserver, l'y *retinrent seul*, comme ils conduisirent d'Estourmel à Péronne, et Bayard à Mézières; que le général Masséna montra dans cette occasion jusqu'à quel point le génie peut suppléer les ressources, et la valeur tenir lieu du nombre; enfin, que les premiers et seuls rayons de gloire qui, après les désastres de l'an VII (1799) et jusqu'en floréal an VIII, rejaillirent sur la France, partirent de Zurich et de Gênes.

De cet ouvrage et de cette édition.

Nous ne chercherons pas à prévenir le lecteur en faveur de cet ouvrage. Les éditions épuisées ont attesté le jugement qu'on en a porté, et ce jugement a été sanctionné par les autorités les plus respectables(*). Quant à

(*) L'opinion que MM. les journalistes de Paris ont émise sur cet ouvrage, a été unanime et favorable : les premières éditions ont été de suite épuisées, et depuis 45 ans, sa réimpression n'a pas cessé d'être demandée ! Indépendamment de l'opinion du général Masséna, du prince Henri, de Carnot, dans ce cas interprète de Napoléon (voir au commencement de ce volume), M. Morin l'a cité à plusieurs reprises dans le poëme que, sous le titre de *Gênes sauvée*, ce grand fait de guerre lui a inspiré ! Les auteurs de la dernière édition du *Dictionnaire des Siéges et Batailles* n'ont fait, il est vrai, mention ni de l'auteur ni de l'ouvrage; mais leur article est copié presque en entier de la seconde édition de ce journal. M. Eusèbe Salverte, dans son tableau de la littérature du XVIIIe siè-

cette édition, la seule qui se soit faite sous nos yeux,
nous n'avons rien épargné pour qu'elle prouve nos
efforts à rendre cet ouvrage aussi digne de l'évènement
qu'il consacre que du grand homme de guerre qu'il
rappelle : d'où l'on doit conclure que cette édition est
la plus complète, la plus exacte, et que, sous ces rapports, elle diffère autant des précédentes qu'elle l'em-
porte sur elles. Il serait même insuffisant de dire que
cet ouvrage a été *corrigé ;* les faits ont été de nouveau
compulsés et vérifiés ; les matériaux existants, y compris ceux que M. le maréchal Soult m'a communiqués,
ont été examinés et dépouillés ; la division du texte a
été changée ; la plus grande partie des notes qui se trouvaient au bas des pages, ont été fondues dans le texte,
ou placées dans des notes qui ont été retouchées et augmentées. Je ne pense pas même que de la dernière édi-

---

cle, en a parlé avec éloge. Traduit en anglais par *John Maunde ,*
il a été imprimé à Londres en 1809, ainsi qu'y avait été traduit
et imprimé mon *Manuel des Adjudants Généraux* en 1801.
Quant au Premier Consul, informé que l'on imprimait ce journal
à Paris, il demanda au général Masséna de le voir avant qu'il ne
fût mis en vente, et 24 heures après en avoir reçu le premier
exemplaire, il dit au général Masséna : « J'ai lu le journal de la
« défense de Gênes : c'est un bon ouvrage, j'en ai été content et
« tout le monde doit l'être ! » C'est d'après ces mots, *que j'ai
écrits sous la dictée du général Masséna,* que fut mis en vente cet
ouvrage qui a trouvé place dans toutes les bibliothèques militaires
de l'Europe , de même qu'il a été compris par extrait dans la bibliothèque historique et militaire.

tion il soit resté deux alinéa intacts; enfin, un second volume a été composé de *pièces relatives* et *justificatives;* pièces de nature à intéresser et qui ont paru nécessaires pour former et compléter une masse de garanties, de preuves, d'explications et de renseignements, qu'aucun autre ouvrage de cette nature n'a jamais offerte au même degré.

Du seul reproche qui ait été fait à cet ouvrage.

M'occuperai-je du reproche d'avoir nommé trop de personnes, trop exactement désigné les corps, et chargé par là cet ouvrage de détails qui lui ôtent cette marche rapide et nerveuse qui seule convient à l'histoire. Mais, à cet égard, deux moyens de justification se présentent. Comment le style d'un journal ne différerait-il pas de celui d'une relation et à plus forte raison d'une histoire; et en présence de tant de faits héroïques, comment hésiter à sacrifier ce qui n'intéresse que soi, à ce qui intéresse des braves, et éviter un grand nombre de mentions, lorsque partout chacun s'est efforcé de joindre l'exemple au précepte, lorsque le général en chef a été si puissamment secondé par tant de généraux célèbres, ceux-ci par les chefs de corps, ceux-là par tant d'officiers, de sous-officiers, de soldats même, qui, dans ces circonstances terribles, étrangers à tous les sentiments personnels, et animés d'un dévouement sublime, cédaient partout à l'irrésistible besoin de multiplier les prodiges et de rivaliser d'héroïsme! Les nommer tous eût été impossible; ne

pas nommer tous ceux que l'admiration de leurs camarades, la justice de leurs chefs, ont plus particulièrement signalés, aurait été coupable, et d'ailleurs trop
pénible pour nous. Nous avons même tâché de ne pas
oublier ceux dont la mort a borné trop tôt les généreux
efforts. Excité par le désir de fixer le passé à leur
égard et de le rattacher à l'avenir, nous avons disputé
au temps leurs dépouilles, et, suivant la trace de leurs
lauriers, nous les avons cherchés dans l'ombre qui les
couvre. Leur mémoire vivra donc dans le souvenir des
braves, et la tombe sera pour eux un monument de
gloire et non un lieu d'oubli.

Vœu.

Puissent ces mentions servir d'encouragement aux
jeunes gens qui, exaltés par l'amour des vertus héroïques, s'élancent dans la carrière des armes; de récompense à ceux dont la gloire a fait placer les noms
dans cet ouvrage; de tributs à tant d'honorables camarades; d'hommage aux hommes illustres dont nous
avons eu à parler, et de preuve d'éternelle admiration
pour le chef que personne, impunément, ne tentera de
dépouiller de la gloire qu'il a acquise sur cent champs
de bataille, et qu'il a moissonnée à Rivoli, à Zurich, à
Gênes, à Essling!

SIÉGE ET BLOCUS DE GÊNES.

PREMIÈRE PARTIE.

Préliminaires de la reprise des hostilités.

Aucune armée, jamais, ne cumula plus de causes de destruction que l'armée d'Italie, lorsque vers la fin de nivôse an VIII (janvier 1800) le général Masséna en prit le commandement; jamais homme d'un grand caractère ne se trouva plus cruellement aux prises avec d'insurmontables obstacles! Tout concourait, en effet, à consommer notre ruine au-delà des Alpes, et de quelque côté que l'on portât les regards, on ne découvrait que des principes de destruction et de mort!

En proie aux plus affreux besoins, à tous les genres de tortures, les soldats composant les débris de cette malheureuse et naguère si brillante armée d'Italie, ces soldats en haillons, presque sans vivres (A), en partie sans capotes, sans chaussures, achevaient l'hiver le plus rigoureux sur les âpres rochers de la Ligurie. Pâles, lan-

guissants et défigurés, affamés, découragés et abattus,
ils ne semblaient plus que des spectres ! Les routes étaient
jonchées de morts et de mourants ; les quartiers en étaient
encombrés (B), et ceux de ces infortunés qui parvenaient
à se traîner jusqu'à un hôpital, n'y recevaient pres-
qu'aucun aliment ou secours, et sans lits, même sans
paille, trouvaient, sur le marbre humide et froid des
anciens palais et des églises où la presque totalité des hôpitaux étaient établis, et au milieu des cadavres que souvent on n'enterrait que très tard, un trépas plus prompt,
plus certain, plus horrible, que dans les quartiers mal-
sains, ou sur les cimes glacées qu'ils quittaient (C) !

Ces déplorables effets, sans doute, ne provenaient pas
moins de l'agglomération et du long séjour de nos armées dans un pays épuisé et stérile, que de l'incurie ou
de l'impuissance du Gouvernement à proportionner les
secours aux besoins ; mais comme il n'est pas de calamité sur laquelle il ne se trouve des monstres capables
de spéculer, ils résultaient encore du brigandage. Et
en effet, qui croirait que dans les hôpitaux, où le vol,
où la négligence, sont des assassinats, des milliers de
Français étaient sacrifiés par ceux-là même dont ils
attendaient la vie ! Enfin la peste, produite par ce concours de crimes et de désordres, mettant le comble à
tant de maux, finit par multiplier dans une proportion toujours croissante cette foule de victimes qui,
pendant ces jours de désolation et de deuil, furent
conduites par l'excès des souffrances, dans ces séjours
de la douleur et du désespoir, pour y être immolées
à la cupidité la plus atroce !..... lieux horribles en

effet, et sur le seuil desquels la destinée semblait avoir
écrit :

« Entre, qui que tu sois, et laisse l'espérance. »

Les autres parties du service ne présentaient pas de
moins funestes résultats : partout la pénurie était
totale. Mais que faire, lorsque tout était vide, et les
magasins et les caisses ! Les efforts successifs des chefs
de cette armée, n'avaient servi qu'à prouver l'inutilité
de leur sollicitude ! Les ressources publiques et particulières étaient épuisées, les espérances évanouies, et,
dans cette déplorable situation, l'armée frappée par la
désertion et les épidémies se consumait avec une rapidité effrayante !

Des maux de cette nature, des maux aussi nombreux,
portés à ce degré, et auxquels, malgré des promesses
sans cesse réitérées, le Gouvernement depuis sept mois
n'avait apporté aucun remède efficace, multipliaient nos
pertes ! Déjà, et ce qui est sans autre exemple, des régiments *entiers* partaient sans ordres et sans chefs, et
n'étaient pas même arrêtés par la conduite de leurs officiers, qui, cédant à ce que commandait l'honneur, restaient *seuls* aux postes avancés, y montaient la garde
et faisaient faction l'*épée à la main !* Des généraux quittaient l'armée sans congés ni permissions ! Tout le monde
fuyait ces contrées et cherchait à échapper à la mort
qui, de tous côtés, apparaissait sous l'aspect le plus hideux ; chacun fuyait cette rivière de Gênes où, sans faire
usage de ses armes, l'ennemi nous vit perdre, *en un seul
hiver*, plus de 30,000 hommes.

Tel était pourtant l'état de cette armée, lorsque, par un dévouement héroïque, le général Masséna quitta pour elle une armée qui lui devait l'abondance et la victoire!... Mais, indépendamment d'un immense service à rendre à sa patrie, de la gloire d'un rôle impossible à tout autre qu'à lui, comment refuser alors le commandement de l'armée d'Italie?... Le premier théâtre des victoires de Bonaparte, de ces victoires auxquelles le général Masséna lui-même avait eu une si grande part, paraissait toujours pour la guerre le premier théâtre du monde!... Le nom seul d'*armée d'Italie* conservait un prestige que tous ces désastres n'avaient pu lui faire perdre; aussi, et quelle que pût être l'horreur de sa position, cette armée paraissait-elle n'attendre que le moment de venger ses malheurs.

Jugeant de son déplorable état par ce qu'il en avait appris et par la connaissance qu'il avait du pays occupé par elle, certain qu'elle ne pouvait être nourrie, soldée, habillée que par la France, pressentant la difficulté de pourvoir à ses besoins d'une manière efficace, le général Masséna se rend de Zurich à Paris!

Absorbé par une seule idée, mu par un seul motif, n'ayant qu'un désir, qu'un objet, et se dévouant avec l'activité et l'énergie qui le caractérisaient, tous ses moments furent consacrés, tous ses efforts tendirent à être mis à même de changer le sort des braves qu'il allait commander. Il ne négligea, en effet, ni démarches ni insistances; il ne se borna pas même à parler, à presser, et lorsqu'il avait dit et répété tout ce qu'il avait imaginé de plus propre à persuader, à convaincre, à décider, lorsqu'il avait reçu les promesses les plus positives, il écrivait pour prendre acte de ses demandes, pour obtenir des réponses officielles, et ajouter ainsi à des garanties qu'il ne croyait jamais pouvoir assez multiplier (*).

Donner une idée de la sollicitude, de l'activité, de la persistance dont le général Masséna fit preuve dans cette occasion, serait impossible. Rien en effet ne lui échappa, ou ne l'occupa faiblement. Les dispositions militaires et autres furent, au même degré, les objets de ses prévisions. Il eut, dans cette mémorable circonstance, tout le zèle, toute la fermeté, dont pouvait être capable un homme de sa trempe, animé de la forte volonté d'arracher l'armée d'Italie aux maux qui la dévoraient, et de la mettre en état de reconquérir sa gloire.

La solde, les vivres, les fourrages et les liquides, les convois et les transports, les renforts indispensables, ainsi que les remontes, l'habillement et l'équipement, tout ce qui tenait enfin à l'administration, au personnel et au matériel, devint l'objet de son ardente et infatigable préoccupation.

Quatre millions de fonds lui furent promis! Un de ces millions devait être fait de suite et en deux envois de 500,000 fr. chacun. Le premier de ces versements devait être effectué à son arrivée à Marseille. Ce mil-

---

(*) Voir 2ᵉ volume, *Pièces relatives et justificatives*, nᵒˢ 2, 3 et 4; et notamment dans le nᵒ 2, ses 1ʳᵉ, 10ᵉ et 15ᵉ lettres au Premier Consul.

lion était destiné à la solde courante et aux besoins les plus urgents.

Le paiement de l'arriéré de la solde fut hypothéqué sur les caisses de plusieurs des départements du midi. L'état des sommes que chacun de ces départements devait fournir fut dressé, et des ordres formels furent expédiés pour assurer et accélérer les versements.

Indépendamment des deux demi-brigades que le général Masséna tirait de l'armée de l'Helvétie, et de l'assurance que tout ce qui se trouverait disponible dans les dépôts rejoindrait sans retard les bataillons de guerre, il obtint la promesse que trois autres demi-brigades et trois régiments de cavalerie seraient dirigés sur l'armée d'Italie, et que 21 bataillons auxiliaires, de 1,000 à 1,400 hommes chacun, recruteraient les corps qui la composaient.

On lui promit également que la cavalerie et l'artillerie de l'armée, rentrées en France et réunies à Lyon, y seraient remontées, recrutées et rééquipées dans le plus bref délai.

Des marchés furent passés et embrassèrent les objets les plus importants. Le premier de ces marchés chargea la compagnie Antonini : 1° du service des vivrespain et des liquides, et plus tard de celui des fourrages ; 2° d'avoir, comme approvisionnement de réserve, 200,000 rations de biscuit à Grenoble, et 600,000 à Nice ; 3° de tenir disponibles, pour les transports, 100 charriots attelés et 400 mulets; 4° de verser, à titre de cautionnement, 1,200,000 fr. dans les caisses de l'armée. Le second de ces marchés confiait à la compagnie Amiette et Valette la fourniture des viandes. Le troisième donnait à la compagnie Bourset l'entreprise de l'habillement.

Le général Masséna vit les ministres de l'Intérieur et de la Marine, et reçut leur parole que l'extraction des grains nécessaires pour nourrir l'armée et la Ligurie n'éprouverait aucun obstacle, et que, par tous les moyens possibles, elle serait au contraire protégée et facilitée, par le premier, quant à la réunion des grains, par le second, quant à leur transport et à leur escorte.

Il prévit les dangers de la mer pour les convois que l'armée devait recevoir de France, et comme moyen d'ajouter à ses ressources ou même de protéger le petit cabotage, il se fit remettre, par le ministre de la Marine, douze lettres de marque pour l'armement d'autant de corsaires.

Enfin, et pour être en mesure dans les cas non prévus, il obtint, du Premier Consul, des pouvoirs extraordinaires, relatifs à tout ce qui concernait l'administration, les finances et la guerre, et s'étendant, non-seulement à la Ligurie, mais à la totalité des départements qui avoisinaient l'armée.

Ces mesures prises, et dans la conviction que les services organisés pour le 1er pluviôse (21 janvier), il lui sera possible de faire le bien qu'il médite, il quitte Paris le 8 nivôse (29 décembre 1799).

Lyon est la première ville où de graves déceptions lui fournissent l'occasion d'exercer son activité.

Les chevaux de l'artillerie et de la cavalerie de l'armée, rentrés en France dans l'état le plus affreux, devaient être réunis à Lyon, sous l'inspection du général Beaurevoir, et le petit nombre de ceux qui s'y trouvaient manquaient de tout ; des magasins d'habillement et d'équipement devaient y exister, et à cet égard rien n'était fait!.. Dans l'indignation qu'il en éprouve, le général Masséna se plaint ; il menace, il ajoute des instructions plus complètes, des ordres plus impératifs à ceux précédemment donnés, et, pour faire face à d'urgents besoins, il charge le chef de bataillon Salel (*) de diriger en toute hâte, sur l'armée active, la totalité des effets d'habillement, d'équipement et de chausure qui se trouveront dans les magasins des 7ᵉ, 8ᵉ et 19ᵉ division militaires.

Sur les deux rives du Rhône, il voit les troupes dans le dénuement le plus absolu et vivant de réquisitions au milieu de la France.

A Aix, il a, dans la situation de la 55e de ligne, un échantillon de celle des autres corps, et à chaque pas il ne fait qu'ajouter aux tristes observations déjà faites, des observations plus tristes encore, et que cumuler des faits qui, dès ce moment, auraient frappé de découragement tout autre que lui.

Arrivé à Marseille, il apprend qu'il ne recevra que 300,000 fr. du million dont le versement devait être immédiat, de même qu'il y acquiert la certitude que les caisses des départements ne pourvoiront pas à la solde

---

(*) Le même dont la mort a gravement compromis ou du moins trop retardé le paiement de l'arriéré de la Légion-d'Honneur.

de l'arriéré. De suite il en adresse ses plaintes au Premier Consul et finit par lui dire : *Veillez vous-même à ce qu'on n'élude pas vos ordres pour des objets si importants et garantis par votre parole.*

La compagnie Antonini manquait à ses engagements, il se hâte d'en prévenir le Gouvernement ; mais afin d'échapper à des retards, au dernier point menaçants, il cherche au mal qui presse un remède prompt et efficace.

Il y avait dans ce port 12,000 quintaux de blés, appartenant à des négociants de la Ligurie; il traite de ces blés, et après s'être concerté avec le consul de Gênes, il les achète au compte de la compagnie Antonini ; il fait plus, il obtient que les maisons Costa et Olivari, établies à Marseille, cautionnent la prise de la totalité de ces blés, et sur-le-champ il les fait expédier pour la rivière du Ponant, où les troupes venaient de recevoir le pain fait avec les dernières mesures de grains existant dans les magasins de l'armée.

Le général en chef comptait rester assez de temps à Marseille pour assurer l'expédition des objets les plus indispensables, et chaque jour démontrait avec plus d'évidence la nécessité de sa présence. Il écrivit même au Premier Consul : *Je ne me rendrai au quartier-général que quand les promesses qui m'ont été faites auront été remplies. Je ne dois paraître à l'armée que lorsqu'elle commencera à éprouver les effets de notre sollicitude commune!...* Mais la mort du général Championnet, et ce qu'il apprend des désordres que l'excès de la misère multipliait, précipitent son départ. Avant de l'effectuer, il fait cependant encore un réglement pour la police et l'extraction des grains ; il propose au Premier Consul un marché d'habillement , payable , à défaut d'argent, en vieux cuivres existant à Toulon ; il annule l'extraction de 100,000 charges de grains, accordée au sieur Bourset, et cela en châtiment de la non-exécution de ses engagements ; il en accorde une de 30,000 charges de blés et de 15,000 de menus grains à la maison Olivari, et avec les 250,000 fr. qu'il retire de cette concession, il fait acheter des effets d'habillement et des souliers pour les troupes ; enfin, il obtient des cent premières maisons de Marseille , l'engagement du prompt achat et de l'expédition de 15,000 quintaux de blés, dont il affecte le paiement sur les deniers de la compagnie Antonini, et charge le général St-Hilaire de suivre cette opération. Mais, le général Masséna parti, cet engagement, qui lui assurait pour vingt jours de vivres, fut oublié, et au moment où, par le cautionnement dont nous venons de parler, la maison Olivari servait si utilement la France, il faut le dire à leur honte, *les cent plus riches négociants français de Marseille* aimèrent mieux manquer à une parole que les circonstances achevaient de rendre sacrée , que de faire *entre eux tous,* pour sauver une armée de Français, pour conserver Gênes et pour couvrir le midi de la France , ce *qu'un seul étranger* venait de faire par un acte de dévouement que nous aimons à consacrer.

Ces dispositions faites , le général Masséna rend compte de tout au Premier Consul par une lettre qu'il termine ainsi : *Je pars cette nuit. Je recommande en-*

*core l'armée d'Italie à votre sollicitude ! Jusqu'à ce jour,
rien n'est assuré pour sa subsistance et pour aucun de
ces services; l'avenir serait effrayant, si vous deviez
un instant cesser de veiller sur cette armée.*

A Toulon, il prend les mesures les plus énergiques
pour arrêter la désertion qui devenait générale.

A Fréjus, il trouve un bataillon de la 14e de ligne,
qui avait **abandonné** son poste, et seul il le fait rétrograder. **Il y trouve** également le général Suchet, se
rendant à Paris, et il le conserve, en le nommant
*Lieutenant-général commandant le centre de l'ar-
mée.*

A Antibes, il détermine le général Marbot, qui rentrait en France, à ne pas priver l'armée d'un chef
aussi distingué que lui (*); il concerte avec le commissaire
de la marine les moyens de protéger les convois; et dans
une lettre au ministre de la Guerre, il insiste pour que
l'on hâte l'arrivée des généraux qu'il avait demandés (**),
et sans lesquels il renouvelle la déclaration qu'il ne
peut changer l'état de l'armée, *dont le personnel,*
ajoutait-il, *ne présente que désordres et défections*;

(*) Indépendamment des généraux Suchet et Marbot, le général
Masséna conserva encore à l'armée le général Miollis qui, en ce
moment, se faisait extraire une balle.

(**) Ces généraux étaient le général de division d'artillerie Lamartillière, le général de division Oudinot, comme chef de l'état-
major-général, le lieutenant-général Soult et le général de division Gazan.

et en effet d'horribles révélations lui avaient signalé des hommes, *des généraux*, qui, dans cette détresse, avaient *vendu des grains* destinés à arracher à la mort tant de malheureux confiés à leur pouvoir, à leur sollicitude, qui même, déblatérant contre la révolution du 18 brumaire et le Premier Consul, fomentaient la désertion et prêchaient la révolte. Il en purge l'armée (*).

A Nice, par la sagesse du réglement de police qu'il publie, par les mesures au moyen desquelles il en assure l'exécution, il diminue les ravages d'une épidémie qui y moissonnait *trois à quatre cents personnes par jour* (D). Il profite du passage de la 25ᵉ légère et de la proximité de quelques autres troupes restées dans le devoir, pour y faire rentrer plusieurs des corps de l'armée, et notamment les 18ᵉ, 21ᵉ et 24ᵉ de ligne qui, rebutées par l'excès des privations et des souffrances, et malgré tout ce qu'avait pu faire le général en chef Championnet, avaient quitté la Ligurie et étaient rentrées en France, demandant des vivres, des vêtements et leur solde!... Cette victoire qu'il remporte sur le moral de toute l'armée, résulte de l'ascendant de sa réputation et de son nom, de la juste fermeté qu'il sait déployer et communiquer dans cette circonstance ter-

---

(*) Il écrivit à deux d'entre eux qu'ils pouvaient rentrer en France pour y rétablir leur santé, attendu qu'ils étaient remplacés dans leur commandement! L'un d'eux répondit qu'il se portait très bien, et n'avait pas demandé de congé.

rible, de la confiance qu'il commande , et des châtiments qu'il inflige (E); elle le met à même de comprimer
cet esprit d'insubordination qui, du centre de l'armée,
ayant regagné la droite où il avait primitivement éclaté,
avait passé à la gauche, et menaçait ainsi l'armée entière
d'une désorganisation totale ; mais ce qui achève de
peindre cette situation, c'est que peu de jours après il fut
même contraint de sévir contre des militaires de la 25e légère et de la 2e de ligne, les deux corps qu'il avait choisis
dans toute l'armée d'Helvétie, et qui, dans leur trajet de
Nice à Gênes, avaient été entraînés à quelques désordres.
Du reste, non moins empressé à louer que résigné à punir, et sachant employer à propos les châtiments et les
récompenses, les éloges et le blâme, le général Masséna
donne la plus grande publicité à la conduite du 2e bataillon de la 5e légère, qui resta à son poste malgré les privations les plus cruelles, malgré ce que la saison avait
de rigoureux, et au mépris des sollicitations, de l'exemple
et même des menaces des fuyards.

Pendant qu'il s'arrête à Nice, il ne borne pas ses travaux à des mesures de police et de discipline , il s'occupe encore des besoins de l'armée.

Dans l'absolue nécessité de donner de suite des chaussures à des corps dont les soldats étaient pieds nus, il
charge l'adjudant-général Degiovani de se rendre à
Gênes, et d'y acheter, au comptant, 20,000 paires de
souliers... Il signale de nouveau au gouvernement, les
entrepreneurs qui n'exécutent pas leurs marchés, et notamment la compagnie Antonini... Il approvisionne
l'armée en munitions, et forme des dépôts sur les côtes

de la Ligurie... Une adresse aux conscrits a pour but d'arrêter leur désertion. Un ordre impératif rappelle dans les cadres tous les réquisitionnaires qui se trouvaient dans les administrations... L'espoir de faire cesser, par la présence de quelques troupes, les brigandages auxquels les environs d'Aix servaient de théâtre(*), le détermine à donner à la garnison d'Ancône, qui, à ce moment, rentrait en France prisonnière de guerre sur parole, l'ordre de se rendre et de s'arrêter dans cette partie du midi... Enfin il réorganise l'état-major de l'armée !...

Mais, en outre, c'est pendant sa halte à Nice que l'état affreux des hôpitaux le décide à prendre des vivres jusque dans les approvisionnements de siége d'Antibes pour les secourir, et qu'il destine exclusivement à ce ser-

---

(*) Il était devenu presque impossible de voyager dans ce pays ! C'est par miracle que l'adjudant général Thiébault, apportant dans sa voiture 100,000 francs pour les services de l'armée, passa peu après le général en chef. Les courriers étaient, en grande partie, pris et assassinés ! Le 25 pluviôse (14 février) le général Ernouf rendait compte au général en chef que les courriers des 9, 10, 11, 12, 13 et 14 avaient été enlevés entre Aix et St-Maximin ! Une lettre du général St-Hilaire du 10 ventôse (1er mars) l'informa que le 5 de ce mois, un chef de brigade, un chef de bataillon, deux autres officiers et un sergent, ces derniers de la 106e, avaient été assassinés dans la commune de Valreas !... Nos frontières dépassées, les Barbets ne nous faisaient pas une guerre moins acharnée. Ainsi, et contre cette malheureuse armée, la France elle-même semblait conjurée !

.vice 100,000 fr. que lui apportait l'adjudant-général
Thiébault pour les plus urgents besoins de l'armée ;

Que pour se créer quelques ressources, il établit un
droit sur l'exportation des huiles et l'importation du sel
dans la vallée d'Oneille, et règle le mode de percep-
tion de ce droit ;

Qu'informé que l'insatiable cupidité, prenant tous les
masques, faisait exporter des grains sous prétexte d'approvisionner l'armée, il ordonne que jour par jour il
lui soit rendu compte des chargements de grains qui se
font sur toute la côte, des noms des expéditeurs et de
ceux à qui ces grains sont adressés, et de cette sorte il
met un terme à ce coupable trafic ;

Que pour protéger les convois et faciliter le commerce légal des grains, il autorise l'armement en
course ;

Enfin, c'est de Nice que, par des ménagements, des
égards et l'assurance de toute sa sollicitude, il rend quelque confiance aux départements avec lesquels il peut
avoir à correspondre.

Le 18 nivôse (8 janvier), il part pour Gênes. Ce trajet,
qu'il fait par terre, est affreux, et par les faits qu'il le met
à même de vérifier, et par tous ceux qu'il découvre.
Dans cette position vraiment désespérante, il console,
il promet, il menace, il punit, il récompense, épuise,
non sans succès, les moyens de répression et d'encouragement, et rend aux troupes quelque énergie, aux
chefs eux-mêmes quelque confiance.

Cependant, et malgré sa pitié pour tant de maux, il
ne tolère aucun abus. Ainsi, il reconnaît que la misère

a rendu les chefs des autorités militaires et administra-
tives, trop faciles d'une part, trop exigeants de l'autre, et autant que cela est possible, il réduit les préten-
tions au droit, les consommations aux besoins, de même
qu'il réorganise tout ce qui, au milieu d'une désorganisation générale, pouvait l'être.

Le 21 nivôse (11 janvier), le général Masséna arrive à Gênes, où l'attendaient les épreuves les plus terribles.

Réduit à lui-même, c'est-à-dire aux secours qu'il a
su se créer, aux hommes dont il a su s'entourer, il fait
face à tout, et soutient un édifice qui s'écroulait de
toutes parts.

Tous les maux dont nous avons parlé existaient en
effet, à Gênes et autour de Gênes, dans toute leur force.
C'est là que nous était le plus funeste l'effet moral produit par eux, sur nos troupes, sur les habitants, auxquels rien n'échappait, et par conséquent sur l'ennemi,
instruit des moindres détails de notre position par quelques familles liguriennes, et même *par des officiers de
notre propre armée* (F). Aussi, rien ne fut-il épargné
par le général en chef pour atteindre ce but; l'ardeur
dans les travaux fut égale à la constance, et partout la
capacité concourut avec le zèle !... Mais qu'espérer de
la sollicitude la plus éclairée, la plus entière, dans ce
pays, où nous avions pour ennemis secrets ou déclarés
tant d'hommes puissants par leur rang, leur crédit, leur
fortune, où, dans les villes, l'on provoquait et payait à
prix d'argent la défection d'hommes en proie aux plus
impérieuses nécessités, où, dans les villages, on fêtait

nos déserteurs ; dans un pays qui ne produit rien, où il n'existait rien, où l'on ne recevait rien qui fût proportionné aux besoins et où il eût fallu créer dans le vide !

De tout cela résultait pour le général Masséna l'impuissance de rendre aux troupes de cette armée l'abondance et la santé, sans lesquelles il était impossible de conserver les hommes qui la composaient encore , et d'arrêter cette foule d'abus désorganisateurs que la misère y entretenait et y multipliait sans cesse, et dont partout la mort était le produit !... Que l'on juge de tout ce que cette impuissance avait d'affreux pour un homme aussi jaloux de l'honneur de son pays que de sa propre gloire !

C'est d'après cela qu'il écrivait et répétait au ministre de la Guerre : « *J'ai beaucoup de cadres et peu de troupes ; peu de troupes et presque pas d'hommes en état de faire la guerre ; presque pas d'hommes et encore moins de moyens. Les désertions et les ravages des maladies et des hôpitaux diminuent encore l'armée tous les jours. Tous les services sont abandonnés (l'agent de la Viande, M. Valette, est le seul qui ait paru, le seul qui ait tenu ses engagements). La misère et le désespoir augmentent les maux de cette armée dans une effrayante proportion* (*). *Vous savez à quelles*

(*) On estimait les pertes de l'armée à la valeur d'un demi-bataillon par jour ! Il y avait des demi-brigades qui perdaient jusqu'à 4 hommes par compagnie ! Les trois bataillons de la 73e formaient, à la fin du blocus, à peine trois pelotons !

conditions je m'en suis chargé, et il finissait par lui dire : *la situation de l'armée est telle, que si vous n'envoyez promptement des vivres, des hommes, des chevaux et de l'argent, attendez-vous à la perte totale de l'armée et de la Ligurie.*

En adressant les mêmes plaintes au Premier Consul, il lui observait que, d'après la ligne occupée par son armée et les rapports qu'il avait sur les forces de l'ennemi en Italie, il lui fallait un renfort de 20,000 hommes, pour qu'il lui soit possible de l'empêcher de forcer cette ligne et de couper des corps entiers (*). Il lui exposait également que, depuis un mois, l'armée avait perdu la moitié de sa force ; que les 21 bataillons auxiliaires destinés à la recruter de 25,000 hommes (G), n'en avaient pas produit 1,000 ; et qu'au lieu de 54,000 hommes qu'il devait avoir, y compris les 5,000 hommes qu'il avait tirés de l'armée d'Helvétie, il n'en avait pas 38,000 qui, *cinquante jours après, et depuis le Mont-Cenis jusqu'à Gênes*, c'est-à-dire sur un front de 70 lieues, étaient réduits à 22,000 *combattants*.

Et, cependant, loin de se décourager, son âme semblait se fortifier par l'effet même des difficultés ; il ranimait et soutenait tous ceux qui communiquaient avec lui, et donnait ainsi aux hommes publics un grand exemple, celui de ne voir dans les obstacles que des motifs de redoubler d'efforts et de constance.

(*) Voir (Pièces relatives) la lettre que le général Masséna adressa, le 9 ventôse, au Premier Consul.

Dans cette situation, une réorganisation générale de l'armée était indispensable dans le triple but de rétablir la discipline, de rendre quelque confiance aux soldats, de ranimer le zèle des chefs et officiers de tous grades. Aussi, dès que les généraux Lamartillière, Soult, Oudinot, Gazan, sur la capacité, l'énergie, l'attachement desquels il comptait, et qui sur sa demande quittèrent l'Helvétie, furent arrivés à Gênes (*), il changea la composition de toutes les divisions, déplaça tous les généraux conservés par lui, créa trois lieutenances générales, et par une refonte entière donna à toute cette armée une consistance nouvelle.

Quant aux troupes, rien au monde n'était négligé pour satisfaire à leurs besoins, pour ranimer leur courage, pour augmenter leur nombre. Ainsi, des expéditions ayant pour objet de se procurer quelques subsistances furent faites sans discontinuation. Ainsi, des revues, des visites de quartiers et d'hôpitaux, des

---

(*) Dans des grades inférieurs, les adjudants-généraux Reille, Gauthier, Thiébault et Campana, furent également appelés par lui en Italie, et attachés à sa personne. Le premier est devenu un général en chef distingué ; le deuxième était un homme de guerre du premier ordre ; le quatrième, officier de capacité, n'était pas moins propre à l'administration qu'au commandement des troupes. D'autres hommes marquants se trouvèrent encore, et indépendamment de ses aides de camp, employés auprès de lui, et en tête de ces derniers, M. Morin, son secrétaire intime, et dont nous aurons l'occasion de reparler. M. Morin prétendait qu'aucun général en chef n'avait eu un tel entourage.

péroraisons, des ordres du jour, des proclamations, rappelaient sans cesse aux troupes, et l'ancienne gloire de
l'armée d'Italie, et la sollicitude dont elles étaient l'objet.
Enfin, et pour ne pas manquer l'occasion de se fortifier, fût-ce d'un homme, il ne négligea pas même de s'occuper d'une compagnie de grenadiers piémontais qui,
de toute l'armée sarde, restait seule dans nos rangs.

Malgré l'exiguité des ressources, les troupes avaient
reçu un à-compte sur leur arriéré de solde (H) et quelques
vêtements ; des souliers avaient été distribués. A mesure que l'on se procurait un peu de blé, le pain était
meilleur, les rations plus fortes, les distributions plus
régulières ; les hôpitaux eux-mêmes avaient reçu et
continuaient de recevoir tous les secours qu'il était possible de leur donner.

Ces améliorations, par malheur momentanées, four-
nirent néanmoins au général Masséna une occasion de
resserrer les liens de la discipline, que tant de causes
concouraient à briser. « *Songez*, disait-il dans une de
ses proclamations aux troupes, *que la continuation de
vos désordres serait un sujet de joie et de triomphe
pour vos ennemis, un sujet de honte et de désespoir
pour vos familles ; qu'ils vous feraient encourir la juste
indignation de la France, et qu'en même temps qu'ils
vous exposeraient à d'incalculables désastres, ils atti-
reraient sur vous des châtiments exemplaires et terribles.* »

Le service de la place de Gênes nécessitait une forte
garnison ; il en débarrassa en partie l'armée en ordonnant la mise en activité de la garde nationale, et en la

rendant responsable de la tranquillité; mais, si dans Gênes des Liguriens osaient nous seconder encore, hors de Gênes les paysans nous faisaient une guerre active (I).

La plus grande partie de la rivière du Levant était en effet en pleine insurrection. Quelques désordres commis par nos troupes avaient servi de prétexte à cette prise d'armes ; et je dis *prétexte*, parce que la misère et la famine, à leur comble dans les vallées de la Ligurie, disposaient ces populations à la révolte, parce que des agents secrets soldaient leur défection, et parce qu'en Italie celui qui fléchit devant un ennemi supérieur, est certain, quelque cause qu'il défende, d'être aussitôt assailli par une populace oisive, avide, et qui, le plus souvent, est excitée à ces levées de boucliers et conduite par ses prêtres mêmes.

Cependant, et par suite d'avantages remportés sur quelques-uns de nos petits postes, cet incendie continuait à faire des progrès ; il menaçait même de gagner le Ponant et d'envelopper Gênes, circonstance qui ne permettait plus d'hésiter sur aucun des moyens de répression.

Déjà, et dès le 30 pluviôse (19 février), le général en chef avait fait répandre dans les vallées insurgées une proclamation dans laquelle, au nom de leurs intérêts les plus chers, de la conservation de leurs demeures, de la sûreté de leurs personnes et de leurs familles, il sommait les paysans révoltés de rentrer dans le devoir, leur annonçant *que des colonnes étaient prêtes à s'ébranler*. Dans une seconde, que des châtiments avaient

précédée, il leur rappelait que les voies de la concilia-
tion avaient été vainement employées. *Déjà*, ajoutait-il, *la vengeance est commencée; elle a produit
l'incendie et la mort! Au milieu de ces calamités , j'é-
lève encore la voix pour les faire cesser!..* Mais la cupidité , l'erreur, la superstition avaient tout fanatisé ; et
ces malheureux, sourds à la voix de l'humanité et de
la raison, ne pouvaient plus être contenus que par la
force, réprimés que par des châtiments proportionnés
à leurs fureurs (*). La première division de l'armée fut
donc chargée de faire justice de tant d'audace. A différentes reprises elle exécuta, avec succès, des mouvements contre les insurgés. Le 15 ventôse, attaqués
sur plusieurs points, battus sur tous, 300 des leurs
furent tués, et les villages de Ponte-Cicagna, Pianezzo,
Tribugno, et une partie de ceux de Sainte-Marie et de
Saint-Martin, principaux foyers de l'insurrection, furent brûlés; et ce qu'ils contenaient en vivres, ce qui
s'y trouva en effets appartenant à des troupes autrichiennes, fut évacué sur Gênes, où des ôtages furent
également ramenés.

Mais le moment de cette expédition avait été déter-

(*) Après quelques détails sur l'organisation, la force et les
moyens des insurgés, le lieutenant-général Soult disait, le 2 germinal, dans sa dépêche au général en chef: *Vous avez épuisé tous
les moyens de la douceur; nous ne maintiendrons ce pays que par
la terreur! Il est sans doute pénible d'en venir à des extrémités;
mais c'est le seul moyen de sauver l'armée et de conserver la Ligurie.*

miné par une circonstance qui devait faire atteindre deux buts à la fois, et ne laissait au *trac* des insurgés qu'un intérêt secondaire. Le général Masséna, en effet, informé qu'un convoi de grains, évalué quatre ou cinq millions, destiné à sustenter ou approvisionner les populations du levant de la Ligurie et de quelques corps autrichiens, venait d'entrer dans le port de Sestri du levant, et tout en paraissant ne s'occuper que des insurgés, avait ordonné au lieutenant-général Soult de se porter brusquement sur Sestri à la tête d'un corps de troupes, et à la flottille ligurienne de bloquer par mer le port de cette petite ville; expédition qui nous eût livré ce convoi tout entier, si la flottille, arrivée quatre heures trop tard, n'eût donné à ce convoi le temps de s'échapper et de ne laisser en notre pouvoir que 400 *émines* de grains (*). Le commandant de la marine ligurienne fut destitué à l'instant même et remplacé par le lieutenant de vaisseau Sibille (de la marine française), par les soins duquel notre flotille ne tarda pas à être augmentée et mise en état de pro- téger la marche des convois attendus par mer , convois pour la prompte et sûre arrivée desquels le général Masséna n'avait rien épargné et ne pensait jamais avoir assez fait.

Le 6 germinal (27 mars), les rebelles furent réatta–

(*) Dans le rapport du lieutenant-général au général en chef, on trouve : *La marine a manqué un coup de fortune : les pares- seux ne sont jamais riches.*

qués de nouveau avec la plus grande vigueur. Tout ce qui fut pris fut passé au fil de l'épée, et plus de 80 maisons, la plupart de Fontana Buona, furent brûlées; exemples terribles, et qui furent répétés depuis Sestri du Levant jusqu'à Monte-Notte, en suivant la courbe qui passe par la Bochetta. Mais quelle influence ces avantages et ces châtiments pouvaient-ils avoir sur notre position, également grave sous les rapports de la guerre, des privations de toute espèce, des maladies et des finances; car pour surcroît d'embarras, le manque total de fonds contribuait encore à arrêter à chaque pas le général en chef? Si, partout, l'argent est le nerf de la guerre, en Italie, il est le mobile, le principe et le but de tout ; il ne pouvait donc rester de doute sur la nécessité de s'en procurer, et tous les moyens ordinaires ayant été épuisés, le gouvernement ne tenant aucune de ses promesses, il fallut en venir à un emprunt de 500 mille francs, le seul qui fut fait à Gênes, et que les plus riches maisons furent seules appelées à remplir.

Au milieu de tant de misères, de pénurie, ce qui affligeait le plus le général en chef, c'était de ne pouvoir former de Magasins, ni à Savone, ni à Gavi. Le 2 ventose (21 février), il avait même eu la crainte de voir bloquer et attaquer Savone, qu'il voulait transformer en place d'armes, destinée à servir de pivot aux troupes de l'aile droite qui auraient à agir à sa portée, et au besoin à les nourrir momentanément; mais n'ayant jamais de quoi compléter les rations, comment pouvait-il approvisionner des places? A cet égard, cependant, une circonstance inattendue le servit, du moins en partie.

Le commerce de Gênes reçut, vers le 1er germinal (22 mars), quelques bâtiments de grains, et le général Masséna se hâta de profiter de leur arrivée et de tout ce qu'il put se procurer de ressources pour mettre en état de soutenir un blocus de trois mois, Gavi, que sa position exposait d'autant plus, que cette place est située de manière à appuyer également et les troupes qui se porteraient de Gênes vers la Lombardie, et celles qui de la Lombardie se porteraient vers Gênes. L'ordre de réparer les ouvrages de ce fort fut aussitôt donné ; faute des fonds nécessaires, cet ordre ne put être qu'imparfaitement exécuté. Gavi, réapprovisionné, n'en fut pas moins *le seul point de l'Italie entière*, où le drapeau de nos victoires ne fut remplacé par aucun autre, le seul qui résista à ce torrent qui, roulant ses ondes du nord et de l'est au couchant, submergea pour un temps toute la haute Italie.

Instruit que des corsaires ennemis se multipliaient, le général Masséna écrit à Toulon, au général Vence, commandant des armes, et à l'ordonnateur de la marine, Bertier, et leur demande d'armer sur-le-champ douze bâtiments légers pour concourir, avec les armements ordonnés par lui, à favoriser l'arrivage des subsistances à Gênes ; mais (et ce fait concourut à prouver dans quelle situation le général Bonaparte avait trouvé la France) il n'existait à *Toulon*, ni bâtiments disponibles pour ce service, ni fonds pour en équiper ; et en effet, quelques jours après, pour faire escorter

un convoi d'artillerie destiné à Gênes, le général
Vence fut réduit à se servir d'une corvette ligurienne,
et de deux chebecks français. Encore, et pour mettre
ces trois bâtiments en état de tenir la mer, fut-il contraint de désarmer une flottille destinée à une expédition et les avisos qui se trouvaient en rade.

Le port de Bastia renfermait des corsaires non revêtus de lettres de marque. Le général en chef le
découvre et en promet à tous ceux qui lui feront arriver
des vivres ; il fait plus, il annonce des primes ; il donne
de nouvelles garanties aux négociants qui, au moyen
d'un double pavillon, conduiraient à Gênes des grains
de Livourne, de la Sardaigne et du Levant ; il confie à
des hommes capables et entreprenants des bâtiments
armés en course, réservant pour le compte de l'armée
la moitié des prises ; enfin, il envoie un de ses aides-de-
camp au général Ambert, commandant en Corse, afin
de faire expédier de suite sur Gênes tous les blés, riz et
légumes non indispensables à l'approvisionnement de
la Corse et de l'île de Caprara ; mais la Corse elle-
même manquait de vivres ; il n'en tira donc rien, et
de plus, il eut la douleur, le scandale, d'apprendre
que des bâtiments ragusains qui, d'après ses instances,
étaient allés à Tunis charger du blé pour Gênes,
avaient été pris par des corsaires français, et, ainsi
que leurs cargaisons, *conduits et impunément vendus
dans de petits ports de France*.

Justement mécontent de ce que les autorités liguriennes ne prenaient aucune mesure efficace pour assurer et hâter l'approvisionnement des habitants de

Gênes, que la disette exaspérait de plus en plus; indigné de la hardiesse avec laquelle elles firent évader des hommes arrêtés comme assassins de soldats français; convaincu que la majorité des membres du gouvernement provisoire de la Ligurie ne se signalaient que par leur mauvaise volonté, leur faiblesse ou leur haine pour notre cause; convaincu encore que chaque jour il devenait plus important pour l'armée d'avoir à la tête des affaires liguriennes des hommes actifs, énergiques, et amis des deux républiques; après avoir concerté cette mesure avec M. Belleville, commissaire des relations commerciales à Gênes, il fait donner leur démission à ceux des membres du gouvernement qui convenaient le moins aux circonstances; il les fait remplacer par des hommes forts de l'estime publique et connus par leur dévouement; il porte leur nombre de neuf à quinze, et fait placer auprès de lui M. Corvetto comme commissaire du gouvernement ligurien.

La première opération de ce nouveau gouvernement eut pour objet d'envoyer de tous côtés des agents chargés de presser l'arrivée des grains attendus, et de préparer des arrivages successifs; une autre non moins urgente consista à faire vendre, dans les différents quartiers de Gênes et à très bas prix, des soupes dont nos soldats eux-mêmes ne tardèrent pas à faire usage.

Egalement occupé des besoins de l'armée et des intérêts de la Ligurie, le général Masséna travaille à alléger le poids des charges qui pesaient sur ce pays. Il renouvelle ses ordres pour faire cesser tout double emploi dans les distributions; il prescrit de réduire, pour

chaque partie prenante, la quantité des rations à ce que
la loi détermine ; il porte la plus stricte économie
dans les dépenses publiques , arrête les abus de quelque nature qu'ils puissent être , fait supprimer les trai-
tements extraordinaires et les dépenses d'administration
qui cessaient d'être indispensables , et débarrassant
Gênes d'un grand nombre de bouches inutiles, il envoie au-delà du Var tous les employés dont il était possible de se passer, de même qu'il ordonne de nouveau
que tous les réfugiés italiens se rendent à Dijon.

L'armée ayant trop peu de munitions de guerre et
se trouvant exposée à manquer de poudre , il crée à
Saint-Pierre d'Arena une salpétrière que le manque
d'argent l'empêche de soutenir ; et en effet cette pénurie de fonds était telle, qu'on ne savait avec quoi
acquitter la *serge*, le *plomb*, et jusqu'au *papier* nécessaire à la confection des gargousses et des cartouches.

Les corsaires armés en course d'après un arrêté pris
par le général en chef le 10 pluviôse (31 janvier),
avaient fait plusieurs captures. Suivant les lois de la
marine, ces prises ne pouvaient être réputées bonnes,
parce qu'une partie des capteurs n'étaient pas porteurs
de lettres de marque. Le commissaire des relations
commerciales à Gênes, juge naturel de ces causes, ne
pouvait en connaître, et, sans profit pour personne, ces
prises restaient dans le port où les cargaisons se gâ-
taient, les bâtiments se détérioraient, les agrès se
volaient ; les matelots et les patrons mouraient de
faim ou abandonnaient des bâtiments qui, de bonne

prise, étaient perdus pour l'armée et pour les arma-
teurs, qui, de mauvaise prise, étaient perdus pour
leurs propriétaires, auxquels on ne pouvait les contester, et qui ne savaient à qui les réclamer. Sous la
présidence de l'adjudant-général Thiébault, une commission composée de MM. Bruis, officier de marine, et
Dubreuil, jurisconsulte, fut chargée de prononcer sur
ces causes, de faire vendre les bâtiments de bonne prises et de faire rendre les autres. Le même adjudant-
général fut également chargé du visa des passeports
pour l'arrivage des subsistances, et par là mit fin au
trafic que les agents du gouvernement ligurien faisaient
sur ces visa.

Une foule de détails relatifs au service des hôpitaux,
au régime des prisons, à la surveillance et à la tenue
des magasins publics, à l'administration de ce qui restait de troupes liguriennes, aux arsenaux et chantiers de
construction, à l'armement et à l'approvisionnement
des bâtiments de guerre, places, forts et batteries, enfin
tout ce qui tenait au personnel et au matériel des
forces gênoises de terre et de mer, faisait sans doute
partie des attributions et réserves des magistrats de cette
république; mais, dans les circonstances graves où
l'on se trouvait, il était impossible que le chef de l'armée française n'intervînt pas en tout ce qui avait rapport à ce double service. En conséquence, une commission de guerre et de marine fut créée, et le général
en chef la fit composer de manière à ce qu'elle lui offrît
les garanties possibles, non-seulement quant aux mesures à prendre, mais encore quant à leur exécution.

La faiblesse de nos demi-brigades, le déplorable état de nos soldats, ne nous laissant, sur aucun point, la possibilité de proportionner les forces aux besoins, le général en chef, pour conjurer une situation aussi menaçante, ordonna de retrancher les positions occupées par nos troupes, d'armer les principales redoutes de quelques petites pièces de canon, de couper les routes aboutissant à ces positions, d'ajouter à leur défense par des abattis; travaux et dispositions que l'ennemi ne nous laissa pas le temps d'achever.

L'armement de nos propres troupes était dans le plus mauvais état. A l'aile droite seule, 5,000 fusils étaient à remplacer ; on en découvrit 400 à Gavi ; on répara les autres comme on le put ; la mort pourvut au reste. Enfin, 54 espingoles de rempart, trouvées à Savone, furent utilisées pour la défense des forts de Gênes.

Afin de connaître les forces, les projets et les mouvements de l'ennemi, un service d'espionnage fut organisé et fait par des prêtres ; en même temps, et pour gêner la marche des espions de l'ennemi, on ne laissa plus passer sur la ligne que des hommes qui, pour soulager nos malheureux soldats, avaient été chargés, d'après les ordres du général en chef, de porter sur leurs épaules des vivres aux corps les plus éloignés de Gênes.

En dépit de tant de soins, de tant de travaux, de tant d'efforts, la faim et le désespoir produisirent de nouvelles désertions. On découvrit même un complot d'après lequel une compagnie entière devait passer à l'ennemi avec armes et bagages. Aussitôt les corps où ces désertions avaient eu lieu, et ceux où l'on avait des raisons pour en craindre, quittèrent la ligne et furent placés en réserve. La même mesure fut prise pour d'autres corps, comme moyen de diminuer les ravages des maladies qui continuaient à être effrayantes, notamment à Gavi, où le scorbut compliquait l'épidémie qui continuait à régner ; ravages qui, depuis l'arrivée du général Masséna à Gênes jusqu'à la reprise des hostilités, c'est-à-dire, de la fin de nivôse au 15 germinal, et malgré tout ce que l'on avait pu faire au monde, avaient dévoré à l'aile droite seule près de 6,000 combattants sur 19,000.

En ce qui tient au service des troupes en ligne, les ordres portèrent d'éclairer, la nuit surtout, les approches des postes avancés par des patrouilles continuelles, de les remplacer au point du jour par des découvertes, d'avoir toujours des piquets prêts à les soutenir, de prendre les armes deux heures avant le jour, et de se tenir toujours en mesure de former des masses, seul moyen de se mettre à même de suppléer, par des manœuvres, à l'infériorité du nombre.

Une réserve fut formée et placée à Saint-Pierre-d'Arena.

Les chefs de corps et officiers sous leurs ordres, reçurent l'injonction d'étudier sans cesse le terrain à portée de leurs camps ou bivouacs, afin d'en tirer tout le parti possible.

Une autre mesure, réclamée par le bien du service et par l'intérêt des corps, autant que par la gravité des circonstances, consista à faire faire une sorte d'enquête sur le caractère et le zèle des officiers de l'aile droite, à ne conserver que les officiers capables de donner l'exemple de la fermeté, et à renvoyer en France tous ceux dont la faiblesse morale pourrait être contagieuse. Cette épuration se fit sans éclat, et mit à même de ranimer le bon esprit des troupes par des avancements utiles.

Tout-à-coup le pain se trouva confectionné avec des farines corrompues, délit à l'occasion duquel le lieutenant-général Soult écrivait au général en chef : *Les scélérats, non contents de nous affamer, ils veulent encore nous empoisonner !* délit que suivirent de sévères châtiments.

Afin de diminuer le nombre des soldats forcés d'entrer dans les hôpitaux, de les laisser le plus longtemps possible sous la surveillance paternelle de leurs chefs, et cependant de leur assurer des secours immédiats, une ambulance fut attachée à chaque demi-brigade, en même temps que les hôpitaux furent journellement soumis à une triple visite d'officiers spécialement chargés d'assister à toutes les distributions, et de goûter tous les aliments.

Les prisons furent également visitées par ordre du général en chef, et se trouvèrent contenir un assez grand nombre de militaires oubliés, et qui de suite rejoignirent leurs drapeaux ou furent incorporés dans les plus faibles demi-brigades.

En remplacement des 400 mulets de bât que devait livrer la compagnie Antonini, le général en chef en demanda 150 au gouvernement ligurien pour le transport des vivres, et notamment du pain qui, sans consistance, par suite de la mauvaise qualité des grains, se brisait sur le dos des porteurs et perdait pendant le trajet la moitié de son poids, ce qui achevait d'affamer des hommes épuisés par trop de souffrances; mais, quelque chose que le général en chef pût faire, ces mulets, souvent promis, ne furent pas livrés, et tout ce à quoi l'on put parvenir, fut d'en réunir une douzaine.

Enfin, il n'y eut pas jusqu'aux 34 chevaux d'ordonnance, attachés à l'aile droite de l'armée, et aux 43 chevaux des guides du général en chef, et à ceux des officiers généraux et d'état-major, des chefs de corps et d'administration, qui, en attendant qu'ils devinssent une ressource, ne fussent un embarras, non-seulement pour leur nourriture, mais, quant aux premiers, faute *de* 300 *francs pour les ferrer.*

Ainsi, et dans cette lutte vraiment désespérante, rien n'échappait à l'active prévoyance, à l'infatigable activité du général Masséna; mais, en ce qui tenait aux plus cruels besoins, les idées les plus justes, les conceptions les plus fortes n'aboutissaient qu'à des soulagements momentanés, à des espérances qu'aucune réalisation ne suivait (*). Déjà les faibles quantités de blé reçues étaient consommées; déjà l'armée ne vivait

---

(*) *Le général Masséna*, dit le lieutenant-général Soult dans le manuscrit historique du blocus de Gênes, commencé par lui sans doute à Gênes même, *fit tout ce que l'on pouvait attendre de ses talents et de son caractère!..... Il sollicita des secours, en obtint qui furent insuffisants et tardifs au point d'être sans effet!.....*

plus que du grain que l'on achetait chaque jour à des prix excessifs, ou que l'on arrachait au gouvernement ligurien ; le plus souvent même, les troupes ne recevaient qu'à la nuit une partie des rations ordonnées par la loi (*); toujours elles se trouvaient menacées de manquer totalement de pain ; jamais elles n'en avaient en raison de leurs besoins (**); de sorte que chaque instant

---

(*) Malgré l'exemple et le dévouement de l'ordonnateur en chef Aubernon, quelques administrateurs n'eurent pas, dans ces terribles circonstances, le zèle dont tout concourait à leur faire un devoir sacré. Des employés commirent même de ces infidélités que leurs effets changeaient en crimes. Les premiers furent remplacés, et les autres chassés; mais ces châtiments ne vengeaient pas leurs victimes autant qu'elles devaient l'être : considération d'après laquelle l'adjudant-général Thiébault proposa au général en chef d'incorporer dans les corps qui souffraient le plus de ces négligences ou délits, c'est-à-dire, bivouaquant aux avant-postes, tout employé contre lequel il se serait élevé de justes plaintes, de le mettre sous la garde des soldats, et de lui faire partager leur service et leur misère! Ce moyen également appliqué aux employés chargés du service des hôpitaux eût, je crois, été efficace!...

(**) Torturés par la faim, nos soldats mangeaient des racines et les herbes qu'ils pouvaient découvrir sur les arides rochers qu'ils défendaient, et toute une compagnie de la 24ᵉ de ligne s'empoisonna de cette sorte en mangeant des soupes faites avec de la ciguë!... Dans les corps un peu éloignés de Gênes, il fallait choisir les hommes encore assez forts pour aller aux distributions. Je ne parle pas des officiers; sans solde comme les soldats, leur misère était affreuse! Des militaires vendirent jusqu'à leurs armes, et de nuit couraient les rues de Gênes demandant l'aumône et du pain!

augmentait cette horrible appréhension de famine, et
en partie la réalisait.

Certes, tant et de si sages mesures auraient dû finir
par faire approcher du but, si elles ne pouvaient le
faire entièrement atteindre. Il ne fallait en effet, pour
cela, que seconder, de quelque manière que ce pût être,
celui qui se dévouait avec tant de capacité et d'énergie,
ou, du moins, fallait-il que ses efforts ne fussent pas an-
nulés, ses espérances trompées de la manière la plus
fatale! Mais tout semblait se réunir pour rendre tant
de soins inutiles : les conceptions qui paraissaient devoir
être les plus efficaces, les opérations les mieux combinées multipliaient plus d'embarras qu'elles n'avaient
été destinées à en lever. C'était un dédale où même il
serait impossible de le suivre, et au milieu duquel il
luttait contre la négligence ou le manque de moyens
des uns, contre la mauvaise foi ou la rapacité des autres, contre l'abandon du gouvernement qui aurait pu
et dû faire beaucoup plus qu'il ne fit, et contre les vents
qui, par une circonstance sans exemple, restèrent, pendant *quatre mois*, contraires à la marche des convois
attendus de France, et ne tournèrent à l'ouest que
quand il n'y eut plus rien à attendre de leur changement. Le sort, la nature et les hommes paraissaient
conjurés pour assurer la perte de l'armée et de la Ligurie, ou pour préparer une gloire impérissable à celui
qui, malgré tant d'obstables, parviendrait à un résultat non-seulement honorable, mais décisif, et fait à lui
seul pour l'illustrer à jamais.

Cependant, la position du général Masséna sembla

un moment devoir s'améliorer. Après des retards inouis, la compagnie Antonini, cause unique et si coupable de ces terribles embarras et de la mort de tant de braves, parut enfin devoir prendre le service. Le 22 ventôse (13 mars), un de ses agents débarqua à Gênes, avec plusieurs employés, annonçant le départ de Marseille et la prochaine arrivée d'un grand nombre de bâtiments chargés de grains, et l'organisation d'expéditions successives. Il déclara également être en mesure d'assurer le service des fourrages et des liquides, et demanda, comme dernier secours, et pour que tout fût garanti, que le gouvernement ligurien se chargeât de pourvoir à la subsistance de l'armée jusqu'au 2 germinal (23 mars). A force d'instances, le général en chef l'obtint; le mois de ventôse s'acheva ainsi dans une sécurité d'autant plus douce qu'elle était plus nouvelle; mais lorsque le moment de remplir des engagements si formels, on peut dire si sacrés, fut venu, cet agent se trouva n'avoir ni crédit, ni magasins, ni argent, ni ressources; de sorte que, depuis Gênes jusqu'au Mont-Cenis, l'armée se trouva compromise par la cessation brusque et totale des trois services confiés à cette compagnie.

Son agent, nommé Flachat, fut arrêté sur-le-champ, et, peu après, envoyé en France pour être jugé (*); un

---

(*) Il ne fut pas jugé, et le chef de cette compagnie ne le fut pas davantage!... Ces marchés étaient des spéculations infâmes et dans lesquelles les intérêts les plus sacrés étaient sacrifiés à la cupidité. On assura qu'un pot de vin de 500,000 francs qui avait été

ordre impératif prescrivit la saisie des papiers appartenant à la compagnie Antonini, et de toutes les lettres qui seraient adressées à ses membres et agents par la poste et surtout par des courriers particuliers; le payeur général de l'armée reçut défense d'effectuer aucun paiement, soit à eux, soit à leur compte.

Ces mesures sans doute devaient contribuer à hâter de trop justes châtiments ; sauver l'armée était plus difficile. L'argent seul eût été, à Gênes, d'un faible secours, et pour comble d'embarras, afin de n'exposer aux chances d'un trajet dangereux que le moins possible de fonds et de pièces comptables, le payeur avait été laissé à Nice. D'un autre côté, le gouvernement ligurien était sans crédit, les habitants, fatigués, sans confiance, et le peuple, qui ne recevait plus de distributions, était dans un véritable état d'exaspération. Les principales maisons de commerce, dont la bonne foi avait si souvent été trompée et auxquelles, pour nourrir les troupes qui étaient dans la rivière du Ponant, on avait enlevé, pendant le trajet et à coups de canon, le grain qu'à la sollicitation du gouvernement et des chefs de l'armée, et malgré la vigilance si active des Anglais, elles avaient pu tirer de France; les chefs de ces maisons auxquels on avait promis des primes que l'on fut hors d'état de payer, auxquels, et en raison de ce que les circonstances avaient d'impératif, on fut, à différentes

---

donné à une personne que je n'ai pas le courage de nommer, fut la raison de cette impunité.

reprises, contraint de prendre par force le peu de grain qu'ils étaient parvenus à faire arriver jusqu'à Gênes ; ces négociants, dis-je, ne voulaient plus se mêler de semblables opérations, et étaient d'autant plus fondés dans leurs refus, qu'elles avaient été ruineuses pour tous ceux qui, à quelque titre que ce fût, en avaient entrepris.

Avec tout autre chef que le général Masséna, cette position eût été le signal de la dissolution de l'armée ; mais électrisé, inspiré par ce qui eût découragé, abattu tout autre que lui, et à l'instant même s'arrêtant à la seule idée qui pût encore offrir une chance de salut, il s'adressa à la maison La Flèche et Guyot de la Pommeraye, de Gênes, et lui demanda de sauver l'armée, c'est-à-dire, de la nourrir. A cet égard personne au monde ne pouvait la suppléer : connue par son inaltérable probité, elle jouissait d'une confiance immense ; riche, elle avait un grand crédit ; associée à la maison Dollier, de Marseille, elle réunissait tout ce qu'il était possible de désirer en fait de garanties. Un marché passé avec elle était donc une opération certaine en tout ce qui avait rapport à l'exécution des engagements... La conférence avec les chefs de cette maison eut lieu de suite... Elle fut longue et au dernier point difficile. Le rôle du général Masséna, son caractère, sa gloire, lui firent obtenir ce que nul autre n'eût obtenu : l'acceptation de cette fourniture fut donc arrachée à MM. Guyot et La Flèche, mais sous la condition qu'un à-compte de 300,000 fr. leur serait immédiatement remis. Quelques personnes pensèrent que cette clause avait pour but de rendre l'acceptation nulle. Et, en effet, des en-

gagements pris au nom du gouvernement, furent rejetés ;
les bons sur le Payeur, qui cependant avait plus que
cela en caisse, furent refusés..... Heureusement pour
l'armée et la France, le général Masséna possédait cette
somme, et cédant à un noble dévouement, il signa en
son nom pour 300,000 francs de lettres de change (J) ;
le marché fut conclu (*). Trois dispositions le consti-
tuèrent : par la première, la maison Guyot s'engagea à
livrer, aux prix portés dans les factures d'achat, et avec
la plus grande promptitude possible, 18,000 quintaux
de blé et 3,000 de légumes secs, pour la subsistance
de l'aile droite, et à faire de suite face au service : par
la seconde, et dans le double but de l'intéresser plus fortement à cette entreprise, et de préserver de la disette
les habitants de Gênes en même temps que l'armée,
elle fut autorisée à extraire de Marseille, et pour en disposer ainsi qu'elle l'entendrait, 30,000 quintaux de
blé et 10,000 de légumes : par la troisième, enfin, il
fut stipulé que 280,000 fr. provenant d'un droit de sept
francs par chacun des quintaux de blés et de légumes
destinés à la Ligurie, seraient imputés, par la maison
Guyot, sur le prix des blés et légumes qu'elle avait à
fournir pour les troupes (**).

(*) La fortune est toujours une garantie ; et dans les mains des
hommes revêtus d'un grand pouvoir, elle est souvent un secours,
une nécessité.

(**) La fourniture de la maison Guyot fut d'un faible secours
pour la droite de l'armée, qui n'eut que les grains que cette maison
possédait ou trouva à acheter à Gênes, grains qui, cependant, la

Cette double opération arrêtée, la maison Guyot livra les grains qu'elle avait à sa disposition ainsi que ceux qu'elle obtint de quelques autres négociants de Gênes, et M. Guyot se rendit à Marseille, pour faire des achats et hâter les expéditions. De son côté le général en chef y envoya le général de brigade Franceschi avec des pouvoirs extraordinaires : 1° pour faire saisir et expédier pour l'armée tous les grains achetés et arrhés par la compagnie Antonini ; 2° pour faciliter l'arrivée, non-seulement de ces grains, mais également de ceux de la maison Guyot ; 3° pour s'occuper enfin de ce qui avait rapport aux 800,000 rations de biscuit qui devaient être envoyées à Grenoble et à Nice... L'activité de cet officier général, sa fermeté étaient d'un présage heureux pour l'effet de ces mesures d'autant plus urgentes, que l'insurrection de la Corse achevait d'annuler l'espoir de tirer des secours de cette île et celui de voir réussir l'expédition de la Sardaigne, dont l'ex-représentant Salicetti et le général Cervoni avaient dû être chargés, expédition qui avait fait espérer de grandes ressources pour l'approvisionnement de Gênes.

Afin de ne rien négliger de ce qui pouvait concourir au prompt et entier succès de l'entreprise Guyot, le général Masséna écrit encore au général Saint-

---

mirent à même de vivre jusqu'au 22 germinal, et permirent d'ajourner l'emploi des moyens supplétifs auxquels il fallut recourir après cette époque. Mais cette fourniture sauva les divisions du centre lorsqu'elles se replièrent sur le Var, et mit le lieutenant-général Suchet en état de tenir cette ligne et de reprendre l'offensive.

Hilaire, commandant la huitième division militaire, au général Vence et à l'ordonnateur de la marine à Toulon, et les presse de seconder le général Franceschi de tous leurs moyens... Mais qui croirait que, par l'effet de la plus inconcevable mesure, le général Franceschi trouva *un embargo général, inopinément ordonné par le ministre de l'intérieur, sur tous les grains qui s'expédiaient des ports du Languedoc pour Marseille;* que, dans cette ville, *un commissaire du gouvernement mit des entraves aux extractions;* que *la douane elle-même voulut les empêcher,* et que l'on fut obligé d'employer la force armée pour faire sortir des blés de ce port! Qui croirait que des 800,000 *rations de biscuit,* sur lesquelles le général en chef avait compté, *aucune ne fut jamais fournie!...* Qui croirait, pour en revenir à la compagnie Antonini, que toutes ses opérations s'étaient bornées à l'expédition de 4,000 *charges de blé* obtenues, *à crédit,* de la maison Rabaud, de Marseille, et que, du reste, il ne se trouva *ni blé acheté, ni blé arrhé à son compte;* qu'à Toulon, les troupes n'avaient pas pour *trois jours de vivres;* qu'à Aix, *on les nourrissait à la journée,* et que, dans la plupart des lieux d'étape, on ne pouvait, *en France même,* fournir à la subsistance des garnisons et des plus faibles détachements de passage!...

Indigné de ce qu'il vient d'apprendre, révolté de tant d'imposture et d'effronterie, le général Masséna rend compte de tout au Premier Consul, et, enjoignant au général Saint-Hilaire de tout braver pour accélérer le départ des grains qu'il attend, il termine ainsi sa lettre:

« ..... La position de l'armée, l'énormité de ses be-
« soins, l'impossibilité des arrivages par terre, les ris-
« ques de ceux par mer, la nécessité de se hâter de
« tirer les soldats de la pénurie dans laquelle ils végè-
« tent, font une loi impérieuse de ne rien négliger pour
« les sustenter. Employez donc, pour atteindre ce
« but, tous vos moyens et toute votre sollicitude ! Don-
« nez les ordres les plus précis pour le départ et la
« marche des convois. Quels que soient les obstacles,
« faites tout pour les lever ! Que rien ne vous coûte ni
« ne vous arrête ! Surveillez, activez, menacez, encou-
« ragez, punissez ! Je sanctionne d'avance toutes les
« mesures que vous prendrez. Il s'agit de la Ligurie, de
« l'Italie peut-être, d'une armée entière, du midi de la
« France et de l'honneur de nos armes ! »

Mais que pouvaient à des maux si poignants des re-
mèdes qui ne laissaient qu'un espoir éloigné et toujours
incertain? Aussi les embarras se multipliaient-ils, et
l'espoir de les voir finir était-il, pour le général en chef,
un soulagement d'autant plus insuffisant que tout l'hiver s'était passé en de vaines attentes ; qu'il était arrivé
au moment où les débouchés des Alpes étaient devenus
praticables ; qu'il savait que l'ennemi (qui avait renforcé
ses corps et reposé ses troupes, pendant que notre armée
avait achevé de se fondre, de s'anéantir) commençait
à lever ses cantonnements et à former des masses (K) ;
qu'il manœuvrait sur toute la ligne, et déjà serrait nos
avant-postes (*) ; qu'il ne pouvait se dissimuler que l'ar-

(*) Au milieu de notre détresse, de nos anxiétés, les nouvelles

mée n'était pas en état de faire la guerre; et que, chaque jour, il voyait le dépérissement des troupes aug-

---

les plus extraordinaires nous avaient, tout-à-coup, été données
comme certaines, et ainsi que cela arrive dans les situations malheureuses, on s'en occupait, encore que l'on ne pût pas y croire.
Tantôt, en effet, une insurrection générale avait éclaté à Turin, et
cette insurrection se propageant dans toute la haute Italie, M. de
Mélas se retirait vers les états Vénitiens; et comme preuve de ce
fait, l'on ajoutait que les 2,000 paysans employés à réparer les
routes conduisant à Gênes, venaient d'être tous renvoyés, ce qui,
en partie était vrai!... D'autres fois, nous avions remporté sur le
Rhin une victoire décisive, plusieurs divisions de l'armée Impériale en Italie se rendaient en Allemagne par le Tyrol, et à marches forcées, et M. de Mélas réduit à une campagne défensive,
faisait retrancher la rive gauche de l'Adige, rendait impraticable
les communications entre Gênes et la Lombardie, et déjà faisait
reployer les avant-postes; mais bientôt ces nouvelles se trouvèrent
démenties par la certitude que les places ou forts d'Asti, de Puz-
zuolo, de Ceva et d'Acqui, devenaient des entrepôts considérables
de munitions et de vivres; que l'on fortifiait Cerasco; que l'on
travaillait de nouveau à réparer les routes; que l'on jetait des
ponts sur la Bormida; qu'en Piémont on faisait des levées considérables; que de plus, on y confectionnait des uniformes français dans le but de surprendre quelques uns de nos postes ou cantonnements, fait que confirmait l'acharnement avec lequel les Autrichiens encourageaient et excitaient les peuples de la Ligurie à
la révolte, les chefs qu'ils donnaient à ces insurgés et en tête
desquels se trouvait un baron d'Aspres, le système d'après lequel
ils les enrégimentaient, les attaques que, pour les aguerrir, ils leur
firent exécuter en ventôse (1ers jours de mars) et les 3 et 4 germi-
nel (24 et 25 mars), attaques qu'ils firent soutenir par leurs propres troupes, les menaces qu'ils proféraient, les proclamations

menter avec la prolongation de leurs souffrances, et la mort multiplier ses victimes!

De ces faits découlait cette conséquence accablante, que, forcées dans leur position, les troupes n'avaient en grande partie que Gênes pour retraite, et Gênes et même Savone étaient sans vivres. Le gouvernement ligurien déclarait en outre ne pouvoir plus concourir à nourrir les troupes. Les maladies continuaient leurs ravages; et, pour mettre le comble à cette situation désespérante, l'argent, si nécessaire dans une armée où tout abonde, manquait absolument dans celle-ci, où tout manquait avec lui. La poste, des courriers extraordinaires et des officiers de tous grades portaient sans cesse ces affligeants détails au Premier Consul; mais, et à l'exception des subsistances, *que l'on avait eu dix fois le temps et les moyens de lui procurer*, dont la privation fit tant de victimes et nous coûta des milliers de combattants, la position de l'armée était telle qu'elle ne pouvait être secourue. C'est une vérité que le gouvernement n'avait pas dû avouer, mais qu'il est facile d'établir. Et, en effet, il aurait fallu des sommes énormes pour rendre la situation de cette armée moins affreuse; et, sur un autre point, et au tiers de la distance où Gênes était de Paris, bien moins de temps et de moindres dépenses pouvaient créer une armée tout entière. Il

---

qu'ils répandaient et dont l'insolence n'avait plus de mesure, enfin, les signaux qu'au son du cor ils firent organiser par ces insurgés.

aurait fallu en infanterie d'immenses renforts; et les
troupes ne pouvaient arriver à Gênes qu'après une marche aussi longue que fatigante, et il n'y avait pas dans
la Ligurie de quoi nourrir et solder le peu de troupes
qui s'y trouvaient. Il aurait fallu de la cavalerie, et l'on
n'avait pas même le fourrage nécessaire pour faire vivre
le petit nombre de chevaux des généraux et officiers
d'état-major. Il aurait fallu de l'artillerie, et il n'y avait
pas de route pour l'amener, pas de chevaux pour la
conduire et pas de fourrage pour nourrir les chevaux,
sans lesquels elle eût été inutile. La mer, qui seule aurait rendu de grands transports possibles, était couverte
de bâtiments ennemis; et, indépendamment de tant
d'obstacles, comment songer à former de grands rassemblements dans un pays infesté par les épidémies,
dans un pays où nos troupes ne pouvaient arriver qu'a-
près de longues marches dans des routes pleines de squelettes échappés aux hôpitaux de la Ligurie, et jonchées
de cadavres, qu'après avoir traversé la Provence, dont
les habitants profitaient du passage des soldats pour
acheter leurs armes et solder leur défection, que démo-
ralisées par tout ce qu'elles auraient appris de relatif
aux dangers et à la situation de l'armée !

Des considérations de cette nature et de cette gravité,
et les avantages d'un mouvement général sur la droite
des positions occupées par l'armée autrichienne en Italie, décidèrent le Premier Consul à y rentrer par la
Suisse et le haut Piémont (*); à refaire cette conquête

_____

(*) Voir Pièces relatives ou justificatives, n° 1.

avec une armée qu'il créa sous le nom d'*armée de réserve*, et à surprendre l'ennemi qu'il ne trompa pas moins sur la force de cette armée et sur son itinéraire que sur sa destination.

C'est ainsi cependant que Bonaparte, qui avait scruté toutes ces vérités et découvert ou adopté le seul moyen de reconquérir l'Italie, ce théâtre de ses premières victoires, paraissait ne vouloir faire qu'une campagne défensive, tandis qu'il disposait tout pour y reprendre l'offensive la plus brillante. C'est ainsi que tout le monde prit le change sur ses projets, qu'il prépara la gloire de l'armée qu'il feignait de négliger, et la seconde conquête de l'Italie qu'il paraissait oublier ; que, dans cette opération qu'on ne saurait assez admirer, tout portait l'empreinte de son génie, tout, et le plan, et les difficultés vaincues, et le secret qui couvrit ses préparatifs et ses marches, et jusqu'à ses moyens d'exécution. Enfin, c'est ainsi que, semblable aux dieux dont les foudres se forgent dans le silence et n'éclatent que pour frapper, Bonaparte ne découvrit ses desseins qu'à l'instant où l'ennemi étonné le vit de nouveau redescendre les Alpes !

Quant au général Masséna, qui ignorait la destination de l'armée de réserve, et ne pouvait croire qu'elle pût être prête, même pour les opérations qu'elle exécuta (*), il n'en eut pas moins la douleur de se voir atta-

---

(*) Les Autrichiens eux-mêmes ne purent croire à la force de cette armée, dont en effet la création eût été impossible sans le

qué et bloqué dans Gênes, au moment où l'armée, après avoir épuisé la presque totalité de ses ressources, avait à peine, et encore grâce au marché passé avec la maison Guyot, pour neuf jours de vivres, au moment où il allait recevoir quelques renforts, où il savait 2,000,000 fr. arrivés à Nice, et où il venait d'être informé que la majeure partie des blés et légumes de la fourniture Guyot étaient partis de Marseille le 8 germinal (29 mars).

Mais au 15 germinal (5 avril), l'ennemi, dont l'attaque ne nous laissa pas le temps de recevoir ces secours, détruisit à la fois nos espérances d'argent, de vivres et de renforts, et acheva de rendre notre position aussi douloureuse sous les rapports de la pénurie, que critique sous les rapports de la guerre. Deux mots résumeront tout à cet égard.... Peu de jours plus tôt, Gênes et l'armée étaient à discrétion; peu de jours plus tard, l'une et l'autre étaient approvisionnées et sauvées!

Et tels furent les préliminaires du rôle que le général Masséna était prédestiné à jouer à Gênes, préliminaires dignes de lui et de tout ce qui devait les suivre, préliminaires dont l'ébauche suffit pour consacrer un grand exemple et léguer une fructueuse instruction à qui pourrait se trouver dans des positions analogues; de plus

concours du génie et du pouvoir suprême! M. de Mélas ne la jugea d'abord que de 15,000 hommes; et lorsqu'à Vienne, on annonça au ministre Thugut, que cette armée qui venait de reconquérir l'Italie était de plus de 50,000 Français, il s'écria : *Ils sortent donc de terre!*......

elle servira de complément à mes remarques sur le
neuvième chapitre des *Mémoires de Napoléon* et à mes
observations sur les remarques que M. le lieutenant-
général Soult a faites sur cet ouvrage (2ᵉ vol., nu-
méros 7 et 9), et supplémentairement de réponse à
quiconque oserait élever des doutes sur tout ce que le
général Masséna a fait dans cette armée, à quiconque
prétendrait avoir joué, sous un chef aussi impératif (Voir
ses ordres écrits), d'autre rôle que celui que consti-
tuaient les stricts devoirs de son grade et de la position
que le général Masséna lui avait faite!

SECONDE PARTIE.

Reprise des Hostilités.

Du 15 germinal an viii (5 avril 1800) au 50 du même mois.

Au 15 germinal, l'aile droite de l'armée d'Italie, aux ordres du lieutenant-général Soult, formait deux divisions et une réserve.

Les situations des corps portaient leurs forces à 17,820 hommes, les garnisons de Savone, de Gavi, de Gênes et des forts de Richelieu et du Diamant y comprises, et à 15,370 hommes, ces garnisons défalquées (*).

A la guerre, le minimum de la différence entre les *combattants* et les hommes portés sur les états de situation comme *présents sous les armes*, est générale-

---

(*) Voir, fin de ce volume, le tableau n° 1.

ment *d'un cinquième en moins*; mais le nombre des hommes malades à la chambre, le nombre de ceux que leur épuisement rendait incapable de faire aucun service, et de ceux qui, faute de moyens de transport, étaient continuellement de corvée, de plus, les efforts des chefs de corps pour porter le plus d'hommes possible sur les situations d'après lesquelles se réglait le taux de distributions toujours si insuffisantes, augmentaient cette différence de beaucoup : nous resterons donc dans des termes plus que modérés, en disant que les trois divisions et la réserve, dont au 15 germinal se composait l'aile droite de l'armée d'Italie, n'offraient *pour la guerre* que 14,000 hommes disponibles (*).

Telles étaient cependant les forces auxquelles se trouvaient confiées toutes nos positions de Savone à la Bochetta, de la Bochetta à Recco; cette ligne demi-circulaire, de plus de vingt lieues d'étendue, était hors de toute proportion avec le nombre des hommes qui pouvaient être employés à sa défense, et pourtant elle s'augmentait encore de plus de quinze lieues de côtes. Il était néanmoins impossible de ne pas garder, ou du moins observer et les ports et les plages, ne fût-ce que pour prévenir les débarquements et protéger les arrivages; mais il l'était également de ne pas occuper les

---

(*) C'est au même taux que M. le maréchal Soult a porté la force de cette aile, à la tribune de la Chambre des Députés, le 22 janvier 1845. Dans son rapport (т. 2, pièce n° 5), il porte à 15,000, *les présents sous les armes.*

principaux débouchés des montagnes, seul moyen de couvrir Gênes et de connaître de suite les mouvements offensifs de l'ennemi. Enfin, il fallait sauver les apparences, ne fût-ce que pour conserver le plus de temps possible les communications de cette aile avec le centre de l'armée, et par lui avec la France, nécessités à ce point urgentes, que tout annonçait une attaque générale. L'ennemi en effet se rassemblait à la faveur des magasins qu'il avait formés sur les principaux points de sa ligne, notamment à Spigno, Acqui, Novi, Tortone, Bobbio, Ottone et Porto-Fino ; sept fortes barques chargées de blé venaient d'entrer à Sestri du levant, et l'on parlait de l'arrivée de plusieurs équipages de pont à Alexandrie ; depuis dix jours , d'ailleurs , il exécutait de nombreuses reconnaissances sur notre front, et avait fait reprendre la réparation des routes conduisant du Piémont à nos avant-postes ; outre cela, les insurgés croissaient en audace et en nombre, et proclamaient le massacre des Français et des *amateurs de républiques*. A ces faits, et pour joindre la ruse à la force, se mêlaient, ainsi que je l'ai dit, les bruits les plus contradictoires, voire même les plus absurdes ; et cependant, répétés par nos propres espions, quelques personnes y crurent. Quant au général en chef, il n'y vit que la dernière preuve d'une attaque prochaine, et l'ordre donné par M. de Mélas, de ne plus permettre aucune communication entre les villages occupés par nos troupes et ceux qu'occupaient les siennes, leva les derniers doutes.

Il n'était donc pas moins indispensable qu'urgent

d'observer l'ennemi de près; mais afin de diminuer, autant que, dans un pays aussi difficile, ils pouvaient l'être, les risques d'une position à ce point menaçante, afin de suppléer à la faiblesse des moyens par tout ce que l'expérience et la capacité pouvaient rendre possible, le général en chef avait ordonné aux lieutenants-généraux Thureau, Suchet et Soult, le système des masses et la réunion de chaque division, du moment où l'ennemi commencerait ses attaques.

C'est ainsi que, dès le dix germinal, il écrivait au lieutenant-général Suchet : « *L'armée est trop faible pour garder la totalité des débouchés par lesquels l'ennemi pourrait arriver à la mer ; qu'ils ne soient donc observés que par de simples postes ; serrez vos divisions, et disposez-les de manière à ce qu'elles puissent se réunir dans le moins de temps possible. Je le répète, vous n'avez qu'un moyen de résister, c'est de former des masses et de manœuvrer; alors, mais alors seulement, vous vous embarrasserez peu des pointes que l'ennemi pourrait faire sur la côte. Adressez-moi, au surplus, copie des instructions que vous aurez données à vos généraux de division.* »

Il ajoutait au lieutenant-général Soult : « *Qu'en huit heures les trois divisions que vous commandez puissent être réunies en masse!..* Et il finissait par lui dire : *Le Premier Consul tient fortement à la conservation de Gênes. C'est en effet le seul point de la rivière dont l'ennemi doive chercher à s'emparer. Ce n'est qu'à Gênes qu'il peut trouver des ressources. Sans cette place, tout autre point lui devien-*

drait inutile. Gardez donc les routes de Gênes ; ses approches, d'ailleurs, offrent des positions respectables, et j'ordonne qu'elles soient reconnues (L).

Nous étions, de cette sorte, dans l'attente de la reprise des hostilités, lorsque le quinze germinal, l'apparition de toute la flotte anglaise fut le signal des attaques qui, en effet, commencèrent, au même moment, sur les hauteurs de Monte–Notte et de Cadibona (M), où, grâce à une résistance opiniâtre, nous conservâmes nos positions ; à Monte–Calvo, que nous abandonnâmes sans cependant cesser de couvrir la communication de Voltri à Savone ; à Borgo di Fornari, où l'ennemi voulut couper la ligne de nos troupes, et d'où le général Poinsot le repoussa en lui faisant quatre-vingts prisonniers ; et à Recco, que nous évacuâmes le matin, et où nous rentrâmes le soir.

Ces trois premières actions n'eurent rien de particulièrement remarquable ; mais le combat de Recco offrit au général Darnaud, avec l'occasion de signaler sa capacité de guerre et son audace, celle de s'approprier le premier souvenir de gloire de ce blocus, de même qu'il attacha honorablement son nom au dernier souvenir de guerre de ce grand évènement.

La 8me légère, au quinze germinal, occupait Recco; attaquée, ou plutôt surprise par près de 2,000 Autrichiens et insurgés, assaillie avant d'être réunie, cette demi-brigade, qui n'était forte que de mille hommes, se met en déroute, et évacue la ville au pas de course.

Au bruit de la fusillade, le général Darnaud, dont le quartier-général était à Sori, s'élance à cheval et,

sans attendre un seul de ses officiers, franchit au grand galop la distance qui le sépare de Recco.

Bientôt il se trouve au milieu de cette 8ᵉ légère, se retirant dans le plus grand désordre.

Il veut la rallier, mais ses efforts sont inutiles comme l'ont été ceux de son chef. Indigné, il met pied à terre, saisit le fusil d'un des derniers hommes de cette demi-brigade, et, le chargeant de lui donner des cartouches, il fait seul tête à l'ennemi (*).

« *Nous sommes des lâches!* » s'écrièrent aussitôt plusieurs de ces soldats qu'une peur panique entraînait, et ce cri du repentir et de l'honneur, entendu et ré-pété, est d'un effet tel, que des hommes dont rien ne pouvait ralentir la fuite, s'arrêtent d'eux-mêmes, re-viennent sur leurs pas avec une véritable fureur, et re-poussent l'ennemi.

Pour utiliser cet élan, le général Darnaud forme tout en marchant deux petites colonnes; le chef de brigade Brun, commandant ce corps, reçoit l'ordre de tourner, avec l'une de ses colonnes, la ville par sa gauche, pendant qu'à la tête de l'autre, le général Dar-naud l'attaque de front.

Rien ne lui résiste; les tirailleurs de l'ennemi ont disparu; sa ligne abordée est rompue, et, malgré l'es-carpement sur lequel Recco est bâti, malgré les mu-railles qui l'entourent, la faiblesse des assaillants et le

---

(*) *Si tu es un brave,* lui dit le général Darnaud, *tu resteras avec moi, et s'il le faut nous mourrons ensemble!...*

nombre des hommes qui la couvrent et l'occupent, cette ville est reprise au pas de course, et avant que le colonel Brun ait fait la moitié de son trajet.

Plus de 300 morts jonchèrent le terrain sans qu'il fût possible au général Darnaud d'obtenir que l'on fît un seul prisonnier : le reste prit la fuite et ne s'arrêta qu'à Rua ! Effet de la vaillance du général Darnaud, et de sa confiance dans l'impression que son exemple ne pouvait manquer de faire sur des soldats français.

Quelque résistance que les troupes des 2ᵉ et 3ᵉ divisions aient opposée aux efforts de l'ennemi, et malgré les succès que nous eûmes à Borgo di Fornari et à Recco, les résultats de cette journée furent malheureux : d'une part, nos communications avec le centre de l'armée furent coupées et le blocus de Gênes très resserré par mer ; de l'autre, les habitants des vallées de l'Orba, de la Polcevera, de la Scrivia, du Bisagno et de Fontana Buona, entraînés à la révolte par le mouvement offensif de l'armée autrichienne, et par les proclamations dont, à ce moment, la Ligurie fut inondée, prirent les armes, et arborèrent avec fureur l'étendard de la révolte.

16 germinal (6 avril)

L'attaque ce jour là fut générale, et elle ne pouvait manquer de l'être. Toutes les troupes, tous les chefs s'attendaient à combattre. Il n'y eut, quant à nous du moins, aucune disposition nouvelle à ordonner ou à exécuter pour se trouver, si ce n'est en mesure, du moins en présence. Aussi pour recevoir, de quelques côtés qu'il vinsent, et plus vite, les rapports qui sans cesse se succédaient ; pour juger plus promptement des projets de l'ennemi par l'ensemble de ses mouvements ; pour pouvoir plus rapidement porter des renforts partout où ils pourraient être nécessaires, et arriver lui-même où il serait urgent qu'il parût, le général en chef laissa sa réserve à Gênes et y resta avec elle... Voici, du reste, l'ordre et les principales circonstances des combats de cette journée.

Le premier choc eut lieu entre les troupes de la 1re division et un corps de 8 à 9,000 autrichiens qui, sous les ordres du lieutenant-général Ott, et après avoir rallié à lui les révoltés de Fontana Buona, s'avança contre notre droite.

Il était difficile qu'avec de telles forces agissant contre 3,500 combattants, environ, répartis sur tout le front de l'est, l'ennemi n'obtînt pas des succès. Il s'empara, en effet, de Panesi, de St-Alberto, de Bargaglio, où nous n'avions que des postes, et marchant de ce côté sur trois colonnes de près de 2,000 hommes chacune, il attaqua le Monte–Cornua, que la 74ᵉ était chargée de défendre, et l'enleva. Le 1ᵉʳ bataillon de cette demi-brigade, séparé du reste, fut même rejeté sur Nervi, alors que les 2ᵉ et 3ᵉ bataillons se reployèrent sur le Monte-Faccio, où deux des trois colonnes de l'ennemi les suivirent avec acharnement. Débordés par leurs flancs, en même temps qu'assaillis de front, la plus simple halte leur devenait impossible, lorsque la 106ᵉ arriva, conduite par le général Darnaud. Sans suspendre son mouvement, cette intrépide demi-brigade aborde l'ennemi, le repousse, le poursuit et lui fait 100 prisonniers. Mais la dernière des trois colonnes autrichiennes dont nous venons de parler entre en ligne, et dès lors les 2e et 3e bataillons de la 74e demi-brigade et la 106e se reploient sur le Monte-Rati et s'y maintiennent, pendant que les troupes que nous avions encore à Recco, se réunissant à Nervi, au 1er bataillon de la 74e, qui avait été contraint de s'y rendre dès le début de cette lutte de la valeur contre le nombre, restent maîtresses de ce poste et couvrent Gênes de ce côté.

A Scofera et à Torriglia l'attaque avait été également vive. Le général de brigade Petitot, assailli de même par des forces disproportionnées, avait fait évacuer ces deux postes et s'était réuni à Campanardigo. La 24e de ligne, combattant avec autant de vigueur qu'elle manœuvra avec précision, se couvrit d'honneur dans cette journée. Mais cette demi-brigade ayant déjà perdu 154 hommes sur 940, plus 11 officiers, et le Monte-Faccio se trouvant au pouvoir de l'ennemi, le général Petitot jugea, avec raison, que Campanardigo n'était plus tenable, et, par Gavari et Prato, opéra sa retraite sur Olmo, où le général en chef le fit soutenir par la 73e qu'à cet effet il tira de Gênes... En renouvelant dans une charge les preuves du plus grand courage, le général Petitot fut blessé d'un coup de feu et momentanément remplacé par le chef de brigade Gond, de la 24e de ligne. En étonnant les plus braves par sa vaillance, Guimont, lieutenant de grenadiers de la 24e, jeune officier d'espérance et d'exemple, fut également blessé, au vif regret de ses chefs comme de ses camarades. Enfin, au nombre des pertes faites par la 1re division et qui excitèrent des regrets unanimes, nous citerons encore le chef de bataillon Dupelin, de la 106e de ligne.

Attaquée avec moins d'acharnement, la 2e division l'est cependant avec vigueur et par des forces supérieures aux siennes.

De ce côté, la première opération de l'ennemi fut le blocus de Gavi, qu'exécuta le régiment de Kray, dont l'avant-garde, composée de 300 hommes de ce régiment et de 25 chasseurs à cheval de Bussi, enleva à 50 toises de Carozio, un convoi de sept mulets chargés de farine et d'eau-de-vie, destiné à Gavi et escorté par deux compagnies de la 5e légère fortes de 36 hommes. Cette faible troupe ne put sauver le convoi, presque aussi regretable pour nous sous le rapport des mulets que sous celui des farines ; mais du moins elle gagna les hauteurs et se reploya, sans perte, sur la Bochetta.

Dans le même temps l'ennemi se porte en force sur Cazella, Savignone, Pianone et Ronco, défendus par la 2e de ligne. Des combats meurtriers, pour les Autrichiens, ont lieu sur chacun de ces points. Encore que l'ennemi ait été repoussé de partout et ait laissé 60 prisonniers en notre pouvoir, ces postes, ainsi que Borgo di Fornari, sont évacués par les ordres du général Gazan qui, après avoir passé la Scrivia, réunit ses troupes à Molinetto.

L'ennemi se présente également devant Castagno, l'attaque, s'en empare et s'y établit. Voltagio dès lors cessait d'être tenable, et la 5e légère qui l'occupait reçoit l'ordre de se rendre à la Bochetta.

Peu après, le Monte-Calvo nous est enlevé, et les troupes qui s'y trouvaient se reploient sur Massone.

A 5 heures du soir, 700 Autrichiens dont 50 hommes de cavalerie et 200 Piémontais, flanqués par des nuées d'insurgés, attaquent brusquement Rossiglione, pénètrent dans le village, et contraignent le 3e bataillon de la 78e, à peine de 400 hommes, à se retirer sur Rossiglione superiore.

La perte des autres postes dont nous venons de parler n'avait rien de menaçant. Elle resserrait même notre ligne et ne faisait que hâter l'exécution des dispositions arrêtées par le général en chef; mais la perte de Rossiglione était grave. Cette position liait, quant aux opérations ultérieures, les troupes qui avaient attaqué la 2e division avec celles qui occupaient Sassello, et mettait ces deux corps ennemis à même de se réunir, de prendre à revers Cogoletto, et par conséquent d'envelopper la 3e division.

Quelque pressé que fût le chef de bataillon Marchal, commandant le 3e de la 78e, de reprendre le poste qu'il venait d'évacuer, il résolut, néanmoins, d'attendre la nuit pour avoir moins à craindre de l'inégalité des forces... A neuf heures du soir, en effet, il part, marche les armes basses, et, dans le plus profond silence, avance le plus longtemps possible sans être aperçu; reconnu, il reçoit le feu des sentinelles avancées de l'ennemi sans y répondre, arrive à leurs postes, les bouleverse, fait battre la charge, entre à la baïonnette dans Rossiglione, tue ou blesse tout ce qui s'oppose à lui, et reprend ce village!.. Cette action, très militaire, cadrait d'ailleurs avec les instructions que, dans le même temps, le général en chef adressait au général Gazan et qui portaient, entre autres choses, de garder Rossiglione, afin de couvrir Voltri et la route qui conduit de Rossiglione à Aqua Buona, Cogoletto et Creveri ; et de maintenir à tout prix les communications entre la 2e et la 3e division :

A dix heures du soir, l'ennemi attaque les cabanes de Marcarolo, et est repoussé ; mais, dans la nuit, il reçoit des renforts, réunit 3,600 hommes, et prend position de manière à continuer à menacer ce village.

Pendant que la première et la deuxième division luttaient contre des forces partout supérieures, la troisième soutenait de terribles combats.

Des 25,000 hommes rassemblés dans la province d'Acqui, 15,000, conduits par M. de Mélas en personne, et marchant avec du canon, se portèrent sur Savone dès le 14 germinal, et le 15, à sept heures du matin, attaquèrent nos redoutes de Monte-Notte et de Torre. Nous n'avions à lui opposer que 3,500 combattants ; par des prodiges de valeur, par la bonté des dispositions du général Gardanne (commandant en l'absence du général de division Marbot, qui, peu de jours après, mourut à Gênes de la fièvre des hôpitaux), l'ennemi, jusque vers onze heures, n'obtint aucun avantage ; mais ses forces lui ayant permis de déborder nos flancs et de nous faire charger sans cesse par des troupes nouvelles, les redoutes que nous occupions cessèrent d'être tenables, et le général Gardanne se retira, non sans quelque désordre, dans celles de Monte-Nesino. Là, pour suspendre, ou du moins pour ralentir le mouvement offensif de l'ennemi, il se hâta d'établir et il laissa trois bataillons (*) sous les ordres du chef de brigade Villaret, l'un des officiers les plus distingués de l'armée, et avec des ordres et des instructions sur le moment et la manière de rejoindre la division ; de même que, pour empêcher que toute retraite ne lui fût coupée, il se reploya sur Cadibona où il voulait prendre position, mais où il lui fut impossible de rallier ses troupes, l'ennemi l'ayant suivi avec tant d'impétuosité que ce village fut presque austôt enlevé qu'attaqué.

Il faudrait n'avoir aucune idée de la guerre pour ne pas être frappé de ce fait que, des trois divisions de l'aile droite, la plus compromise était la troisième. En position à plus de dix lieues de Gênes, sans un corps ou un poste intermédiaire, forte à peine de 3,500 combattants, ayant pu être attaquée par huit fois son nombre, aucun des hommes qui la composaient ne devait échapper à M. de Mélas, et aucun ne lui aurait échappé, si, utilisant la moitié de ses avantages, il n'avait agi, le 15, que contre elle. Mais encore que son incapacité fût de nature à diminuer les inquiétudes, cette incapacité ne put-elle rassurer assez le général en chef pour qu'il négligeât de faire tout ce qu'il pouvait pour sauver cette 3e division ; et c'est dans ce but que, le 15 germinal, jour auquel l'ennemi reprit l'offensive, il ordonna au lieutenant-général Soult de s'y rendre de sa per-

---

(*) 2e et 3e de la 3e légère ; 2e de la 63e de ligne.

sonne, attendu, d'ailleurs, qu'il n'y restait que deux généraux de brigade ; et c'est par suite de cette disposition,
et d'un fait au dernier point heureux, que ce général,
parti dans la nuit de Cornigliano, arrive au moment
critique que je viens de faire connaître.

Un instant lui suffit au reste pour juger le danger qui
menace toute cette division ; et, certain qu'il n'y a qu'un
coup de vigueur qui peut la sauver, il s'élance au milieu des soldats, saisit le drapeau de la 97e de ligne, le
porte à l'endroit où les Autrichiens faisaient le plus de
progrès, le plante en terre et appelle à lui les braves.
Cet acte de dévouement produit sur des Français un
effet digne d'eux : les troupes se rallient, l'homme
ébranlé devient intrépide, et l'ennemi est arrêté(*).

Néanmoins de nouveaux bataillons ennemis renforcent les corps engagés, et le combat recommence avec
une fureur nouvelle. La 92e manquait de cartouches ;
le dernier caisson qui en contenait approche, et, au moment où il arrive à portée de cette demi-brigade, un
des obus de l'ennemi le fait sauter en l'air. Ce fatal évènement, qui eût découragé des soldats ordinaires, exalta
le courage des nôtres, qui, assaillis dans les redoutes
qu'ils défendaient, combattirent corps à corps, assom-
mèrent à coups de crosse et de pierres un grand nombre d'Autrichiens, et jonchèrent la terre de cadavres.

Cette position ayant cependant cessé de pouvoir être

(*) Voir le rapport de M. le lieutenant-général Soult d'où ces
faits sont tirés (T. II, pièce n° 5).

défendue, la troisième division prend, vers une ou deux heures, celle de Monte-Moro, et l'occupe de manière à présager de nouveau une forte résistance. Aussi le feu se ralentit ; mais bientôt l'ennemi déborde la ligne des troupes qui défendaient les approches de Savone avec tant d'opiniâtreté, en même temps qu'une de ses colonnes, venue de Sassello, et descendant des hauteurs de la Stella, se dirige sur notre flanc droit, et menace notre retraite sur Gênes. Sans doute elle était encore certaine ; mais pour jeter quelques vivres dans le fort de Savone, il fallait tenir jusqu'à la nuit. Comprendre comment, avec si peu de troupes, et des troupes sans munitions, on pouvait résister aussi longtemps, paraissait impossible. Mais, dans cette situation critique, le lieutenant-général manœuvre dans le but d'occuper l'ennemi : il semble, en effet, prendre le change pendant deux heures ; mais ce temps écoulé, il marche sur Monte-Moro, et à la fois attaquée de front et tournée, cette position est enlevée ; l'ennemi nous serre même de si près qu'il entre avec nos dernières troupes dans le faubourg de Savone, où se livre un combat furieux ; enfin il est repoussé par la 97ᵉ, et la ville nous reste.

La nuit était venue, elle formait notre dernier espoir ; et, ne perdant pas un moment, ne négligeant aucun moyen comme aucune ressource, les heures qui nous restaient furent employées à jeter dans le fort de Savone la 93ᵉ de ligne, forte de 500 et quelques hommes, et une cinquantaine de canonniers, et à charger le général de brigade Buget de sa défense. Mais quelle qu'eût été la sollicitude du général en chef, il lui avait été impossible de former dans ce fort aucun approvisionnement ; il était en effet dépourvu de tout, et cette circonstance était horrible. Heureusement le pain et la viande nécessaires pour donner aux troupes de la troisième division une ration et demie par homme, arrivèrent de Gênes au plus fort de cette anxiété, et, malgré le besoin impérieux que les soldats avaient de nourriture, ces vivres furent en totalité laissés à cette garnison, que, de suite, l'on fut contraint d'abandonner à elle-même.

Le lieutenant-général terminait ces importantes dispositions, et venait de donner au général Buget les instructions relatives au commandement qui lui était confié, lorsqu'il fut averti qu'une colonne venant de Sassello, et destinée à se placer entre Gênes et lui, arrivait à Albisola. Aussitôt il fait reprendre les armes à ce qui lui restait de troupes disponibles (*), marche à cette colonne, l'attaque, la rejette sur les hauteurs de la Stella, et, avant le jour, il parvient à prendre position à Varaggio, couvrant Ciampani par un fort poste. La troisième division ayant dès-lors sa retraite assurée, il la laisse sous le commandement du général Gardanne, et rentre à Gênes où les prisonniers faits depuis la veille furent conduits.

Quelque succinct que soit ce tableau, il suffit néan-

(*) Cette division avait perdu 300 hommes dans les combats de cette journée et se trouvait affaiblie par les 600 hommes environ, laissés dans le fort de Savone, et par les trois bataillons laissés dans les redoutes de Monte-Nesino.

moins pour prouver que ces combats de Torre, de Monte-
Nesino, de Cadibona, de Monte-Moro, du faubourg de
Savone et d'Albisola, soutenus par moments à coups
de baïonnettes, de pierres et de crosses, ont coûté beaucoup de monde de part et d'autre. Ils furent cependant infiniment plus meurtriers pour l'ennemi que
pour nous : en raison de notre faiblesse, il ne tirait souvent que sur des hommes épars ; en raison de ses forces,
nous tirions toujours sur des masses ; enfin il éprouva
sept fois les pertes inséparables d'attaques vigoureusement soutenues et deux fois repoussées.

L'adjudant-général Mathis, employé près le lieutenant-général, fut blessé à l'attaque de Cadibona ; le général Gardanne ajouta à son honorable réputation dans
cette journée sanglante et difficile, et, sous tous les rapports, glorieuse pour le lieutenant-général Soult.

Pendant que nos troupes soutenaient de tous côtés cette
lutte inégale et formidable, une frégate anglaise appro-
cha de Gênes et canonna le quartier de Carignan, le
plus populeux et le plus pauvre de cette ville. Le but
était de produire un soulèvement ; ce but fut manqué,
et le commandant de cette frégate, convaincu que le
peuple ne répondrait pas à cette provocation, reprit le
large au bout d'une heure.

17 germinal (7 avril).

Parvenu, le 16 au soir, à la vue de Gênes, et dans le
double but d'ajouter encore à l'idée que ses succès avaient

donné de ses forces, et de disposer à un soulèvement les populations de la ville et des villages avoisinants, l'ennemi allume à la nuit un grand nombre de feux sur le Monte-Faccio. Il ne se borne pas même à ce moyen : par son ordre, le tocsin est sonné dans les vallées du Bisagno et de la Polcevera; ses émissaires parcourent la totalité des villages que nous n'occupons pas, et faisant servir à l'exécution de ses desseins et la rigueur et la persuasion, ses agents caressent les uns, menacent les autres; et pour mieux tirer parti des dispositions et des nécessités d'un peuple pauvre, mercantile et intéressé, ceux qui prennent les armes contre nous sont soldés, les autres sont imposés.

Ces mesures, au surplus, avaient été conçues, adoptées par des personnes riches, puissantes, et faites pour exercer une grande influence. Ainsi, et d'après des rapports qui ne trouvèrent alors aucun contradicteur, Son Altesse madame la duchesse de Parme fournissait les sommes nécessaires à la solde des révoltés, et faisait faire par les courriers d'Espagne tout le service de la correspondance des rebelles. Le baron d'Aspres, lieutenant-colonel des chasseurs de ce nom, organisait et régularisait tout le mouvement insurrectionnel. On découvrit même qu'un Gênois au service de la France, et qui avait cru devoir trahir le gouvernement qui l'employait et le soldait, le général en chef dont il avait la confiance, et l'armée à laquelle il avait l'honneur d'appartenir, que le général Assareto enfin, auquel nous reviendrons, et qui tenait M. de Mélas informé de tout ce qui concernait notre situation, favorisait, autant que cela pouvait dépendre de lui, cette levée de boucliers, et était au milieu de nous un des agents les plus actifs de toutes les révoltes de la Ligurie.

Pour déjouer de telles menées, pour réaliser les projets déjà conçus par le général en chef, il fallait sans doute tenir la campagne ; mais, avant tout, il fallait battre l'ennemi sous les yeux de ces mêmes Gênois, témoins de ses avantages. En conséquence, et avant de se livrer à des opérations qui pouvaient le retenir quelques jours loin de Gênes, le général Masséna résolut de consacrer la journée du 17 à reprendre le Monte-Faccio. Dès le soir du 16, il avait donné les ordres préparatoires (N) ; la nuit fut consacrée aux dernières dispositions, et le soleil levant éclaira la marche des colonnes destinées à cette entreprise.

Le général Darnaud commanda la colonne de droite, composée des 74e et 106e de ligne, et déboucha par Quinto. Le général de division Miollis commanda celle de gauche, composée des premier et deuxième bataillon de la 25e légère, et se dirigea par Parisone !... Le chef d'escadron Burthe, aide-de-camp du général en chef, et commandant les grenadiers des 55e et 73e, marcha intermédiairement à ces deux colonnes, pour occuper l'ennemi et diviser ses forces : le tout, indépendamment d'une réserve, qui, formée du troisième bataillon de la 25e légère, et de la 73e moins ses grenadiers, suivit à distance les colonnes d'attaque.

La marche de nos troupes, pour arriver au sommet du Monte-Faccio, fut pénible. Quelques sentiers escarpés et étroits sillonnent seuls les escarpements de cette montagne ; réduits pendant plus d'une demi-heure à défiler homme par homme, nos soldats ne purent répondre au feu de l'ennemi qu'après avoir franchi de pénibles obstacles. Mais malgré les difficultés de la marche, et encore que nos colonnes fussent parties de points éloignés l'un de l'autre, leur feu commença à quatre minutes de distance : fait remarquable dans un pays aussi accidenté, et qui coïncidant avec la valeur des troupes, le dévouement des officiers, l'exemple des chefs, la présence du général Masséna et l'action de la terrible baïonnette, contribua à annuler les avantages de la position, des retranchements (*) comme du nombre, et à ramener la victoire sous nos drapeaux.

Culbuté sur le Monte-Faccio, l'ennemi le fut de même à Panesi, à St-Alberto et à Scofera, que successivement il voulut défendre, et d'où il fut chassé. Arrivé par cette série d'actions rapides et brillantes au-delà de Scofera, le général Darnaud reçut l'ordre de rallier ses troupes et de prendre position.

La 25e légère et le 6e de ligne se distinguèrent dans ce brillant combat. Au nombre de nos blessés, l'on vit avec de justes regrets le chef de bataillon Devilliers de la 25e, qui, dans cette journée, fit des prodiges de valeur.

(*) Les retranchements que l'ennemi opposa, pendant ce blocus, à un si grand nombre de nos attaques, consistaient en murs de pierres sèches; ces murs impénétrables à la balle et difficiles à renverser, étaient de suite élevés : il ne fallait, en effet, que placer les unes sur les autres les feuilles de rochers dont les montagnes de la Ligurie sont couvertes, ou plutôt formées !

Au moment où la déroute de l'ennemi fut complète,
le général en chef envoya aux deux bataillons de la 25ᵉ
légère, qui le poursuivaient encore, l'ordre de rentrer
à Gênes, et, avec la réserve, il partit lui-même pour le
Bisagno, où l'adjudant-général Hector, commandant la
brigade du général Petitot, avait eu l'ordre d'attaquer
un corps de troupes qui aurait pu renforcer celles qui
occupaient le Monte-Faccio. Mais déjà la victoire y avait
été organisée : en effet, lorsque le général Masséna
arriva, l'adjudant-général Hector battait l'ennemi, et,
à la tête de la 92ᵉ de ligne, se portait sur Campanardigo,
où il ne tarda pas à s'établir.

La reprise du Monte-Faccio, celle de Monte-Cornua,
de Scofera, de Campanardigo, quinze cents prisonniers
faits à l'ennemi (en majeure partie du régiment de Jordis), et au nombre desquels se trouva le baron d'Aspres, pris dans le Bisagno par les tirailleurs de la 24ᵉ de
ligne, plus de 800 hommes tués ou blessés, sans compter une foule d'insurgés auxquels on ne fit aucun quartier, offrent le résultat de ces différents combats ! Quant
au baron d'Aspres, sa réputation, son rôle, peuvent
seuls donner une idée de l'effet moral que fit sa prise :
elle doubla l'impression produite par nos succès, et
rendit aux Gênois une confiance qui était beaucoup
plus qu'ébranlée.

Deux circonstances que nous ne pouvons omettre
complétèrent cette journée : l'une honore nos soldats, qui, malgré leur misère, ne dépouillèrent pas les
prisonniers qu'ils firent ; l'autre honore les Gênois, qui
accoururent au devant de nos blessés avec du vin et du

bouillon, et se disputèrent à qui les porterait aux hôpitaux sur des brancards garnis de matelas et dans des
chaises à porteur.

Quant au général en chef, son retour fut touchant.
Les acclamations produites par l'admiration et la reconnaissance, l'accompagnèrent depuis la porte Romaine jusqu'au palais qu'il habitait. Et qui ne comprendrait de pareils hommages rendus à un général déjà
immortalisé par ses victoires, et qui, avec une poignée
de braves, aux prises avec des forces écrasantes, arrachait des lauriers là où chacun de ses pas semblait devoir le conduire à une destruction certaine!

Ces combats du Monte-Faccio et du Bisagno ne furent cependant pas les seuls faits glorieux de cette journée.

La 2ᵉ de ligne, qui s'était reportée à Cazella et à Buzalla, fut en effet réattaquée, vers cinq heures du soir,
par les régiments de Kray et de Nadasti, piémontais. Le
combat dura jusqu'à la nuit; l'ennemi fut repoussé, et,
sans compter ses morts et ses blessés, il laissa en notre
pouvoir quarante prisonniers.

A la nuit tombante, quelques centaines d'hommes
de la 78ᵉ réattaquèrent les cabanes de Marcarolo et le
Monte-Calvo, les reprirent, firent à l'ennemi des prisonniers, et lui enlevèrent quelques milliers de cartouches,
avantage dû au chef d'escadron d'Aoust (*), chef d'état-

(*) Second fils du marquis d'Aoust, membre né des états d'Artois
et de Flandre, et qui avait fait partie de la Convention. Cet officier

major de la division Gazan, et que, depuis la veille, ce général avait chargé de diriger les opérations militaires de cette demi-brigade.

Enfin la troisième division se maintint le 17 à Varaggio et à Ciampani, pour y attendre les trois bataillons laissés le 16 dans les redoutes de Monte-Nesino, que ces trois bataillons quittèrent le 17 après cinq heures du soir. Par des prodiges de valeur, et grâce à la haute capacité du chef de brigade Villaret, et à l'impéritie du général Mélas, qui eut pu détruire ou enlever la totalité de ces bataillons, ils se firent jour en dispersant un corps ennemi placé à la Stella, et, pendant la nuit du 17 au 18, parvinrent à rentrer à la division, à Ciampani.

18 germinal (8 avril).

Après une action aussi brillante que celle dont la reprise du Monte-Faccio avait été la conséquence, après une action qui, dans le levant, nous avait reporté aux sources de la Trébia, on conçoit que la première division n'eut, le 18, aucune lutte à soutenir, et que tout se borna pour elle

---

très distingué partit avec le général Leclerc pour Saint-Domingue et y mourut ; son frère aîné, général en chef de l'armée des Pyrénées-Orientales, arrêté au moment où il venait de battre l'ennemi, avait été conduit à Paris et guillotiné en y arrivant! Il fut le premier qui fit charger la cavalerie ennemie par de l'infanterie française, et avec un succès dont tous nos camps avaient retenti. Son frère cadet, émigré, rentra en France avec Louis XVIII.

à resserrer sa ligne et à se reployer sur le Monte-Cornua.

La deuxième ne partagea pas cette tranquillité ; mais,
par suite de la nouvelle organisation que l'aile droite
reçut, et de la dislocation de cette seconde division, ce
qui, à dater du 18 germinal, concerne les combats qui
furent livrés et soutenus au nord et à l'est de Gênes,
trouvera sa place lorsqu'à la fin de cette partie je par-
lerai du commandement du général de division Miollis.

Quant à la troisième division, elle continua, durant
cette journée du 18, à occuper Ciampani, où était appuyée sa droite, et Varaggio qui, par la mer, flanquait
sa gauche. Cette ligne, beaucoup trop étendue pour le
nombre de troupes chargées de la défendre, offrait,
certes, de nombreuses chances de succès à M. de Mélas ; mais, par suite d'un inexplicable tâtonnement, il
n'entreprit rien de sérieux. Vers le soir seulement, il
engagea, en avant de Ciampani, un combat insignifiant, à la suite duquel, et après avoir montré quelques
hommes sur le flanc droit de notre ligne, il envoya au
général Gardanne un parlementaire chargé de substituer une pasquinade à une défaite, c'est-à-dire de le
sommer de mettre bas les armes. « *Dites à M. de Mé-*
las, répondit ce dernier, *que les Français ne rendent*
pas les armes dont ils peuvent se servir. » Cependant,
comme sa position était trop hasardeuse, il eut l'ordre
de se reployer en arrière du torrent de Cogoletto, mais
de continuer à tenir Ciampani par un poste.

Pendant que le feld-maréchal de Mélas tirait un si
misérable parti des énormes moyens dont il disposait, et

des succès qu'il avait commencé par obtenir ; pendant que, dans cette journée du 18, tout se borna pour lui. à faire reployer les détachements que nous avions aux cabanes de Marcarolo, à Rossigliano, Monte-Alto et Campo-Freddo, et à faire faire à la troisième division une sommation dérisoire, quand il lui était encore possible de la prendre tout entière, le général Masséna cherchait les moyens de rétablir un équilibre impossible, c'est-à-dire à ressaisir la victoire à laquelle, tant de fois, et dans des situations au dernier point difficiles, il avait si glorieusement commandé.

Les 15 et 16, en effet, il n'avait fait que résister aux attaques de l'ennemi devant lequel la troisième division avait perdu ses premières positions. Le 17, le général en chef avait obtenu un avantage qui, nécessaire pour rendre quelque confiance aux Gênois, semblait de nature à faire envoyer de nouvelles forces dans le levant, et par conséquent à affaiblir l'ennemi sur les autres points de la circonférence de Gênes. Enfin, ces trois jours avaient suffi pour démontrer au général en chef, qu'après avoir coupé nos communications avec la France, et même avec le centre de l'armée, le but de l'ennemi était de forcer la totalité des troupes réunies autour de Gênes à rentrer dans cette place, pour leur faire consommer plus rapidement le peu de subsistances qui s'y trouvaient, et avoir plutôt à discrétion et la ville et toute l'aile droite de l'armée d'Italie.

Ce plan compris, la conduite du général Masséna se trouvait tracée. Il est rare qu'il y ait à la guerre quelque chose de mieux à faire que le contraire de ce que projette l'ennemi. Le général en chef n'était pas homme à s'y tromper, et la journée du 18 fut consacrée en conséquence aux dispositions générales et particulières que nécessitait l'opération qu'il avait conçue.

Les dispositions générales consistèrent à diviser l'aile droite en deux corps.

Le premier, chargé de la défense de Gênes, fut composé de la première division et de la réserve, et forma, sous les ordres du général Miollis, deux divisions : celle de droite, commandée par le général de brigade Darnaud, occupant l'est et le nord-est; celle de gauche, commandée par le général de brigade Spital, occupant l'ouest et le nord-ouest.

Le second corps, composé des deuxième et troisième divisions devant tenir campagne, forma de même deux divisions, celle de droite, aux ordres du général de division Gazan, et celle de gauche aux ordres du général de brigade Gardanne ; la première, opérant sous le haut commandement du lieutenant-général Soult, la seconde, sous le haut commandement du général en chef Masséna.

Les corps laissés au général Miollis furent les 5e et 8e légères, et les 2e, 24e, 41e, 55e, 73e, 74e et 106e de bataille, avec lesquelles il prit la ligne de la Sturla, garda la position des Deux-Frères, occupa Ponte-Decimo et Sestri du Ponant, et pourvut au service de Gênes et à la garde des forts qui entourent cette place.

Les corps des divisions actives furent, pour la division Gazan, la 25e légère, les grenadiers de la 2e, et les 3e, 78e et 92e de ligne, et pour la division Gardanne, les

3ᵉ légère, 62ᵉ, 63ᵉ et 97ᵉ de ligne, ainsi que les grenadiers d'une partie des corps laissés à Gênes.

Les dispositions particulières concernèrent l'organisation des ambulances et celle des transports de vivres et
de munitions, ainsi que l'ordre donné au commandant
de la marine de suivre avec la flottille le mouvement
que le général en chef préparait, afin de protéger nos
transports par mer contre les petites embarcations de
l'ennemi. Mais ces deux derniers ordres ne purent
être exécutés : la flotte anglaise ne permit pas à notre
flottille de sortir du port de Gênes, et l'impossibilité de
se procurer les mulets nécessaires força de transporter
à dos d'hommes la presque totalité des objets les plus
indispensables aux troupes des deux divisions qui allaient rentrer en campagne.

Le motif de ce mouvement était de reprendre l'offensive qui, à égalité de force, est généralement décisive, et qui parfois, et dans les pays de montagne
surtout, compense victorieusement la supériorité du
nombre ; de tenir la campagne le plus longtemps possible ; d'employer les troupes disponibles à combattre
l'ennemi partout où sans trop de risques on pourrait
se commettre avec lui, ne fût-ce que pour ajouter à
ses pertes, et de ne se renfermer dans Gênes qu'à la
dernière extrémité.

Le but était d'opérer la jonction de l'aile droite
avec les troupes du centre de l'armée, et, si cela se
pouvait, avec les corps d'infanterie et de cavalerie attendus de France, de débloquer Savone, de rejeter
l'ennemi dans le Piémont, de nous reporter à nos pre-

mières positions, et même de les dépasser, si les chances
de la guerre le rendaient possible.

Le plan consistait à forcer l'ennemi à se morceler
pour faire face à chacune des deux divisions qui devaient marcher à lui, séparées par l'intervalle qu'il y a
de la crête de cette partie des Monts-Liguriens au chemin de la Corniche ; de lui refuser la gauche, du moment où les troupes de la division Gardanne auraient
dépassé Varaggio ; de réunir par une marche rapide
les deux divisions à Monte-Notte ; maître des hauteurs,
d'attaquer les troupes que l'ennemi aurait dans cette
partie, ou bien de conserver les hauteurs pour empêcher l'arrivée des renforts que l'ennemi pourrait recevoir, ou bien encore d'attendre le lieutenant-général
Suchet, ou de se porter au-devant de lui s'il parvenait seulement à occuper Saint-Jacques, et, dans le cas où seul il
ne pourrait en chasser le général Elsnitz qui était chargé
de le défendre, de prendre ce dernier à revers ; enfin,
et réuni au général Suchet, de s'emparer de Vado, d'approvisionner Savone avec les magasins que l'ennemi
avait déjà à Vado, le tout suivant les circonstances et
les évènements.

D'après ces résolutions et ces dispositions, et à
l'exception de la 78e qui continuait à camper à Massone, les corps qui devaient composer la division
Gazan furent dirigés sur Voltri dans la soirée du 18.
Quant au général en chef, après avoir expédié tous les
ordres relatifs à cette opération, il annonça son succès
de la veille au Premier Consul et au lieutenant-général
Suchet, ajoutant à ce dernier : « *Je vous préviens*

qu'après demain 20, manœuvrant sur deux colonnes, j'attaquerai l'ennemi et je me porterai par la Stella à Monte-Notte, où le général Soult se rendra par Sassello. Il faut que le même jour 20, vous marchiez sur Saint-Jacques, et qu'en tenant les hauteurs vous y arriviez par Angliano. Ce mouvement vous mettra à même de faire un grand nombre de prisonniers. Si l'ennemi manœuvrait sur vos derrières, chargez un petit corps de l'observer. Après l'expédition de Savone, nous reviendrons à lui.

19 germinal (9 avril).

Le tocsin s'était fait entendre pendant toute la journée du 18 dans les vallées qui sont au nord et à l'est de Gênes. Le soir, des fusées parties de Carignan et de Saint-Pierre-d'Arena, avaient répondu à différents signaux aperçus dans les montagnes et sur mer. La nuit avait un peu calmé cette frénésie ; mais le 19, à trois heures du matin, le tocsin redoubla, et le bruit se répandit que plusieurs milliers de Piémontais, réunis aux insurgés de la Ligurie et soutenus par un corps autrichien, descendaient par la Polcevera, pour couper la communication de Gênes à Voltri, bruit auquel pouvait donner quelque gravité la position de l'aile droite de l'armée, morcelée autour de Gênes, à Voltri, à Cogoletto et à Ciampani. Vers cinq heures du matin, le tocsin finit ; vers dix heures, il recommence. Un homme à cheval, le sabre à la main, vient crier : *vive l'Empe-*

reur! jusque sous le pont de Cornegliano; mais ces cris sont sans effet, et cet homme disparaît (*).

L'on annonce néanmoins que, de fortes colonnes descendent sur Gênes ; on apprend même que l'ennemi a attaqué Sori, et que malgré une vigoureuse résistance, il a contraint le premier bataillon de la 106ᵉ qui l'occupait, à se retirer à Quinto, d'abord, et enfin à Albaro où il fut réuni aux deux autres bataillons de cette demi-brigade ; mais impassible au milieu de l'agitation produite par ces nouvelles, le général en chef n'en continue pas moins à ordonner tout ce qui peut concourir à l'exécution de ses plans.

En conséquence, il prescrit au gouvernement ligurien d'organiser la levée des patriotes, c'est-à-dire des amis des deux républiques. Il forme en compagnies les Italiens réfugiés, restés à Gênes contre ses ordres, quatre-vingts Polonais, nobles débris d'une de leurs plus valeureuses phalanges, et tous les employés français de l'armée. Il fait réorganiser la garde nationale et lui assigne un rôle dans le service de la place. Pour mieux assurer la tranquillité, il fait revêtir le ministre de la police de pouvoirs extraordinaires, et pour hâter l'exécution de toutes les mesures qui lui paraîtront nécessaires, il prescrit à l'adjudant-général Degiovani,

---

(*) Le caractère des habitants de cette vallée de la Polcevera, ajoutait à la gravité de ces nouvelles. Bonamici dit en parlant d'eux : *A ferocissimis hominibus, qui Porciferam vallem incolunt.*

commandant de la place, de seconder ce ministre de tous ses moyens. Enfin, et pour accélérer le paiement de ce qui reste dû sur l'emprunt de 500,000 francs, qu'il a été contraint de frapper, il autorise l'envoi de garnisaires, et l'embarquement des retardataires sur des corsaires français, en même temps qu'il restreint aux cas d'absolue nécessité le recours aux embarquements.

Les bruits du mouvement de l'ennemi sur Gênes devenant plus sérieux, et portant qu'une forte colonne de troupes autrichiennes et d'insurgés dépassaient Ponte-Decimo, déterminent le général en chef à laisser à Gênes le général de division Oudinot, chef de l'état-major-général de l'armée, et le chef de brigade Marès, commandant le génie. Enfin, il écrit au gouvernement : « *Je marche à l'ennemi ; le général Miollis, revêtu de pouvoirs extraordinaires, commande en mon absence ; dévouez-vous, multipliez-vous, et reposez-vous sur mes efforts.* Il écrit également au lieutenant-général Soult, au commandant de la place, et au général de division Miollis, pour leur donner ses derniers ordres (O), et après avoir adressé à ce général une instruction relative à la défense des approches de Gênes (P), il part vers onze heures du matin pour se rendre à Cogoletto (*) où il établit le soir son quartier-général.

D'après le plan arrêté, M. le lieutenant-général Soult

(*) Cogoletto... village où est né Christophe Colomb !

devait être *le soir même à Sassello*, d'où le lendemain 20, il devait se porter sur Monte-Notte, *après avoir reçu à la Stella* les derniers ordres du général en chef, et cela, afin que ce mouvement coïncidât avec celui que les troupes de la division Gardanne devaient exécuter sur le même point. Mais ayant appris, à son arrivée à Voltri, qu'une division autrichienne s'était avancée jusqu'à Aqua-Santa, autrement dit, Nostra-Signora-del-Aquo, le lieutenant-général Soult avait jugé devoir battre ce corps avant de continuer son mouvement, et, selon lui, afin de conserver ses communications avec Gênes et même de couvrir les derrières de la division de gauche.

En conséquence, il partit de Voltri le 19, à une heure du matin, et emportant pour trois jours de vivres, il se dirigea sur Aqua-Santa avec la totalité de ses troupes; mais, d'une part, il ne considéra pas qu'il n'était plus temps de prévenir le lieutenant-général Suchet de ce retard; de l'autre, il n'informa pas le général en chef de ce fait, de manière à lui faire évaluer le temps que cette expédition nécessiterait, ainsi que le prouve cette phrase de la réponse du général Masséna : « *Je pense que la petite affaire que vous devez avoir aujourd'hui, ne retardera pas celle qui doit avoir lieu demain et qui décidera du sort de l'armée et de la Ligurie!...* Confiance dans laquelle le général en chef, ayant rejoint les troupes de la division Gardanne, et croyant que, flanqué par le corps du lieutenant-général Soult, il allait être appuyé par lui, continua avec trois mille hommes environ à se porter au-devant des principales

forces de l'ennemi, commandées par le feld-maréchal
de Mélas en personne.

Et pourtant c'est ainsi que, par un désaccord qui
est la ruine de tout mouvement combiné, cette opération de salut se trouva sacrifiée à l'éventualité d'un succès dont, je l'avoue, je n'ai jamais compris la nécessité,
l'utilité même : car, d'une part, et en perdant du monde
et un temps irréparable, on ne diminua pas de *mille
hommes* la force de cette division autrichienne ; on ne
la fit pas reculer de *deux lieues*, et, *vingt-quatre heures
plus tard* (et quoique dans son rapport le lieutenant-
général dise : *Il n'y avait pas de temps à perdre, sans
quoi l'ennemi, maître de ce débouché, nous eût
obligés à faire notre retraite sur Gênes, et eût rendu
très difficile celle de la troisième division*), l'ennemi se
trouva parfaitement libre de se porter le 20 entre Gênes et nos divisions actives ; de l'autre part, indépendamment de ce que le mouvement de la division
autrichienne morcelait l'ennemi, il n'était pas fait avec
assez de troupes pour qu'en tout état de cause il pût
rendre douteuse la rentrée de nos deux divisions actives à Gênes, rentrée qu'au besoin une des deux divisions
du général Miollis aurait achevé d'assurer ; enfin le mouvement de la division autrichienne ne pouvait lui faire
occuper que Voltri, position détestable, ainsi que le 29
nous étions prédestinés à en avoir une déplorable preuve :
d'où il résulte en effet que, loin de marcher contre cette
division pour la combattre, le général Soult devait ap-
plaudir à son faux mouvement. L'opération du général
Suchet fut rendue impossible par le brisement du plan

dont l'exécution était ordonnée, c'est-à-dire par la trop fàcheuse marche sur Aqua-Santa, et, sans compensation, tout se trouva manqué ou compromis : et l'arrivée de nos divisions à Monte–Notte, et la jonction du centre et de l'aile droite de l'armée, et le sort de la division Gardanne, et le corps du lieutenant-général, et le général en chef lui-même.

Comment contester que si M. de Mélas, informé dès le 18 de notre mouvement sur Voltri, et du désaccord de nos opérations, s'était porté en avant avec la majeure partie de ce qu'il avait de disponible dans ces parages ; que si, le 19, il avait enveloppé et attaqué la division Gardanne, avant qu'elle ne quittât le chemin de la Marine, elle était perdue, et que dès lors rien ne pouvait empêcher M. de Mélas de réunir toutes ses forces contre le corps du lieutenant-général et de l'accabler, ce qui, faute de défenseurs suffisants, ne laissait pas à Gênes la possibilité de résister quinze jours? d'où il suit que le manque d'une diversion assez puissante ne laissait pas au Premier Consul la possibilité de déboucher des Alpes.

Et telles sont les observations au moyen desquelles j'ai cru devoir chercher à éclairer cette grave question, et après lesquelles je reprends le récit des évènements.

A l'approche de nos troupes, l'ennemi quitte la position d'Aqua-Santa, et dirige le régiment d'Alvinzi sur Campo–Freddo, et le reste de ses forces sur les cabanes de Marcarolo, où se trouvait sa réserve avec quatre pièces de canon. Quant au lieutenant-général, que ce mouvement rétrograde devait suffisamment éclairer, il avait formé, des corps à ses ordres, deux brigades : celle de gauche, commandée par le général Poinsot et composée des 78ᵉ et 92ᵉ de ligne ; celle de droite, commandée par le général de division Gazan, et formée du reste de ses troupes. La première ayant réuni au deuxième et au troisième bataillon de la 78ᵉ le premier bataillon de cette demi-brigade, qui occupait Massone, débouche de ce village sur deux colonnes ; l'une aux ordres du général d'Aoust, et composée des deuxième et troisième bataillons de la 78ᵉ, reçoit l'ordre de se porter sur le flanc droit des cabanes, que le général de division Gazan est chargé d'enlever à l'ennemi ; l'autre, sous les ordres du général Poinsot, marche sur Campo-Freddo.

L'attaque de ce village commence à six heures du matin, et présente peu d'obstacles. L'ennemi n'y avait laissé qu'un détachement, et couvrait, avec le régiment d'Alvinzi, Rossiglione-Alto. Convaincu que ne pas enlever cette position, c'est n'avoir rien fait, le général Poinsot la fait immédiatement attaquer par le premier bataillon de la 78ᵉ ; mais quelque effort que ce bataillon puisse faire, il n'obtient aucun succès. L'attaque de front jugée impossible, cinquante hommes de la 92ᵉ s'élancent sur la gauche de l'ennemi ; le reste de cette demi-brigade, après avoir franchi un ravin assez profond et avoir été formé en colonne, déborde le flanc droit du régiment d'Alvinzi. Cette manœuvre, que le premier bataillon de la 78ᵉ seconde avec vigueur au centre de la position de l'ennemi, le met dans une déroute complète. Il est poursuivi jusqu'à un mille au-delà de ce village ; là, et conformément aux ordres qu'il a reçus, le général Poinsot arrête ses troupes. Enfin l'ennemi continuant à se retirer devant lui, il rentre à Campo-Freddo, où il prend position, ramenant avec lui cent vingt-quatre prisonniers.

Pendant ce combat, le général de division Gazan, à la fois précédé et flanqué par d'Aoust, avait exécuté son mouvement sur les cabanes.

Arrivé le premier, d'Aoust attaque sans hésiter les postes avancés de l'ennemi, et dix morts, trente prisonniers et deux cents hommes, forcés de se jeter dans une vallée d'où ils ne peuvent plus de la journée rejoindre leurs bataillons, sont le résultat de cette action.

A neuf heures, le lieutenant-général Soult, marchant avec le général Gazan, se trouve en présence de l'ennemi, occupant, avec quatre mille hommes et quatre pièces de canon, un plateau qui, flanqué par de hautes montagnes, commande à une assez grande distance les approches de son front, et n'est traversé que par un chemin creux, aboutissant à son centre après un long circuit, position et disposition qui font diriger l'attaque sur les flancs de l'ennemi.

En conséquence, et toujours sous les ordres de l'adjudant-général d'Aoust, les deuxième et troisième bataillons de la 78e, se portent sur la droite de l'ennemi, et, sous une vive fusillade, manœuvrent et combattent avec autant d'habileté que de vigueur. Trompé par cette attaque, qui n'est que secondaire, l'ennemi approche sa réserve de sa droite, et ce moment est celui où le chef de brigade Mouton, commandant la 3e de ligne, marche sur la gauche de l'ennemi, avec ses trois compagnies de grenadiers, son second bataillon, et cent hommes des 1er et 3e qui se trouvaient en tirailleurs. Formées en colonnes serrées par pelotons, et sans tirer un coup de fusil, ces troupes s'avancent au pas de charge sur un ennemi bien plus nombreux et qui, déployé, exécutait des feux de deux rangs très nourris. A ce moment, où le moindre retard multiplie nos pertes, un nouvel obstacle se présente : c'est un ravin. Peu d'instants cependant suffisent pour le franchir ; nos braves de cette sorte arrivent sur le plateau. Dix toises à peine les séparent encore d'un ennemi qui, confiant en ses forces, semblait inébranlable ; mais enfin on s'aborde, le choc est terrible, et la baïonnette française, faisant raison de toutes les résistances, brise la ligne et disperse la gauche de cette division ennemie. La tâche du devoir était remplie, mais la gloire offrait un laurier de plus à cueillir au chef de brigade Mouton, et il l'arrache en se précipitant sur le centre de l'ennemi et en le mettant en déroute, pendant qu'à notre gauche d'Aoust forçait la droite. Six cents prisonniers, d'après le lieutenant-général, 700, d'après le colonel Mouton, presque tous faits par lui, et appartenant aux régiments de Dewins et de Kray, 100,000 cartouches et deux pièces de canon, furent les trophées de cette affaire, qui fit le plus grand honneur à ce chef déjà connu par plusieurs actions brillantes.

L'ennemi rejeté au-delà de Lerma, les 3e et 78e se reployèrent sur les cabanes, d'où elles se rendirent, avec la 25e légère et les grenadiers de la 2e de ligne, à

Campo-Freddo, où toutes les troupes d'expédition aux ordres du lieutenant-général Soult furent réunies et bivouaquèrent le 19 au soir.

Malgré ce que ces affaires eurent d'honorable, on ne peut les rappeler sans répéter le regret qu'elles aient eu lieu, regret d'autant plus fondé qu'il ne restait de chances de succès, et d'un succès qui *devait décider du sort de l'armée et de la Ligurie,* que dans l'action immédiate et simultanée des trois corps qui, le centre de l'armée compris, devaient concourir à l'assurer. Sans elle, en effet, toute cette expédition du Ponant ne fut et ne put être qu'une série de combats acharnés, de marches et de contremarches, de fatigues accablantes et de privations horribles, et tout cela sans autres résultats que les prisonniers faits, les canons et les drapeaux enlevés par suite de la bonté des dispositions, du dévouement des chefs et de l'indicible vaillance des troupes.

20 germinal (10 avril).

A quatre heures du matin, le lieutenant-général Soult, qui, par ses dispositions et les bruits qu'il avait fait répandre, avait cherché à faire croire à un mouvement offensif sur Ovada, partit de Campo-Freddo, et, pour reprendre l'itinéraire du général en chef, se dirigea par Aqua-Bona, Saint-Martino et Saint-Pietro del Orba, sur Sassello. Mais, je le redis encore, la perte de la journée du 19 ne pouvait plus être réparée. C'était cette occasion que les anciens représentaient fuyant toujours et n'ayant qu'une mèche de cheveux sur le front, pour dire qu'il faut la saisir au passage ou la perdre. L'ennemi, en effet, ayant eu le temps de pénétrer notre dessein et de nous compter, tout était dit : car, pour espérer notre jonction avec le lieutenant-général Suchet, il aurait fallu surprendre M. de Mélas, l'attaquer avant qu'il ne pût réunir ses masses, et le battre tant dans l'aller que dans le retour !... C'était sans doute demander à la fortune à peu près l'impossible ; mais c'était mériter qu'elle le fît !... Au reste on trouve ici une preuve de quatre axiomes, qui me frappent comme incontestables : 1° *Que la guerre, dans ses détails, n'est qu'une suite d'erreurs ou de fautes dans l'exécution des plans arrêtés, et même dans l'obéissance aux ordres les plus clairs, les plus impératifs, et justifiés par les motifs les plus puissants ; 2° que l'impossibilité de prévenir les unes, de réparer les autres, suffirait pour que toute opération qui exige le concours de corps sans communications continuelles, de corps devant agir contre un ennemi rassemblé et hors de portée du chef de l'armée, fût ce qu'il y a de plus chanceux ; 3° que ce n'est jamais sur le temps rigoureusement nécessaire qu'il faut compter en combinant un grand mouvement ; et 4° que la précipitation est aussi funeste dans des opérations compliquées que la lenteur l'est dans les autres :* dernier axiome dont on pourrait, dans ce cas, reprocher au général Masséna d'avoir méconnu l'à-propos, s'il lui était resté un moment à perdre pour que la jonction qu'il désirait opérer ne devînt pas irrévocablement impossible.

Indépendamment des troupes agissant contre le lieutenant-général Suchet, et par suite de l'arrivée des derniers corps qui devaient le rejoindre, M. de Mélas avait encore dans ces parages, et sans y comprendre ou en y comprenant la division qui venait d'être battue à Campo-Freddo, à Rossiglione, aux cabanes (*), trois corps ou divisions à nous opposer : celui de droite, composé des brigades Bussy, Latermann et Sticher, commandé par le comte de Palfi ; celui du centre, composé des brigades Bellegarde et Brentano, commandé par le général de Bellegarde ; et celui de gauche composé des régiments de Kaisbeck, Joseph Colloredo, Latermann et Deutschmeister, commandé par le comte de Saint-Julien ; le premier de ces corps évalué à 9,000 hommes, le second à 7,000, et le troisième à 8,000.

Arrivé à un mille de Pallo, le lieutenant-général Soult fut informé que le dernier corps venant de Monte-Notte se portait à la Verreria, et il en conclut que le général Saint-Julien attaquerait au point du jour le détachement qu'il pensait que nous avions encore à Ciampani ; que, par suite du même mouvement, il couperait la retraite à la division Gardanne, et enfin qu'il se porterait à Voltri où tout annonçait que ses 8,000 hommes avaient été destinés à se réunir à la division battue la veille. Pour déjouer ces projets, que vingt-quatre heures plutôt on n'aurait pas songé à exécuter (Q), il ne restait plus qu'un moyen, c'était d'atta-

---

(*) M. le lieutenant-général ne donne, dans son rapport, aucun renseignement sur ce corps ennemi, relativement auquel il ne nomme que le régiment d'Alvinzi.

quer le général Saint-Julien, et qu'un moment, puisque
les dernières troupes de son corps débouchaient de Sassello lorsque ce mouvement fut connu. En conséquence,
le général Gazan prend position, avec les 3ᵉ et 78ᵉ de ligne, à la gauche de Pallo et sur le chemin qui conduit
de la Verreria à Puzzone; la 92ᵉ est chargée de tenir
en échec une partie des troupes de l'ennemi, pendant
que le chef de brigade Godinot marche sur Costa-Longa
et le général Poinsot sur Sassello, le premier avec les
deux premiers bataillons de la 25ᵉ légère, le second avec
le troisième bataillon de cette demi-brigade et les grenadiers de la 2ᵉ de ligne. Un succès complet couronne
les efforts du chef de brigade Godinot, et cette réussite
est d'autant plus honorable que la position occupée par
l'ennemi était couverte de murs de jardins, qu'on ne
pouvait y arriver que par un sentier escarpé, sinueux,
étroit et fortement défendu. Quant au général Poinsot,
il exécuta son mouvement avec tant d'impétuosité que
l'ennemi ne put lui résister ni se rallier nulle part. La
ville en effet fut emportée à la course; une partie des
régiments de Kaisbeck et de Deutschmeister fut coupée;
et lorsqu'à un mille au-delà de Sassello, Poinsot atteignit l'artillerie de l'ennemi, qui, dans la direction de
Verreria, se retirait escortée par cinquante hussards, il
n'avait avec lui que quinze chasseurs à pied, qui seuls
avaient pu le suivre. La victoire souriant à l'audace,
trois pièces de canon restèrent en son pouvoir. L'ennemi, outre cela, perdit par la prise de Sassello un
convoi de 200,000 cartouches, six cents prisonniers et
des magasins auxquels le lieutenant-général Soult se hâta

de faire mettre le feu, faute d'autre moyen d'empêcher qu'ils ne retombassent dans les mains de l'ennemi.

Cette brillante affaire, qui nous coûta quelques braves, au nombre desquels les justes regrets de toute la 25e honorèrent la mémoire du lieutenant de carabiniers Gavaret, fut suivie d'une tiraillerie qui ne se termina qu'à neuf heures du soir, moment auquel les troupes prirent position entre Sassello et la Verreria, et reçurent l'ordre d'allumer un grand nombre de feux, afin de tromper l'ennemi sur les forces qu'il avait à combattre.

On ne pouvait débuter plus heureusement : trente-six heures venaient d'être signalées par quatre combats glorieux ; et, avec quelque équilibre dans les forces, quelque accord dans les opérations, ces avantages obtenus à propos, on aurait pu conserver l'espoir d'une réussite complète. Nous étions loin d'une position aussi favorable. Cette dernière action empêcha sans doute que le général Saint-Julien dépassât la Verreria, mais on ne put lui enlever la position qui domine ce village, position que, vingt-quatre heures plus tôt, on n'aurait pas eu à attaquer, ce qui eût laissé au lieutenant-général Soult la possibilité de paraître de sa personne à la Stella, d'arriver à Monte-Notte supériore, et d'opérer une diversion indispensable au succès désormais *inespérable.* Quant au général en chef, convaincu que le lieutenant-général était en mesure de le seconder, il devait tout entreprendre pour se réunir à lui et faciliter les opérations du lieutenant-général Suchet ; en conséquence, il effectuait son mouvement sur la Stella, avec la division Gardanne, renforcée par les carabiniers et les grenadiers des 8e légère et 106e de ligne, formant un premier bataillon d'élite, et devant l'être par un second qui, parti de Gênes quelques heures après le général en chef, n'avait pu encore rejoindre la division.

Cette division s'avançait sur deux colonnes : celle de droite, aux ordres de l'adjudant-général Saqueleu, celle de gauche, conduite par le général Gardanne, et avec laquelle marchait le général en chef, fidèle à son système de ne jamais quitter la plus faible fraction de ses troupes ; la première de ces colonnes, composée des 62e et 97e, devant se diriger sur la Stella, par Arpazela et Taglia ; la seconde, composée de la 3e légère, de la 63e de ligne et du premier bataillon d'élite, devant prendre la même direction après avoir dépassé Varaggio.

Vers huit heures du matin, cette dernière colonne, de quatorze cents combattants, débouche de ce village ; mais, à une demi-lieue au-delà de Castagnabo, elle se trouve flanquée par plusieurs régiments autrichiens du corps du comte de Palfi, régiments par lesquels M. de Mélas, informé de la marche du lieutenant-général Soult, jugeait devoir renforcer le comte de Saint-Julien.

Dans cette situation, l'ennemi commence le feu, et nos tirailleurs soutiennent cette fusillade sans que le reste de nos troupes ralentisse son mouvement. Le général en chef, dont le but était de gagner les crêtes, presse leur marche. L'ennemi, qui s'en aperçoit et juge son motif, s'arrête, déploie des forces quintuples des nôtres, et se porte sur nous au pas de charge. Contraint à s'arrêter à son tour, le général en chef lui fait front, oppose une charge à la sienne, l'aborde à la baïonnette, le repousse et prend position, résolu d'attendre qu'en exécution de ses ordres, le mouvement du lieutenant-général sur Monte-Notte, et celui de Saqueleu sur la Stella, aient forcé l'ennemi à se diviser, et que l'arrivée du second bataillon d'élite le mette un peu plus à même de prendre à son tour l'offensive.

Cependant le feu devient terrible; le général Gardanne a la jambe gauche fracassée par une balle. Des soldats l'emportent; il aperçoit le général en chef, se fait diriger vers lui, et malgré ses douleurs, le sang qu'il perd en abondance, et sous le feu le plus meurtrier, il se fait arrêter, et rend compte de ce qu'il a observé de relatif aux forces et aux projets de l'ennemi, avec un calme, on pourrait dire une sérénité, que le général Masséna lui-même remarque.

Immédiatement après, l'adjudant-général Cerisa est blessé; l'adjudant-général Campana, le chef-de-bataillon Laudier, le chef d'escadron Burthe et le capitaine Marceau, ces quatre derniers attachés au général en chef, le sont en moins de trois heures, soit en portant des ordres, soit, ainsi que les autres officiers-de l'état-major du général en chef, en ralliant les troupes et en soutenant par leur exemple la valeur des soldats.

Pendant ce temps, l'ennemi six fois charge notre front, et, certes, il devait à chacune de ces charges rompre notre faible ligne; mais la puissance des impressions morales est incalculable sur nos troupes, et c'est ainsi que la présence du général en chef, que l'idée

qu'elles allaient être renforcées par un second bataillon
d'élite, que la conviction que le lieutenant-général
Soult, que l'adjudant-général Saqueleu, tournaient l'ennemi, leur firent faire des prodiges ; et en effet l'ennemi
fut repoussé les six fois, et chaque fois avec une perte
considérable ; mais comme nous étions hors d'état de le
poursuivre, il finit par comprendre notre faiblesse et
profita de notre opiniâtre résistance pour nous tourner.

Le feu se ralentit pendant près de trois heures qu'il
employa à former ou à porter en arrière de notre flanc
droit les deux fortes colonnes destinées à nous envelopper. Mais, vers quatre heures du soir, c'est-à-dire après
huit heures d'un combat soutenu par 1,400 hommes
contre 7,000, il nous contraignit d'autant plus vite à
une prompte retraite que, sans parler du lieutenant-
général Suchet, nous n'avions aucune nouvelle du
deuxième bataillon d'élite, et que, n'entendant ni le feu
de la colonne de droite, ni le feu des troupes du lieutenant-général Soult, il était évident que les opérations
arrêtées pour ce jour étaient manquées, et que tout l'é-
tait avec elle.

La supériorité des forces de l'ennemi, le mouvement
qu'il exécutait, les pertes de la journée, ayant démontré
au général en chef l'impossibilité de rien entreprendre,
et même de résister plus longtemps, il laissa au général
Fressinet (qui avait reçu le commandement de la division Gardanne au moment où ce général avait été
blessé) le soin de la retraite, lui envoyant comme renfort *la totalité de ses guides à pied*, qui arrivaient sur
le champ de bataille ; et au risque d'être pris par l'en-

nemi ou assassiné par des insurgés (*), il partit, suivi
de l'adjudant-général Thiébault, du capitaine Sibuet et
d'un officier de son état-major, restant seuls de tous
les officiers qui avaient été désignés pour le suivre dans
cette expédition ; et de cette sorte, lui quatrième, et à
travers d'horribles précipices, il entreprit de rejoindre
la colonne de droite, afin de vérifier par lui-même à
quoi avait tenu son inaction.

Ce trajet, qui ne put se faire qu'à pied, rappelle quelques souvenirs de nature à être consignés.

Le général en chef, qui de toute cette journée n'avait
pas quitté les tirailleurs, et avait perdu un général de brigade sur deux, deux adjudants-généraux sur trois, trois
aides-de-camp sur quatre, quittant la colonne de gauche, dit à l'adjudant-général Thiébault ce mot qui
prouve sa douloureuse agitation : *La mort, Thiébault,
n'a donc pas voulu de nous !* De même que vers la fin
de cette terrible journée, il s'était écrié : *Comment, pas
une balle pour moi !*

(*) Par la faute d'un paysan, rencontré par hasard et pris pour
guide, le général en chef suivait un chemin qui, appuyant à gauche, le jetait au devant d'une des colonnes qui tournaient notre
droite ; l'adjudant-général Thiébault s'en aperçut et le fit changer
de direction ! deux minutes encore, et il n'était plus temps !... que
d'évènements ont tenu à cette circonstance !

Vers la fin de cette marche, l'adjudant-général Thiébault,
parti encore malade de Paris, et épuisé par les fatigues de la journée,
ne pouvait plus suivre le général en chef ; il le vit et arrêta lui-
même deux paysans auxquels il ordonna d'aider l'écloppé à marcher.

Marchant depuis près d'une heure, sans proférer une parole, tout-à-coup il s'arrête, et se retournant brusquement vers le même officier, il lui dit avec véhémence : *Et vous croyez que je rentrerai ainsi dans Gênes ?...* Ce moment était celui d'une inspiration dont nous allons avoir l'occasion de parler. Quoi qu'il en soit, après avoir été talonné par les tirailleurs ennemis, auxquels à la fin il avait été fort heureux de pouvoir opposer quelques grenadiers de la 97e que le hasard lui fit rencontrer, il atteignit, après une heure et demie d'une marche trop aventureuse, la colonne de l'adjudant-général Saqueleu. Cet officier, retardé dans son mouvement par la lenteur avec laquelle les distributions s'étaient faites, et par les difficultés et la longueur de la marche, avait trouvé les hauteurs de la Stella occupées par la plus grande partie des troupes formant le centre de l'armée de M. de Mélas, commandé par le général de Bellegarde ; et justement frappé de l'idée que, contre de telles forces, il ne pouvait espérer aucun succès, il avait oublié ou méconnu que, dans l'exécution d'un mouvement de guerre auquel plusieurs colonnes coopèrent, et alors surtout qu'elles sont sans communication entre elles, il s'agit avant tout de l'ensemble des opérations ; que dans de telles occurrences, il faut suivre aveuglément les ordres que l'on a reçus, et que si, agissant isolément et sans un but spécial, on doit s'assurer un succès du moment où il est possible, et ne se commettre que pour la victoire, il faut, lorsque l'on agit simultanément, savoir au besoin renoncer à l'un et à l'autre, et même courir des chances auxquelles, sans cela, on ne devrait pas s'exposer. Et en effet, dans la situation où il se trouvait, il n'y avait pas à balancer : la certitude d'être battu n'était pas même de nature à justifier, de la part de Saqueleu, un moment d'hésitation ; il devait donc, non pas s'aventurer de manière à s'exposer à un désastre, mais commencer le feu du moment où il était à même de le faire, et cela, tant pour occuper les troupes qu'il avait en présence et empêcher M. de Bellegarde de faire des détachements, que pour informer de ses mouvements et de sa position le général en chef et le lieutenant-général Soult, qu'il devait croire assez près de lui pour entendre son feu. Mais en même temps, et tout en combattant, il devait manœuvrer, ce qui est toujours facile dans un pays hérissé de positions et où l'ordre par échelons ne compromet jamais que de faibles parties d'un corps de troupes, quel qu'il soit. Au lieu de cela, il ne tira pas un coup de fusil, il changea de son chef un mouvement de guerre en une simple reconnaissance, ou plutôt en une double marche ; et sans s'inquiéter de ce qu'il adviendrait du général en chef, dont il entendit le feu pendant huit heures, sans même chercher à se rapprocher de lui, ce qui du moins eût arrêté les colonnes qui le tournaient, il se reploya sur les hauteurs qu'il avait quittées le matin. C'est au moment où il les gravissait que le général en chef le rejoignit. Le châtiment suivit immédiatement la faute, et sans lui laisser le temps de hasarder une justification d'ailleurs impossible, il fut remplacé dans son commandement, destitué à la tête des troupes, menacé d'un conseil de guerre et renvoyé sur les derrières, c'est–à–dire à Gênes (*).

La position de Varaggio fut reprise à la hâte ; mais comme déjà l'ennemi l'avait dépassée, lorsque cette colonne arriva à la hauteur de ce village, le général Masséna le fit attaquer en flanc par le capitaine Mathivet, commandant quatre compagnies de la 62ᵉ de ligne, et par le deuxième bataillon d'élite, qui enfin arrivait de Gênes. Cette manœuvre seconda les efforts du général Fressinet, qui, à la tête de ce qui restait du premier bataillon d'élite, combattit avec habileté et vaillance ; mais elle ne fut pas la seule que le général en chef fit exécuter dans cette soirée. En arrière d'Invrea, et au moyen d'une contre-marche, il tendit à l'ennemi un piége d'où résulta une déroute telle que le général Mélas fut pris avec une centaine d'hommes, et n'échappa que parce qu'il ne fut pas connu. Ainsi, dans cette soirée, les deux généraux en chef manquèrent être faits ou rester prisonniers de guerre, non comme le furent les deux gé-

---

(*) Cet officier fort brave ne manquait pas de moyens ; il s'était distingué dans plusieurs affaires, et sa conduite dans cette occasion serait inexplicable , s'il n'y avait de mauvais jours à la guerre !.....

Vers la fin du blocus de Gênes, l'adjudant-général Thiébault (son ancien camarade au 24ᵉ bataillon d'infanterie légère), parvint à faire révoquer cette terrible destitution, comme déjà il avait empêché la convocation du Conseil de Guerre.

Un an et demi après, Saqueleu, employé à l'armée de Saint-Domingue, était mort de la fièvre jaune !

néraux en chef à la bataille de Dreux, mais comme de simples officiers auraient pu l'être, c'est-à-dire à pied, et sans autre défense que leurs épées. L'ennemi, au surplus, revint encore une fois à la charge ; mais la nuit le força de s'arrêter, et, vers neuf heures, il rétrograda et prit position.

Ainsi se terminèrent à notre gauche les combats de cette journée, pendant laquelle le général Masséna remplaça de fait un général de brigade.

A dix heures, il descendit à Cogoletto, fit prendre à toutes les troupes position en avant de ce village, et donna les ordres les plus formels pour que les corps fussent de suite reformés, et pour que les deux bataillons de grenadiers fussent réunis en un seul. Mais ces dispositions n'étaient pas seulement d'ordre et de discipline, elles résultaient de motifs non moins puissants.

Cette journée avait trompé les calculs du général en chef, déçu ses espérances, brisé son plan. Elle avait achevé de le convaincre de l'immense supériorité des forces que l'ennemi lui opposait ; elle ne pouvait manquer d'avoir influé d'une manière fâcheuse sur le moral des troupes, si affaiblies au physique. Sous quelque rapport qu'on la considérât, elle aurait découragé un homme d'une trempe ordinaire ; elle produisit sur le général Masséna un effet opposé : aussi, loin de l'abattre, cet insuccès lui inspira-t-il une nouvelle idée de réussite, idée conçue dans l'espoir de faire concourir à l'exécution de ses desseins jusqu'à l'avantage que l'ennemi venait d'obtenir sur lui. Son nouveau plan consistait à profiter de la nuit pour quitter la Marine ; à refuser la gauche au

général **Mélas**, de manière à ne pas laisser un homme
devant son corps de droite, commandé par le comte de
Palfi, et devant une partie des troupes du général de
Bellegarde; à se réunir avant le jour au lieutenant–général **Soult**, afin de ne plus former qu'une masse, de
foncer à la baïonnette sur les troupes opposées à ce général, de se faire jour à tout prix, de marcher droit à
Loano, d'y opérer la jonction du centre et de la majeure
partie de l'aile droite de l'armée, et ainsi rassemblé et
renforcé par les troupes attendues et qu'il croyait arrivées de France, de se reporter au secours de Gênes....
Et telle fut la pensée qui lui avait arraché l'exclamation
que nous avons citée. La nuit, en effet, aurait caché son
mouvement pendant le temps nécessaire, sinon pour
réaliser la totalité de ses espérances, du moins pour
rendre certain un grand succès. C'est dans cette confiance qu'il annonça de suite son mouvement au lieutenant–général, par une lettre qui n'arriva pas, et chargea l'adjudant-général **Thiébault** d'en prévenir les
généraux **Oudinot** et **Miollis**, comme aussi de donner
l'ordre d'évacuer de suite sur Gênes tout ce qui se trouvait sur la Marine, mesure qui devenait indispensable,
mais qui, ayant fait croire que nous étions perdus,
manqua de faire éclater sur nos derrières une insurrection sérieuse qui, heureusement, se borna au pillage
d'une partie des vivres et effets que nous avions à
Voltri.

21 germinal (11 avril).

Cette idée de la réunion subite de toutes les troupes
d'expédition sur la droite de ses positions, était aussi militaire que conséquente au but du général en chef; c'était
certainement ce qui restait de mieux à faire. Ceux qui
furent dans la confidence de ce projet en admirèrent la
justesse et l'à-propos : restait l'exécution.

Le départ devant avoir lieu à deux heures du matin,
le général en chef réunit à une heure chez lui le général Fressinet et les chefs de corps, afin de leur communiquer son plan et de leur donner ses ordres.

Mais, au premier mot, le général Fressinet lui déclara qu'il avait été impossible de reformer aucun corps ;
qu'un grand nombre d'hommes étaient encore épars
dans les montagnes ; que plusieurs d'entre eux avaient
pris la route de Gênes ; que toutes les maisons, tous les
jardins de Cogoletto étaient encombrés de soldats ; que
tous se trouvaient harassés et affamés, et que, sûr de
de n'être suivi par personne, il était impossible, avant
le jour, de faire aucun mouvement.

Cette déclaration, confirmée par tous les chefs de
corps, était accablante; le général en chef, contraint
de différer et même de modifier l'exécution de ses ordres,
termina cette conférence en prescrivant de faire tous
les efforts pour reformer les corps dans le plus bref délai possible, et de lui rendre compte d'*heure en heure*
du nombre d'hommes présents *à chaque bataillon*.

Dans cette situation, le général en chef fait envoyer

au général de division Oudinot, chef de l'état-major général, et au chef de brigade Marès, commandant le génie, l'ordre de quitter Gênes et de se rendre auprès de lui; mais pendant que l'adjudant-général Thiébault expédiait ces ordres, le général Masséna, resté seul avec lui, et en proie à une agitation inexprimable, s'écria avec désespoir : *Rappelez-vous ce que je vous dis, je cède à une nécessité malheureuse, et le temps que je perds ici sera irréparable !* Combien de fois il a répété depuis : *Cette nuit a été la plus cruelle de toute ma vie* (*).

Le jour confirma la déclaration faite par le général Fressinet, à ce point que les corps ne purent être reformés que dans la matinée.

Une reconnaissance que le chef de brigade Cassagne exécuta à la pointe du jour, apprit que, pendant la nuit, l'ennemi n'avait fait aucun mouvement, inaction qui achevait de rendre poignante celle à laquelle nous avions été condamnés. Vers dix heures du matin, l'adjudant-général Gauthrin, chef de l'état-major du lieutenant-général, arriva à Cogoletto, chargé d'informer le général en chef de la nécessité de renforcer la division

---

(*) L'état des troupes avant le blocus, leur faiblesse, leur délabrement, et les causes qui ne pouvaient manquer d'agir si puissamment sur elles, démontrent surabondamment combien il était difficile de leur faire tenir campagne, de les faire marcher et combattre jour et nuit, enfin de leur faire supporter de nouvelles privations, de nouvelles fatigues. Quant au général Masséna, ses cheveux blanchirent dans cette terrible nuit !

de droite. Ce rapport justifiait de plus en plus le mouvement que le général en chef avait projeté de faire, et
qu'il allait modifier faute d'avoir pu l'exécuter en
entier. Aussi, les corps se trouvant à peu près complets
vers midi, le général Masséna, comptant sur l'effet de
sa présence pour suppléer au nombre de ses troupes, résolut de rester à Cogoletto avec la 97ᵉ de ligne et le bataillon d'élite, et, sous les ordres du général Fressinet,
fit partir les 3ᵉ légère, 62ᵉ et 63ᵉ de ligne, pour rejoindre le lieutenant-général Soult. Mais, afin de suivre
avec clarté les faits nombreux de cette journée féconde
en évènements militaires, reportons-nous à l'instant où
nous avons interrompu le récit des opérations de la droite.

Par la position que le lieutenant-général Soult avait
prise le 20 au soir, il ne restait à l'ennemi qui continuait à occuper la Verreria que deux points de retraite,
l'un sur Ponte-Ivrea, l'autre sur Monte-Notte. Il voulut
s'assurer ces lignes d'opération, et en conséquence il
détacha, dans la soirée du 20, le régiment de Kaïsbeck,
qui de suite fut placé de manière à les couvrir et à s'opposer au besoin à la jonction des deux divisions ; mais
en même temps, et pour se mettre en mesure de menacer notre retraite ou de contribuer à la couper, si cela
devenait possible, le régiment de Colloredo, fort de
2,400 hommes, fit un mouvement dans la direction de
Saint-Pietro-del-Orba, de sorte que la position de la Verreria ne se trouva plus occupée que par les régiments
de Latermann et de Deutschmeister (*).

_____

(*) Je suis forcé d'avouer, relativement à cette attaque de la Ver-

Ces dispositions de l'ennemi déterminent le lieutenant-général Soult à faire attaquer la Verreria. Le général de division Gazan est chargé de cette opération

---

reria, qu'il m'a été impossible de concilier la teneur du rapport
de M. le lieutenant-général, avec la carte et avec les renseignements que j'ai successivement reçus du général Poinsot et des
chefs de brigade Mouton et Godinot.

Quant aux localités, M. le lieutenant-général dit : *Par les positions que nous prîmes autour de la Verreria, il ne resta à l'ennemi, pour se retirer, que le chemin qui conduit à Ponte-Ivrea,
par la Moglia, et à Monte-Notte par la Stella!*... Que l'on prenne
la carte, et l'on se convaincra que si, au moyen d'un détour inutile, on peut aller de la Verreria à la Moglia par Ponte-Ivrea, il
faudrait vouloir faire deux fois le chemin pour aller de la Verreria à Ponte-Ivrea par la Moglia, abstraction même faite des positions intermédiaires que nous occupions, et que si l'on peut diriger des troupes de la Verreria sur Monte-Notte par la Moglia, on
ne peut le faire par la Stella, où cependant rien ne devait empêcher que le lieutenant-général ne se rendît de sa personne pour
recevoir les derniers ordres du général en chef.

Quant au commandement des troupes, M. le lieutenant-général
dit que M. le général Gazan attaqua avec la 25e légère, les grenadiers de la 2e et les 3e et 92e de ligne, et que le général Poinsot
resta en réserve avec la 73e, alors que, d'après ce que m'ont
également dit et expliqué le général Poinsot et les chefs de brigade sus-nommés, j'ai cru devoir adopter les faits tels que je les
rapporte. Au reste je n'y étais pas, et forcé de choisir entre deux
versions, j'ai préféré celle que le laconisme de M. le lieutenant-
général a pu contribuer à me faire regarder comme la plus vrai-
semblable, indépendamment des autorités citées.

Ce n'est pas, d'ailleurs, le seul embarras de cette nature que j'aie
éprouvé !

avec deux bataillons de la 25ᵉ légère et la 3ᵉde ligne, et
le général Poinsot reçoit l'ordre de rester en réserve
avec les grenadiers de la 2ᵉ et la 92ᵉ, tandis que la
78ᵉ garde les prisonniers et les 3 pièces de canon prises
l'avant-veille et la veille, et qu'un bataillon de la 25ᵉ ob-
serve le débouché de Sassello, que nous avions évacué,
et notre communication sur Voltri.

Le 21 germinal, à deux heures du matin, le chef de brigade Mouton, ayant sous ses ordres 400 hommes choisis
par lui dans son régiment, part pour reconnaître la position de l'ennemi. Bientôt ses éclaireurs arrêtent quelques
traînards ou maraudeurs autrichiens ; il les interroge et
rectifie, d'après leurs réponses, ses dispositions. Au crépuscule, il arrive à la vue de l'ennemi, et, sans attendre
ni demander de renfort, il attaque avec son seul détachement les postes qui défendaient les approches de la
position et les enlève. Mais à peine a-t-il obtenu cet
avantage, que le major du régiment de Laterman s'a-
vance avec une partie de son corps pour soutenir ces
postes, ou protéger leur retraite, et charge avec la plus
grande résolution. Une troupe incertaine eût été ébranlée, peut-être même abîmée par une offensive aussi
brusque et à ce point vigoureuse : les braves que commandait Mouton cèdent au contraire à l'ardeur qu'il
leur communique ; loin de les ébranler, le danger les
exalte, et en un instant ce major est pris avec une partie de son monde, et le reste est mis en fuite.

C'est ainsi que nos troupes parviennent à la principale
position de l'ennemi, position couverte de bois, hérissée de rochers, au point de former pour chaque homme

une succession de retranchements, et à laquelle conduisait un seul sentier étroit, sinueux et rocailleux. Malgré ces difficultés, notre détachement, rejoint par les deux bataillons de la 25e légère et le reste de la 3e de ligne, gagne du terrain. Quant à l'ennemi, s'apercevant que sa marche vers l'Orba ne nous fait faire aucun faux mouvement, il se hâte de faire rentrer en ligne le régiment de Kaisbeck, et de rappeler le régiment de Colloredo. De notre côté, et vers neuf heures du matin, toute notre réserve, à l'exception de cent hommes de la 25e légère, laissés pour observer Sassello, se porte également en avant pour soutenir les corps engagés. On combat de part et d'autre avec acharnement; la résistance de l'ennemi, proportionnée à la supériorité de ses forces, à l'escarpement de sa position et aux retranchements naturels qui favorisaient sa défense, est opiniâtre. Longtemps les succès sont balancés; mais la bonté des dispositions, la bravoure extraordinaire des troupes, le dévouement et la capacité des chefs, firent surmonter tous les obstacles, et, pressé, forcé de tous côtés, le général Saint-Julien se trouva, vers midi, contraint de se mettre en retraite. Ce moment fut saisi, les efforts redoublèrent; la position fut à l'instant enlevée, et les gages de la victoire furent, indépendamment des morts et des blessés dont le champ de bataille était jonché, 2,000 prisonniers, au nombre desquels se trouvait tout ce qui restait du régiment de Deutschmeister, y compris l'état-major, sept drapeaux, et la dispersion des autres régiments, qui, dans le plus grand désordre, allèrent se rallier à d'autres corps autrichiens qui, pendant la nuit, avaient pris position à la Moglia et à la Galera. *Cette affaire,* dit le lieutenant-général dans son rapport au général en chef, *fait le plus grand honneur au général Gazan; l'adjudant-général Gauthrin, chef de l'état-major de l'aile droite, s'y distingua.* Le chef de brigade Mouton, qui dans l'attaque devança constamment les plus braves, et le chef de brigade Godinot, s'y couvrirent de gloire ; quant aux soldats et à la plupart des officiers, rivalisant de prodiges, leur conduite fut au-dessus de tout éloge.

Il semble qu'après une action aussi brillante, aussi fatale à l'ennemi, il aurait pu être poursuivi à toute outrance ; mais ce qui eût été incontestable dans une situation ordinaire, n'eût été dans cette occasion qu'une témérité. Rester en mesure contre un ennemi si supérieur en forces, encore maître des plus importantes positions, et qui, au besoin, ne pouvait manquer d'être promptement renforcé par de nouvelles troupes, était indispensable, alors surtout que le but d'une offensive aussi audacieuse semblait ne pouvoir plus être atteint, et que tout annonçait que, faute d'avoir été secondée par la division de droite, la division de gauche, étant au moins arrêtée dans son mouvement, ne se battait plus que pour se battre, considérations d'après lesquelles le général Gazan rallia ses troupes sur la montagne de Gros-Pasto, d'autant plus importante à occuper qu'elle domine toutes les positions que nous venions de parcourir, et qu'elle est parallèle à la montagne de l'Hermette, dont le général Soult jugea que l'ennemi ne tarderait pas à s'emparer.

En effet, les premiers corps de la division étaient à peine reformés que l'ennemi, rejoint par une partie du corps du général de Bellegarde, débouchant sur deux colonnes fortes à peu près de 5,000 hommes chacune, couronna l'Hermette, et, par le prolongement des hauteurs, chercha aussitôt à déborder la gauche de nos troupes.

Exécutée deux heures plus tôt, cette manœuvre aurait pu être fatale ; mais la rapidité de la marche du lieutenant-général, ses succès et le bonheur d'avoir pénétré les desseins de l'ennemi, offrant une chance pour les déjouer, l'attaque de l'Hermette fut immédiatement ordonnée. Quoique fatigués et faibles, nos soldats l'exécutèrent avec la plus grande valeur. Déjà la droite, où le chef de brigade Mouton combattait à la tête des grenadiers des 2e et 3e de ligne, obtenait des succès, lorsque la gauche, brusquement débordée par un corps autrichien assez considérable pour mériter une attention sérieuse, battit en retraite aussitôt que le feu commença sur ses derrières. Les troupes d'ailleurs, d'autant plus harassées qu'elles étaient affamées, commençaient à manquer de cartouches ; elles combattaient dans la neige. C'était le second combat (M. le lieutenant-général dit le troisième) de la journée, et la nuit approchait. Dans cette situation que chaque instant rendait plus sérieuse, le chef de brigade Godinot, qui, pour animer davantage ses soldats, avait mis pied à terre, est blessé d'un coup de feu à la cuisse ; il tombe, et les hommes qu'il soutenait de sa voix et de son exemple battent en retraite sur la Verreria. La victoire allait nous échapper ;

mais il apercoit le chef d'escadron Franceschi, aide-de-camp du lieutenant-général ; il lui demande son cheval, l'obtient, oublie ses douleurs, le sang qu'il perd, le besoin qu'il a d'être pansé, s'élance partout où nos troupes plient, les arrête, et de pied ferme parvient à continuer cette terrible lutte.

C'est dans ce moment qu'une vive fusillade se fait entendre sur la gauche de notre ligne, et en arrière du corps qui nous avait débordé. L'idée que le général en chef arrivait et enveloppait l'ennemi est présentée avec habileté, et rend à nos soldats cette énergie que l'enthousiasme produit toujours sur eux, et qui leur fait surmonter tous les obstacles. En effet, ils s'élancent avec une fureur qui décuple leurs moyens, renversent tout ce qui se trouve devant eux, et bientôt réunis aux braves qui ont pris à revers un ennemi qui, ayant tourné notre gauche, se trouvait tourné par sa droite, ils arrivent ensemble au haut de la montagne de l'Hermette, d'où ils chassent et culbutent des troupes que l'épouvante et la mort frappaient de toutes parts. Quant au feu qui avait produit cet élan, et qui seul pouvait encore substituer la victoire à un revers inévitable, c'était celui de la colonne du général Fressinet.

Ainsi que je l'ai dit, ce général était parti de Cogoletto vers midi ; mais, soit que, par l'effet d'une indiscrétion, l'ennemi ait eu connaissance du mouvement que le général Masséna avait voulu faire, soit qu'il l'ait prévu, ou que simplement il ait jugé devoir renforcer le corps que le lieutenant-général Soult combattait, et rendre contre lui le succès aussi rapide que complet, le fait èst que trois mille hommes des troupes du comte de Palfi, composés des régiments de Kray et de Tercy, faisaient en même temps et dans la même direction un mouvement semblable à celui que le général Fressinet exécutait avec 2,200 hommes, et que, pendant quatre milles, les colonnes autrichienne et française filèrent sur des crêtes parallèles, et à portée de canon l'une de l'autre.

S'il ne restait aucun moyen de se tromper sur le but de ces deux mouvements, il pouvait cependant être utile de cacher le point de direction et le moment de l'arrivée, et encore que cela dût retarder sa marche, ce motif détermina le général Fressinet à échapper à la vue de l'ennemi. Un couvent, nommé *le Désert*, à peine dépassé, il y parvint en suivant, à travers de très hautes montagnes, les sinuosités d'un torrent rapide et escarpé, résolution à laquelle il fut redevable d'arriver précisément à l'endroit et au moment décisif. Quoiqu'il en soit, il ne tarda pas à entendre en avant de lui une vive fusillade, et il hâta le pas. Enfin, après la marche la plus pénible, après avoir gravi des rochers dont la cime se perdait dans les nues, le général Fressinet trouva, assez près du champ de bataille du lieutenant-général, un plateau borné par un bois, plateau sur lequel il arrêta la tête de sa colonne, précaution indispensable en sortant de défilés où l'on n'avait pu passer qu'homme à homme.

Pendant que les corps se reformaient, et en donnant à leurs chefs l'ordre de le suivre dès que cela serait possible, il se porta en avant pour reconnaître l'ennemi.

Parvenu au-delà du bois dont je viens de parler, il se trouva à portée de la brigade autrichienne qu'il avait côtoyée, et qui par sa gauche débordait la ligne du lieutenant-général Soult.

Les moments étaient précieux : également pressé d'arrêter ce corps et de faire entendre son feu, il fit donner aussitôt les carabiniers de la 3ᵉ légère, et dès que le reste de cette demi-brigade fut réuni, il les soutint.

Le but de ce général fut rempli : l'ennemi s'arrêta ; mais son feu devint si meurtrier, que la 3ᵉ légère ne put le soutenir qu'à la faveur des rochers dont ce terrain est hérissé.

Les 62ᵉ et 63ᵉ reformées avec le plus de célérité possible, le général Fressinet les fit ployer en colonnes serrées par sections, déboucha à leur tête, fit battre la charge et se précipita sur l'ennemi. La terrible baïonnette, produisant encore dans cette occasion son effet habituel, fit raison d'un corps que sa position et sa force ne permettaient pas d'attaquer autrement : la déroute fut totale. La nuit venue, l'ennemi fut, pendant une heure entière, poursuivi à la lueur de la mousqueterie, et comme il n'avait pour retraite que des sentiers où deux hommes pouvaient à peine passer de front, le carnage fut affreux. Indépendamment de ses morts et d'un grand nombre de blessés, indépendamment de quelques centaines de prisonniers que l'on fut forcé d'abandonner, l'ennemi perdit sur ce point quarante officiers et six cents sous officiers et soldats pris par le général Fressinet,

qui, dans cette occasion si importante, renouvela les
preuves d'une intrépidité connue, en même temps qu'il
déploya de véritables talents militaires.

Sa jonction, et la manière dont elle se fit, décidèrent
en effet de la prise de l'Hermette, et complétèrent cette
journée vraiment de gloire, surtout pour les 25ᵉ légère,
les 3ᵉ et 78ᵉ de ligne et les grenadiers de la 2ᵉ, cette
journée, l'une des plus mémorables comme des plus pénibles de tout le mouvement du lieutenant-général
Soult. Elle nous coûta plus de 400 hommes, et à l'ennemi 4 à 5,000, dont plus de la moitié furent faits
prisonniers, et conduits à Gênes par un bataillon de la
78ᵉ de ligne, également chargé d'escorter les prisonniers faits dans les précédentes affaires, d'y faire arriver
les cinq pièces de canon prises, et d'y porter les sept
drapeaux enlevés à l'ennemi. Mais si les drapeaux et
les canons y arrivèrent tous, il n'en fut pas de même
des prisonniers, qui s'échappèrent en plus grand nombre que de coutume, par suite de l'insuffisance de l'escorte qu'il avait été possible de leur donner, de la distance à parcourir, de la mauvaise volonté des habitants, et de la faiblesse qui mettait les vainqueurs hors
d'état de poursuivre les vaincus.

L'obscurité de la nuit, la dispersion des corps, la
circonstance que l'on combattait encore sur la droite,
et la nécessité de ne rien compromettre, décidèrent le
lieutenant-général à faire reprendre à ses troupes la position de Gros-Pasto, où elles se rallièrent, et à n'occuper la position de l'Hermette que par des postes. Enfin, c'est également à Gros-Pasto que le général Poin-

sot, qui sur la droite avait soutenu un combat au moyen duquel il avait empêché la réunion de la totalité des forces de l'ennemi, se reploya avec les troupes qu'il avait commandées.

Quelque honorables que fussent ces actions, elles laissèrent de grands regrets. La mort du chef de brigade Villaret, officier d'une très haute distinction, constitua en effet une de ces pertes que l'on ne répare pas. D'autres braves terminèrent également leur carrière dans ces combats, et la douleur qui leur survécut fut d'autant plus amère, que presque tous périrent victimes d'un courage héroïque, et en répétant de ces actions d'éclat dont une seule bien connue suffirait pour honorer la carrière ou la mémoire d'un officier.

Observons encore, relativement à cette journée, que si, à deux heures du matin, le général en chef avait pu effectuer avec toutes les troupes de la division de gauche, le mouvement qu'avec une partie d'entre elles le général Fressinet ne put commencer qu'à midi, les corps du général Saint-Julien et du comte de Palfi, qui à ce moment luttaient contre les troupes du lieutenant-général, et qui se seraient trouvées plus faibles de trois mille hommes, tandis que, sous les ordres du général Masséna, nous nous renforcions inopinément de près de 3,400 hommes, ces corps, disons-nous, auraient infailliblement été abîmés; nous pouvions donc, et avec une avance de temps à la rigueur suffisante, nous trouver en arrière du flanc droit du général Saint-Julien et du flanc gauche des troupes restées avec le général Mélas, et si le bonheur avait fait que ce jour-là le lieutenant-général Suchet se fût trouvé maître des hauteurs de Saint-Jacques, le plan du général Masséna pouvait encore être exécuté ; mais il était dit que les défenseurs de Gênes n'auraient que l'honneur d'une lutte et d'une résistance au dernier point héroïques.

Pendant que sur notre droite la victoire couronnait les efforts de nos braves, M. de Mélas, qui avait vu partir la colonne conduite par le général Fressinet, et qui pouvait se diviser sans perdre les avantages de la supériorité, comprit la faiblesse du corps qui restait à Cogoletto, et résolut d'en profiter pour se mettre en mesure de réunir la totalité de ses forces contre le lieutenant-général Soult, ou, si cela devenait possible, de lui couper la retraite sur Gênes.

En conséquence, il attaqua vers une heure après midi la 97ᵉ, chargée de défendre le passage du torrent de Cogoletto, et qui, dans le cas où elle serait forcée, avait ordre de se reployer sur la hauteur dominant ce village au levant, hauteur sur laquelle l'adjudant-général Gauthier, de retour d'une mission auprès du lieutenant-général Soult, était en réserve avec le bataillon de grenadiers.

On doit des éloges à la résistance que la 97ᵉ opposa, pendant cinq heures, aux attaques réitérées d'un ennemi très supérieur et secondé par le feu d'un corsaire et de six chaloupes canonnières, et on en doit surtout à la manière dont le chef de bataillon Nérin, les capitaines Blanchart et Bazio, le sergent-major Chaussée, ne cessèrent de se dévouer ; mais, du moment où l'ennemi eut forcé cette demi-brigade à quitter sa position, sa retraite devint une véritable déroute. Quelque chose que l'on pût faire, il fut impossible de la rallier ou de lui faire monter la côte où était la réserve, et, dans le plus abominable désordre, elle se jeta sur les bords de la mer, où elle fut vivement canonnée par les chaloupes et le corsaire et chargée par la cavalerie ennemie, fatalité que le chef de ce corps eût prévenue, s'il n'avait imprudemment tenu jusqu'à la dernière extrémité. Quant au général en chef, lorsque, dans un pays de montagnes, il vit quarante-cinq hussards de Zeckler charger impunément une demi-brigade tout entière, et pénétrer dans Cogoletto, il se mit, avec le général de division Oudinot, le chef de brigade Marès et l'adjudant-général Thiébault, à la tête d'une trentaine d'officiers et de guides à cheval qu'il avait avec lui, chargea ces hussards et les rejeta au-delà du torrent ; là, soutenus par leur infanterie, ils se rallièrent, et renforcés par quelques autres hommes de leur régiment, ils revinrent à la charge. Mais ce second effort ne fut pas plus heureux que le premier, et ils furent une seconde fois repoussés, en laissant de nouveau une quinzaine d'hommes sur le terrain. Pour la 97ᵉ, elle ne put être reformée qu'à Voltri, alors qu'à la honte de cette demi-brigade, l'adjudant-général Gauthier garda la position de Cogoletto avec ses seuls grenadiers, et ne la quitta qu'à onze heures du soir.

On voit, par le tableau des évènements de cette journée, à quoi tiennent les succès et les revers, à quel point la guerre est journalière et la fortune peut se jouer des plus belles conceptions. Mais, quant aux résultats, on voit également, par les faits que nous venons de rap-

peler, qu'en renforçant le corps de droite par la plus
grande partie de ses troupes, le but du général en chef fut
du moins, et malgré tant de fatalité, partiellement rempli, et que la diversion que, par l'effet de sa présence,
il parvint à opérer à Cogoletto, assura les avantages si
importants obtenus par le lieutenant-général Soult,
sous les ordres duquel se trouvèrent, à dater de ce moment, les cinq sixièmes et (au bataillon de grenadiers
près) l'élite des troupes, ainsi que tous les généraux du
corps d'expédition.

22 germinal (12 avril).

Nous trouvons ici une preuve nouvelle et frappante
des dangers qui, dans la guerre des montagnes, résultent de la difficulté des communications. En effet, le
général en chef, qui ignorait ce qui s'était passé à l'attaque de l'Hermette, avait vainement envoyé au lieutenant-général Soult *cinq officiers* (*), pour le prévenir
du mouvement rétrograde qu'il exécutait : aucun n'é-

(*) Au nombre de ces officiers, nous citerons le capitaine Dath.
Incapable de ne pas tout oser pour remplir sa mission, il fut pris en
cherchant à passer entre quelques postes ennemis. Le chef d'escadron Franceschi, aide-de-camp du lieutenant-général, ne
parvint auprès du général en chef qu'après avoir passé trois
jours et trois nuits à errer dans des montagnes que des détachements Autrichiens éclairaient sans cesse. Il est difficile de concevoir combien étaient dangereuses ces missions, dans lesquelles
les officiers se trouvaient à l'entière disposition de leurs guides.

tait arrivé, et tandis que la colonne de gauche se reployait sur Gênes, celle de droite marchait sur Monte-
Notte (R).

Le général Masséna ne recevant aucune nouvelle du
lieutenant-général Soult, n'apprenant rien de relatif à
ses opérations, dut penser qu'il n'avait reçu aucune de
ses dépêches. Frappé de l'idée des désastres qui pouvaient résulter d'opérations à ce point morcelées, et
pour se mettre, en tout état de cause et autant que
cela pouvait dépendre de lui, en mesure de faire face
aux évènements, il résolut de reprendre l'offensive pour
seconder les opérations du lieutenant-général, s'il avait
des succès, ou faciliter sa retraite, s'il avait des revers.

La conduite de la 97ᵉ à l'affaire de Cogoletto, lui valut l'ordre de rester à Gênes pour y tenir garnison.

Les troupes dont le général en chef fit choix pour
cette seconde expédition, furent le bataillon de grenadiers dont nous avons parlé et qu'il renforça, et les
73ᵉ et 106ᵉ de ligne, formant en tout 2,200 combattants, plus le détachement des guides qui, commandé
par le chef d'escadron Contant, avait fait l'arrière-garde
des corps qui s'étaient reployés sur Gênes. Le rassem-
blement de cette colonne se fit à Sestri du Ponant; et,
le 24 germinal, vers midi, ces troupes marchaient sous
les ordres de l'adjudant-général Thiébault pour reprendre Voltri, que l'on disait occupé par cinq mille
Autrichiens. Ce bruit n'était pas fondé : l'ennemi, tout
en y ordonnant la confection de 7,000 rations de vivres, n'y avait envoyé que quelques hussards; mais, ce
qui résulta d'un véritable bonheur, c'est qu'au moment

de l'approche de cette colonne, les 4,520 prisonniers restant de ceux faits par le lieutenant-général, depuis le 19, passant à Voltri, voyant cette petite ville évacuée par nos troupes, n'ayant d'ailleurs qu'une escorte insuffisante, se trouvant à portée des avant-postes de leur armée, encouragés par le mauvais esprit des habitants de Voltri, se disposaient à la rébellion, et allaient faire prisonnier le faible bataillon qui les conduisait, lorsqu'ils furent contenus par la vue de la colonne et par l'arrivée de son chef, accompagné par l'adjudant-général Gauthier qui venait de lui apporter l'ordre d'attendre le général en chef à Voltri, au lieu de se porter de suite jusqu'à Cogoletto ainsi que le prescrivaient ses instructions; arrivée opportune au dernier point, mais qui n'empêcha pas, ainsi que nous l'avons dit, quelques centaines de prisonniers de s'échapper.

On se rappelle qu'au moment où nous avons interrompu le récit des opérations du lieutenant-général, il occupait Gros-Pasto avec la presque totalité de ses forces, ne tenant la position de l'Hermette que par des postes d'observation, qui se retirèrent lorsque, dans la nuit du 21 au 22, l'ennemi, informé de ce fait, fit réoccuper cette position par 5,000 hommes que, peu après, il renforça par de nouvelles troupes. Et pourtant elle était pour nous d'autant plus importante que, mieux qu'aucune autre, elle pouvait nous mettre en mesure de seconder le lieutenant-général Suchet, si, après avoir enlevé les hauteurs de Saint-Jacques, il parvenait à s'emparer de Monte-Notte, et le général en chef, s'il lui était possible de se rendre maître de la sommité de cette partie des monts Liguriens. La reprise de l'Hermette fut donc de suite résolue, et trois colonnes furent disposées pour cette attaque.

Le général Poinsot, chargé de celle de droite, l'exécuta à la tête de la 25ᵉ légère et des grenadiers de la 2ᵉ de ligne.

Les 78ᵉ et 92ᵉ formèrent celle du centre, sous les ordres du général de division Gazan.

Le général Fressinet et sa brigade furent chargés de celle de gauche.

La 3ᵉ de ligne fut placée en réserve.

Une circonstance eût été de nature à embarrasser un chef ordinaire : nos troupes, en effet, manquaient de cartouches. Le lieutenant-général y suppléa par l'ordre d'aborder l'ennemi à la baïonnette, et par la défense, sous peine de mort, de tirer un coup de fusil.

A dix heures du matin, les colonnes d'attaque s'ébranlèrent. Un torrent à franchir formait un premier obstacle et ne ralentit pas le mouvement de nos braves; des sentiers étroits, sinueux et escarpés, conduisaient seuls à la position de l'ennemi, et ces nouvelles difficultés ne servirent qu'à exalter leur ardeur. A portée de l'ennemi, la charge fut battue : la baïonnette, cette *ultima ratio Francorum*, exerça toute sa puissance, et malgré les neiges et les roches éparses dont le haut de cette position était couvert, elle fut emportée.

Nous fîmes, dans cette affaire très meurtrière pour l'ennemi, deux cents prisonniers, au nombre desquels se trouva le colonel du régiment de Keith. Le chef de brigade Cassagne, faisant fonctions de général de bri-

gade, justifia de nouveau dans cette journée l'opinion
que l'armée avait de ses talents et de sa valeur. Quant
aux troupes qui venaient d'être chassées de l'Hermette,
elles allèrent, et dans le plus grand désordre, se rallier
aux réserves que l'ennemi avait à Santa-Justina, et sur
des crêtes qui dominent le désert de Varaggio : *Nous
dûmes*, dit M. le lieutenant-général, *nous borner à
ce succès pour ce jour. Nos troupes étaient épuisées de
fatigues et de faim. Et, d'ailleurs, les nouvelles positions que l'ennemi avait prises étaient tellement escarpées et d'un accès si difficile qu'il eût été imprudent
d'entreprendre de l'y forcer. On entretint cependant
un tiraillement, afin de couvrir quelques mouvements
de troupes ; le soir, nous prîmes position à l'Hermette,
occupant toujours Gros-Pasto.*

23 et 24 germinal (13 et 14 avril).

Les troupes aux ordres du lieutenant-général Soult
ne firent, le 23, aucun mouvement ; la fatigue seule eût
rendu cette inaction indispensable ; la faim qui devenait
intolérable et le manque de munitions la justifiaient
également (S). Dépourvu de tous moyens de transport,
on était réduit à faire porter à dos d'homme les cartouches et le pain qu'il était possible d'envoyer aux troupes, et à la distance où se trouvait le lieutenant-général, on comprend à quoi se réduisaient de tels secours,
non-seulement par suite du pain qui se perdait et se
gâtait pendant le trajet, mais encore parce que les
porteurs en mangeaient, ou parvenaient à en emporter

en se sauvant, de nuit surtout. Enfin les épais nuages, qui, durant une partie de la journée, enveloppèrent les hautes montagnes d'où surgissent les sources de l'Erro, achevèrent de rendre tout déplacement impossible. On se borna donc à des reconnaissances dirigées sur Santa-Justina, sur la Galera et sur la Stella, où le chef d'escadron d'Aoust, commandant cinquante hommes, somma deux cents Autrichiens de mettre bas les armes, les chargea sur leur refus et leur fit vingt prisonniers.

Vers le soir, on reçut de Gênes des vivres pour un jour, de l'eau-de-vie et des munitions, et de suite, et en présence d'un ennemi nombreux et menaçant, la distribution en fut faite à des hommes tombant d'inanition.

Dans la nuit du 23 au 24, M. de Mélas, qui, en les renforçant, venait de prendre le commandement des troupes opposées au lieutenant-général, évacue les positions avancées qu'elles occupent, se concentre sur les hauteurs de Monte-Notte, et tout en gardant Ponte-Ivrea, Santo-Bernardo, Campo-Maron, par des postes d'observation, renforce ses camps de la Moglia et de la Galera, qu'il fait occuper, savoir : le premier, par le corps du général Bellegarde, le second, par celui du comte de Saint-Julien ; le même jour, se plaçant entre Maron et la mer, le corps du comte de Palfi, chargé de couvrir Savone et de bloquer la garnison du fort, appuie sa droite au couvent des Capucins, et porte sa gauche vers le Monte-Savona, défendant ainsi la droite du Resio ; enfin son avant-garde, placée à Albisola, détache en avant d'elle un corps léger, chargé d'observer la marche des troupes venant de Gênes par la route de la Marine.

Il est impossible d'avoir quelque notion de la guerre, quelque idée des localités, et de ne pas être frappé de ce que ces dispositions avaient de formidable.

L'occupation de Maron, Santo-Bernardo, la Galera et Ponte-Ivrea, éclairait et défendait le front de Monte-Notte, où tous nos efforts tendaient à arriver, où d'ailleurs se trouvaient les réserves de l'ennemi.

Le camp de la Moglia empêchait que Monte-Notte ne fût tourné par sa gauche, si ce n'est au moyen d'un grand détour, et par une de ces marches de flanc les plus dangereuses que l'on puisse faire à la guerre, surtout à travers de hautes montagnes, et contre un ennemi supérieur, réuni, en position et retranché.

Le camp de la Galera, formant au centre des positions du général Mélas un angle saillant, le mettait à même, ou bien de prendre en flanc les troupes qui, d'une de nos divisions actives, pourraient être dirigées sur l'autre, ou bien de nous tourner, de nous précéder à Voltri, ou du moins de couper la retraite à un de nos corps.

Que dirai-je? La concentration de presque toutes les troupes du comte de Palfi sur la droite du Resio, laissait sans doute le chemin de la Marine libre jusqu'à lui, mais, de fait, attirait les troupes conduites par le général en chef, sous une position devant laquelle elles ne pouvaient faire que des pertes.

Maintenant, si de cette situation (si favoarble sous tous les rapports, et que complétait le général Elsnitz, annulant, du haut de la montagne de Saint-Jacques, tous les efforts du lieutenant-général Suchet), on passe

à la nôtre, on sentira que le brisement du plan du général en chef nous avait irrévocablement fait perdre le
moment faute duquel notre but ne pouvait être atteint.

De fait, nous avions marché pour arriver en masse à
l'ennemi, et nous étions morcelés.

Nous avions espéré le trouver divisé, et il était réuni.

Nous avions voulu agir simultanément, et il ne restait
pas plus d'accord possible entre nos mouvements et nos
attaques que de proportion entre les forces.

Nous avions marché pour le précéder sur les hauteurs
de Monte-Notte, et il était maître de ces hauteurs, et il
en avait hérissé les approches par des retranchements.

Nos opérations avaient été calculées de manière à le
surprendre, et il était prêt partout ; à le forcer de manœuvrer d'après nous, et c'est nous qui étions réduits à
manœuvrer d'après lui.

Nos mouvements de plus étaient longs, pénibles, dangereux, tandis que les siens étaient libres et aussi faciles,
aussi rapides que certains.

Enfin, et indépendamment de ce que nos communications n'en méritaient pas le nom, et que les siennes
étaient continuelles, nous avions voulu faire agir de
concert les troupes commandées par le lieutenant-général Suchet, le lieutenant-général Soult et le général
en chef en personne, et les réunir à Monte-Notte, et il
n'y avait plus aucune harmonie à espérer entre les opérations de ces corps, aucune jonction possible entre
eux, aucun résultat heureux à attendre de leurs efforts.

Mais comment s'en étonner? Comment, sans une
fortune qui, momentanément du moins, nous avait

abandonnés, obtenir les avantages dont nous venons de parler, sur un ennemi qui avait tous ceux du temps, des localités, du nombre et de l'état des troupes. La valeur et le talent ne pouvaient plus suffire pour rétablir un équilibre aussi complètement rompu. Toutes les chances avaient achevé de lui devenir favorables, alors qu'il ne nous en restait aucune ; et si, malgré cela, tout se borna pour lui à rendre notre succès impossible, il n'en est pas moins vrai que lui, dans notre position, nous dans la sienne, les troupes d'expédition de son aile droite ne seraient pas plus rentrées à Gênes que le centre de son armée n'aurait repassé le Var. Et pourtant, lorsque, le 18 germinal, il porta une de ses divisions aux cabanes de Marcarolo et à Nostra-Signora-del-Aqua, il ne put concevoir de quelle importance ce faux mouvement serait pour lui, ni prévoir que, devenant l'objet d'une attention qu'il ne méritait pas, il nous ferait perdre un jour, et que la perte de ce jour annulerait une forte conception et paralyserait, quant aux résultats, la haute capacité de tant de chefs distingués et l'invincible dévouement des troupes. Mais, à la guerre, les combinaisons les plus savantes le cèdent parfois à des évènements qui n'ont pu être calculés, de même que les plus belles pensées sont sans résultats, alors que les opérations les plus insignifiantes en elles-mêmes ont des conséquences décisives.

Ce coup d'œil sur la situation des troupes belligérantes, au 24 germinal, nous ramène aux évènements.

Avant le jour, le lieutenant-général Soult avait fait partir de ses bivouacs de l'Hermette et de Gros-Pasto, des

reconnaissances qui l'informèrent du mouvement rétrograde exécuté par M. de Mélas.

Afin d'être en mesure de profiter des faux mouvements que l'ennemi pourrait faire, afin de seconder le
lieutenant-général Suchet ou le général en chef, s'il
était encore possible qu'ils obtinssent des avantages, le
lieutenant–général Soult porta de nouveau ses troupes en avant. Établi vers le soir à portée du camp de
la Moglia, il dirigea contre lui de fausses attaques,
dans le but de reconnaître la position et de juger ses
moyens de défense et les forces que l'ennemi avait sur
ce point, et il acquit la preuve que ce camp était établi
sur un rocher en partie coupé à pic, que les endroits
accessibles étaient couverts de retranchements et de
redoutes armées de canon, que d'immenses abattis
défendaient les approches, et qu'occupé par un grand
nombre de troupes, ce camp ne pouvait être forcé de
front ; faits qui décidèrent le lieutenant-général Soult
à remettre au lendemain l'attaque sur laquelle le général en chef insistait, afin d'avoir fait les derniers efforts
pour opérer une triple jonction que près de 40,000 Autrichiens (y compris le corps du général Elsnitz), retran-
chés sur d'inaccessibles montagnes, n'avaient certes
plus à craindre de la part de 13,000 hommes environ (*), morcelés à Finale, à Sassello, et sur la route
de Voltri à Savone.

(*) Le lieutenant-général Suchet, 5,000 hommes ; le lieutenant-
général Soult, 6,000 hommes ; et le général en chef, 2,200.

Quant au général Masséna, cédant aux considérations
que nous avons fait connaître en parlant du mouvement de l'adjudant-général Thiébault, il était parti de
Gênes le 23, à trois heures du matin; à neuf heures,
il était arrivé à Voltri. Immédiatement après, les troupes
qui s'y trouvaient l'avaient quitté pour se rendre à Varaggio, à l'exception du premier bataillon de la 78ᵉ, qui,
en route pour rejoindre le lieutenant-général Soult, reçut l'ordre de rester à Voltri pour contenir les habitants
de ce village et y tenir poste. Mais si la marche de
cette colonne de gauche ne fut inquiétée par aucun
corps ennemi, elle le fut par la flotte anglaise qui tira
sur nos moindres détachements, nous tua près de quarante hommes, nous força de quitter le chemin de la
Marine et de marcher à travers les montagnes, et, de
plus, contraignit de rétrograder dans le port de Gênes
un bateau de grains, que le général en chef avait fait
partir de ce port dans l'espoir de le faire arriver à Savone.

Le 24, le général Masséna se porta en avant et prit
position à la droite d'Albisola; mais, quoiqu'en présence,
on se borna de part et d'autre à des reconnaissances.

25 germinal (15 avril).

De très grand matin, l'ennemi détache une forte colonne de la montagne de Savone; cette colonne qui
paraît dirigée sur la Stella, appuie sur sa gauche lorsqu'elle est arrivée à la hauteur de ce village; peu après,
elle quitte les crêtes et disparaît dans une des gorges

de ces montagnes, et remonte la rive gauche du Résio.

La marche de cette colonne occupe fortement le général en chef. Quelques reconnaissances partent aussitôt pour l'empêcher de continuer son mouvement : cet espoir est déçu. Enfin, pour éviter que, dans la même direction, d'autres colonnes ne soient détachées du corps qui nous faisait face, pour connaître sa force dont le départ de cette colonne ne révélait que trop la supériorité, pour tenter encore une fois la fortune, ne fût-ce que pour débloquer momentanément Savone, on offre à la garnison du fort l'occasion d'une sortie utile : le général en chef, malgré le petit nombre de troupes qu'il a avec lui, mais en recommandant de ne rien aventurer, charge le général de division Oudinot d'attaquer l'ennemi, et met à sa disposition la 73ᵉ de ligne et le bataillon d'élite.

En conséquence, cette demi-brigade, conduite par son chef, marche sur le couvent des Capucins, pendant que l'adjudant-général Gauthier, à la tête du bataillon d'élite, se dirige sur le centre des positions de l'ennemi.

Ayant conservé avec lui la 106ᵉ, le général en chef place le premier bataillon de manière à couvrir sa droite, garde le second en réserve et ordonne à l'adjudant-général Thiébault de se porter avec le troisième sur la droite des positions de l'ennemi, et cela pour l'empêcher de réunir la totalité de ses forces contre nos colonnes du centre et de la droite,et pour seconder ces colonnes le cas échéant.

Quelque sages que fussent ces dispositions, elles ne

purent rendre cette tentative fructueuse. Sans doute le
chef de brigade Wouillemont et l'adjudant-général
Gauthier repoussèrent les premières troupes qui leur
furent opposées ; sans doute, et par la puissance de son
exemple, le général Oudinot, toujours si chevaleresque
de vaillance, obtint des troupes tout ce qu'il fut possible d'en obtenir ; mais l'ennemi avait sur ce point deux
de ses meilleurs, de ses plus forts régiments d'infanterie
et cinq bataillons de grenadiers, troupes qui toutes formaient des échelons placés à des distances rapprochées.
Cet ordre pour la défense d'une montagne est le plus
formidable, chaque échelon formant l'équivalent d'un
retranchement contre lequel les plus braves viennent
périr. Il est même à remarquer que chaque échelon
repoussé, fortifiant l'échelon qui le précède, l'attaque
se renforce à mesure que l'assaillant s'affaiblit, et s'é-
puise par l'inévitable effet de la fatigue et des pertes
dont ses succès ont été le prix. Aussi l'ennemi, dont
l'opiniâtre résistance fut digne de corps d'élite, se trouva-
t-il bientôt en état de prendre à son tour l'offensive et de
regagner le terrain qu'il avait perdu. Il poursuivit même
les grenadiers avec tant de vigueur que, de sa personne,
le général en chef jugea devoir s'avancer à la tête du
deuxième bataillon de la 106e, et bientôt, en ligne avec
le troisième bataillon, il arrêta l'ennemi au moment où
il voulut traverser le Riobasco, et le rejeta sur la montagne, assurant de cette sorte la retraite du dernier
homme des trois colonnes d'attaque.

La fortune qui, dans cette circonstance, sembla contraire au général en chef, se prononça pour lui de ma-

nière à faire résulter son salut de cet insuccès : et en
effet, s'il eût gagné du terrain sur l'ennemi, ou seulement s'il fût resté le 26 dans ses positions, ce qui
ne pouvait plus aboutir à rien d'heureux, l'ennemi n'aurait pas manqué de se porter par la Stella sur Cogoletto,
d'où il se trouvait en mesure de lui couper la retraite,
de le détruire peut-être, et de précéder ensuite à Voltri, si ce n'est à Arenzano, le lieutenant-général Soult,
lui-même.

La nuit venue, et sur l'avis que l'ennemi faisait filer
une forte colonne par notre droite, le général en chef
se rendit à Varaggio, et fit prendre aux troupes position en avant de ce village.

C'est de là que ce général, inquiet de n'avoir aucune
nouvelle du général Suchet, ne voulant renoncer à aucune chance, quelque improbable qu'elle pût être, et
d'après cela, désirant hâter les attaques qu'il avait ordonné au général Suchet de renouveler, remit des instructions nouvelles au général Oudinot (*), et le fit
partir pour Finale, où il arriva après peu d'heures
de navigation. Cette circonstance fut la seule heureuse de cette journée. La victoire en effet ne
nous couronna nulle part ; car, en même temps que
la colonne de gauche était forcée de rétrograder sur

(*) Le général de brigade Franceschi, sous-chef de l'état-major-
général, étant à Marseille, le départ du général de division Oudinot
laissa les fonctions, fort réduites, de chef de l'état-major-général,
à l'adjudant-général Andrieux.

Gênes, notre corps de droite cédait à des forces trop disproportionnées, et le lieutenant-général Suchet lui-même, débordé par sa gauche, préparait sa retraite sur le Var.

Ainsi que nous l'avons dit, le lieutenant-général Soult s'était disposé, dès le 24 au soir, à livrer un dernier combat, et, indépendamment des ordres du général en chef, tout le justifiait. Ses troupes manquaient de pain depuis deux jours; elles avaient presque entièrement épuisé et leurs cartouches et les 300,000 enlevées par elles tant à Sassello qu'aux Cabanes. Le manque de moyens de transports, la distance où le corps du lieutenant-général se trouvait de Gênes, les hautes montagnes au milieu desquelles il était comme engouffré, et les mouvements de l'ennemi, ne laissaient, sans des difficultés inouïes et des risques incalculables, aucun moyen de faire arriver à ses troupes des vivres et des munitions. Une position aussi cruelle, aussi menaçante, n'était pas tenable; elle cumulait tous les dangers et ne les compensait par la possibilité d'aucun avantage. L'ennemi, de plus, continuait à ajouter aux retranchements dont il avait couvert les positions occupées par ses troupes, et notamment son camp de la Moglia, et cela dans le but de barrer les routes qui pouvaient nous mettre à même de débloquer Savone, d'opérer la jonction de nos corps de droite et de gauche, et de ces corps avec le centre de l'armée; mais, en outre, diminuant de cette sorte le nombre des troupes nécessaires à la garde de ses positions, il se mettait à même de renforcer ses colonnes d'attaque; enfin, et comme preuve de ce fait, l'ennemi

venait de se reporter à Sassello, d'où il menaçait les
derrières de notre corps de droite, et pouvait même faire
craindre qu'il ne parvînt à couper la retraite de notre
corps de gauche.

Pour déjouer les desseins que ce mouvement décelait, et mettre fin à une situation aussi fausse que critique, il fallait combattre, et ce parti, dicté par les ordres
reçus, par l'honneur et la nécessité, fut pris.

D'après cette résolution, le général Gazan reçut l'ordre de reprendre Sassello. Cette opération n'était que
préliminaire, et pendant que le général Poinsot, commandant les 3ᵉ et 25ᵉ légère, observait le camp de la
Moglia, elle fut exécutée avec autant de célérité que de
succès. L'opération qui devait être décisive était celle
du camp de la Moglia ; mais, ainsi que je l'ai dit, ce
camp ne pouvant être attaqué de front, le lieutenant-
général ordonna au général Poinsot d'attaquer sa droite
avec la 25ᵉ légère, et au général Fressinet d'attaquer sa
gauche avec la 78ᵉ, pendant que le général Gazan, re-
montant la vallée de l'Erro avec le surplus des troupes (*),
moins la 92ᵉ placée en réserve, gagnerait les hauteurs
de Ponte-Ivrea, afin de menacer de là les derrières des
troupes réunies dans ces positions, de leur faire craindre
pour leur retraite, et de les porter à évacuer ce camp.

Par suite de ces dispositions, un succès local était encore possible, et cependant rien n'était compromis, attendu que nous restions toujours maîtres de nous réu-

---

(*) 3ᵉ, 62ᵉ, et 63ᵉ, grenadiers de la 2ᵉ de ligne.

nir et de nous retirer ; mais comme on ne pouvait espérer que, dans cette lutte trop inégale, l'affaiblissement
des hommes, le manque de vivres et de munitions, ne
missent pas le comble à la disproportion des moyens, le
moment de l'attaque fut fixé à quatre heures de l'après-
midi.

En conséquence, le général Gazan partit de Sassello à
midi, et, vers trois heures, il arriva aux hauteurs de
Ponte-Ivrea. Elles étaient fortement occupées et furent
défendues avec vigueur ; trois fois prises, et reprises deux
fois, elles restèrent cependant en notre pouvoir, et
comme les deux autres colonnes avaient également des
succès, tout présageait une réussite complète, lorsque
M. de Mélas, jugeant de l'imminence du danger, arriva
avec une réserve de 5,000 hommes, dont la moitié
de grenadiers, et nous arracha une victoire plus brillante qu'elle ne pouvait être décisive, une victoire due
à l'excellence des dispositions, au courage héroïque
des troupes, et à des efforts qui illustrèrent et nos braves et leurs chefs. Tout équilibre au reste se trouva
dès-lors rompu, et 6,000 hommes fatigués et épuisés,
aux prises avec 25,000, dont le tiers n'ayant pas encore
donné, ne purent que momentanément rester maîtres
du terrain qu'ils avaient conquis. Ils s'y maintinrent, et
la nuit seule mit fin à ce combat terrible. A peine
fermée, nos troupes se couvrirent de postes et s'établirent comme si elles devaient recommencer le combat avec le jour ; mais, à minuit, elles quittèrent des
positions jonchées des morts et des blessés de l'ennemi,
et, précédées du dernier de nos blessés, elles se retirè-

rent sur Sassello, emmenant 200 prisonniers, au nombre desquels se trouvaient quelques officiers.

On eut, dans cette occasion, la mesure du dévouement dont sont capables les troupes françaises, commandées par des chefs forts d'une confiance méritée. Sans pain, presque sans cartouches, des soldats qu'on ne pouvait croire susceptibles de supporter de nouvelles privations, ou de suffire à de nouvelles fatigues, des hommes qui semblaient épuisés au moral comme au physique, gravirent encore des montagnes escarpées, abordèrent avec une indicible énergie un ennemi trois fois plus nombreux et couronnant des montagnes hérissées de redoutes garnies d'artillerie, conservèrent jusqu'à minuit la position quils avaient attaquée. *Tout ce que purent l'honneur et l'intrépidité*, dit le lieutenant-général Soult dans son rapport au général en chef, *fut déployé dans cette action, l'une des plus meurtrières*, et l'on peut ajouter des plus glorieuses, *que l'on puisse rappeler.*

Nous eûmes, dans cette lutte, six officiers et quatre-vingts soldats tués, quarante officiers et 350 soldats blessés. Le feu de bas en haut étant le plus destructeur, et nos troupes tirant mieux que celles de l'endemi, il perdit beaucoup plus de monde que nous. Le seul régiment de Colloredo eut plus de 500 hommes hors de combat; d'autres corps autrichiens furent à moitié détruits.

Le général Fressinet reçut, au commencement de cette affaire, un coup de feu à travers la cuisse gauche, et ne quitta cependant le champ de bataille que lorsque, trois quarts d'heure après, une balle à la tête l'y contraignit. Son départ, nos pertes, mirent du découragement dans les troupes qu'il commandait ; elles étaient même en retraite, lorsque l'adjudant-général Gauthrin en prit le commandement. Il les rallia néanmoins, et ayant été renforcé par la 92ᵉ, jusque-là en réserve, il reprit l'offensive et, au pas de charge, la position qui venait d'être abandonnée.

Le lieutenant-général Soult fit une mention particulièrement honorable de la conduite de l'adjudant-général Gauthrin, sans lequel l'ennemi aurait fini par prendre à revers tout notre centre. Au reste, les officiers de tous grades rivalisèrent de gloire dans cette journée par le courage extraordinaire avec lequel ils combattirent : *Il n'est pas possible d'être plus braves,* dit le lieutenant-général, en parlant de la 25ᵉ légère, des grenadiers de la 2ᵉ de ligne et de la 63ᵉ. Quant à la conduite de la 3ᵉ de bataille et de son chef, elle fut dans cette occasion, comme toujours, au-dessus de tout éloge. Débordée par la retraite momentanée des troupes du général Fressinet, cette demi-brigade résista seule au feu le plus meurtrier, et, sans céder un pouce de terrain, perdit 20 officiers et 184 sous-officiers et soldats.

26 et 27 germinal (16 et 17 avril).

L'espèce de guerre que fait une armée résultant nécessairement de sa situation et de sa force comparatives, il était naturel que M. de Mélas et le général Masséna suivissent une tactique tout-à-fait différente. Aux

prises avec un ennemi infiniment plus nombreux que
lui, le but du général en chef avait toujours été, ainsi
que je l'ai déjà dit, de le forcer de se diviser en marchant à lui sur deux colonnes. L'une, faible, manœuvrait autant que cela était possible, tâchait d'occuper
l'ennemi, et ne l'attaquait ou ne recevait le combat
que quand il ne restait aucun autre moyen de le tenir
en présence ou de l'éviter; l'autre tâchait de soutenir
l'offensive, en attaquant en masse les différentes divisions de l'ennemi, afin de les battre successivement,
ces deux colonnes n'attendant que leur réunion dans le
moment opportun pour frapper un coup décisif : conception remarquable sous le double rapport de la pensée et de l'abnégation. Et à part l'occasion et la possibilité de la concentration brusque et totale de ses forces,
occasion qui si rarement se présente, comment ne pas
être frappé de ce fait que, se sacrifiant au point de ne
plus compter que sur l'effet de sa présence et de son
génie, le général Masséna rendait sans cesse le rôle de
son lieutenant aussi brillant que cela était possible, le sien, dangereux au point de conserver à peine
une chance de salut, mais incontestablement sans comprendre alors que l'on pût un jour lui disputer jusqu'à
l'honneur de ses conceptions, et chercher à donner le
change sur ce qu'eut de chevaleresque une abnégation
dont personne au monde n'aurait osé lui donner l'idée!
Quant à l'ennemi, dont les fractions équivalaient à nos
masses, il cherchait toujours à nous envelopper, et ne nous
faisait face sans nous charger que pendant que des colonnes détachées nous tournaient. Dans les premiers com-

bats, l'impétuosité de quelques-uns de nos corps, cette valeur qui parfois fait raison de la supériorité du nombre, et l'habileté des chefs, avaient fait tourner à notre avantage cette tactique, qui, suivie avec talent, avait été si habilement conçue. Mais, dans la nécessité d'employer toujours les mêmes corps, il était impossible que des efforts si souvent répétés ne finissent pas par les épuiser. L'ennemi sans doute perdait deux ou trois fois plus de monde que nous; mais il était en mesure de réparer ses pertes, et les nôtres étaient d'autant plus irréparables que nos avantages étant le prix d'un dévouement héroïque, nos journées de gloire se payaient du sang des plus braves; de sorte que, tout en battant l'ennemi, nous nous affaiblissions par nos victoires, tandis que, relativement à nous, il se fortifiait même par ses défaites.

L'attaque des positions de l'ennemi à Albisola, à Ponte-Ivrea et à la Galera, n'ayant pas réussi, il ne restait qu'à se replier. A quoi pouvait servir de s'arrêter plus longtemps dans d'affreuses montagnes où, sans compensations, les troupes étaient en proie aux privations et aux dangers de toute espèce? Indépendamment de ces considérations, il ne restait pas au lieutenant-général Soult *trois cartouches par homme*; il n'existait pas dans tous les corps sous ses ordres *une once de pain;* et pour peindre par un mot l'horreur de la position de nos soldats, ajoutons que déjà la faim avait réduit plusieurs d'entre eux à manger de la *chair humaine !*

Une situation aussi grave ne pouvait donc laisser de doute sur le parti à prendre; mais, afin de tromper l'ennemi et de le contenir le plus longtemps possible, de le

porter à quelques faux mouvements, ou du moins de se
ménager les moyens de donner un peu de repos aux
troupes, le lieutenant-général, après avoir chargé la
92e demi-brigade de l'escorte des blessés et des prisonniers, réunit, le 26 avant le jour, le reste de ses troupes
à Sassello, prenant position de manière à indiquer un
mouvement sur Caïro ou Dégo. Mais l'ennemi ne s'y
trompa pas : il évacua même son camp de la Moglia, ne
laissa à Santa-Justiniani qu'un détachement, et, fidèle
à son système, s'empara de l'Hermette, et y établit un
corps de troupes destiné à concourir à couper la retraite au lieutenant-général et à l'envelopper. Enfin,
pour mieux lui donner le change, pour gagner quelques heures, M. de Mélas le fit attaquer par un de ses
régiments, soutenu par le feu de deux pièces de canon.

Le lieutenant-général, pénétrant les desseins de l'ennemi, manœuvra aussitôt pour s'emparer le plus
promptement possible de la position de Gros-Pasto. Mais,
à cet instant, arriva un convoi de subsistances, et encore
qu'il n'apportât que de quoi donner *une demi-ration
par homme*, et qu'il ne restât plus un moment à perdre,
ce secours était tellement urgent pour des malheureux
tombant d'inanition, que le mouvement fut interrompu
pendant le temps indispensable à cette distribution : nécessité menaçante, car M. de Mélas, mettant ce retard à
profit, pressa la marche de la forte colonne qui, sortie
du camp de la Moglia, devait nous précéder à Gros-
Pasto. Le bonheur voulut cependant que pour éviter, en
la tournant, la brigade du général Poinsot. cette colonne
se trouvât forcée à un détour par suite duquel le lieute-

nant-général parvint à faire arriver avant l'ennemi le
général Poinsot sur cette montagne ; et pendant qu'à la
hâte, il le fit soutenir par de nouvelles troupes, il renforça
son arrière-garde pour contraindre le corps qui la pressait
à s'arrêter.

Ce fut dans ce moment que le général de Bellegarde,
qui, depuis la première affaire de la Verreria, avait suc-
cédé sur ce point au général comte de Saint-Julien, se
trouvant maître de la position qui domine Ciampani et
du plateau qui couvre la route d'Arpazela, comptant de
plus sur l'effet d'une colonne qu'il faisait filer sur les
flancs du lieutenant-général par le désert de Varaggio,
lui envoya son chef d'état-major et le fit sommer de
mettre bas les armes, observant que, *cerné par des*
forces totalement supérieures, toute défense devenait
d'autant plus inutile qu'il n'avait, à la connaissance de
tout le monde, ni vivres, ni cartouches. — Avec des
baïonnettes et des hommes qui savent s'en servir, on ne
manque de rien, répondit le lieutenant-général Soult ;
et s'il était moins tard, ajouta-t-il, *M. de Bellegarde*
se repentirait de cette démarche. Et pourtant il ne pouvait se dissimuler que sa position était d'autant plus
critique qu'il ne lui restait plus deux cartouches par
homme ; mais sa fermeté en imposa, une circonstance
heureuse le servit, et sa présence d'esprit acheva de le
sauver. En arrière de la Verreria, se trouve en effet
une position d'où l'ennemi pouvait ôter tout moyen de
jonction entre les troupes conduites par le général en
chef et le lieutenant-général. M. de Bellegarde, que la
supériorité de ses forces rendit trop confiant dans cette

circonstance, négligea de s'en emparer. Quant au lieutenant-général, il profita d'un brouillard très épais et
de la demi-heure qu'il garda le parlementaire, pour y
porter la plus grande partie de son monde, et même
pour occuper Ciampani : manœuvre habile, et qui,
dans sa position, était sa dernière ressource. Elle fut
faite du reste avec tant d'ordre et de rapidité que, le
brouillard dissipé, l'ennemi nous vit sur deux lignes
parfaitement formées, débordant son flanc droit et placées de manière à couvrir Voltri. Il n'était que six heures
du soir ; on était à demi-portée de fusil ; le combat
qui, sans ces dispositions, eût été inévitable, ne fut pas
engagé, et, dans une entière immobilité, on demeura en
présence. Encore que la fatigue fût excessive, les troupes
avaient repris les armes à trois heures du matin, et il y
avait urgence : car, sans parler des forces à la tête desquelles M. de Mélas suivait et talonnait notre corps de
droite, deux colonnes autrichiennes se portaient sur
Voltri, l'une par le désert de Varaggio et Cogoletto, et l'autre par Ciampani ; mais, marchant sans s'arrêter, le corps
du lieutenant-général arriva par Fajale et Lerca à Arenzano, en même temps que la colonne de gauche, qui se
reployait également sur Voltri, où les troupes composant
ces deux corps furent réunies, et reçurent, en arrivant,
des vivres dont elles avaient le plus pressant besoin, et
des cartouches qui ne leur étaient pas moins nécessaires.

Quant au général en chef, du moment où il eut donné
ses ordres et instructions au lieutenant-général Soult, il
partit pour Gênes où d'autres soins le rappelaient.

28 et 29 germinal (18 et 19 avril).

Voltri ne présentant aucune position susceptible
d'être défendue, du moment où l'ennemi, maître des
montagnes, était en mesure à la Madona-di-Sestri et à
Rivarolo, et suivait avec acharnement notre mouvement
trérogade, il n'est pas douteux que, pour éviter d'être
coupé par des forces aussi supérieures, il aurait fallu
continuer, dès le 28 au matin, le mouvement des deux
divisions sur Gênes. De grands motifs existaient néanmoins pour garder Voltri jusqu'à la nuit ; mais plusieurs
de ces motifs en devenaient pour que l'ennemi ne
nous y laissât pas.

La majeure partie des moulins qui fournissaient les
farines nécessaires à la consommation des troupes et
des habitants de Gênes, se trouvaient en effet à Voltri,
et on venait de porter à ces moulins tout le grain qu'ils
pouvaient moudre dans la journée. Voltri, Pra, Sestri
du Ponant, etc., renfermaient encore quelques grains
que l'on s'efforçait d'évacuer sur Gênes ; enfin, ce qui
dans notre misère avait également une haute importance, les fours de Voltri étaient employés à cuire le
pain nécessaire pour une distribution à faire à toutes
les troupes, et qui ne pouvait avoir lieu que le soir.

Et pourtant une raison plus puissante que toutes celles
que nous venons de présenter, faisait désirer au général
en chef de garder Voltri toute cette journée. Il voulait
en effet conserver dans le Ponant une attitude offensive,
afin d'y retenir les forces de l'ennemi. La nuit venue,

sòn projet était d'embarquer les 3ᵉ et 25ᵉ légères, les 3ᵉ et 106ᵉ de ligne, sur des bâtiments venus de Gênes, et pendant que les autres troupes se reploieraient en toute hâte, de les transporter dans le levant sous l'escorte de notre flottille, de les y débarquer à la faveur d'une attaque que devait exécuter la division Miollis, et, avec cette réunion inattendue de troupes, de se porter rapidement à Porto-Fino, qui, pendant notre attaque par terre, serait bloqué par nos corsaires, et d'enlever un convoi de grains qui venait d'y arriver ; mais ce projet, ainsi que les motifs précédemment indiqués, était subordonné à ce fait, que l'ennemi consacrerait le reste de cette journée à des dispositions, car le moindre combat ne devait pas même nous laisser la possibilité de tenir dans une aussi mauvaise position que Voltri. L'ennemi ne devait donc pas être perdu de vue ; de continuelles reconnaissances devaient nous révéler ses approches, ses moindres mouvements, et, à plus forte raison, devions-nous donner la plus haute importance à tout ce que nous pourrions apprendre sur son compte.

Quoiqu'il en soit, cette expédition du levant, conçue et ordonnée pendant que le général Masséna semblait ne pouvoir plus être occupé que d'assurer sa retraite, et le secret dont elle fut couverte, eussent assuré sa réussite, si l'ennemi, toujours en mesure de prendre l'offensive, avait été moins intéressé à en venir aux mains, et si, de cette sorte, la moindre halte avait pu ne pas nous contraindre à un nouveau combat. Ce fut donc encore une belle pensée sans résultat ; mais quiconque n'est pas assez fécond en inspirations, en ressources,

assez puissant en fait de calculs, pour pouvoir impunément faire de telles pertes, subir de telles fatalités, n'est
et ne sera jamais fait pour commander des armées.

M. de Mélas, au surplus, haletant du désir d'utiliser les
moments que nous lui laissions, résolut de faire les derniers efforts pour empêcher que des troupes qui tant de
fois lui avaient échappé rentrassent à Gênes. En conséquence, les derniers corps dont il jugea avoir besoin
l'ayant rejoint dans la matinée du 28, il forma ses colonnes d'attaque ; deux de ses régiments longèrent la
Marine, et, secondés par le feu de quelques chaloupes
canonnières, abordèrent notre gauche. Quatre régiments, aux ordres de M. de Bellegarde, se portèrent sur
notre centre ; cinq régiments, conduits par M. de Mélas
lui-même, marchèrent par notre droite sur Pra et Sestri, afin d'enlever par leur revers les positions que nous
occupions, et de nous couper toute retraite.

Il y a dans toute opération de guerre trois choses à
distinguer : l'idée, le plan et l'exécution. L'idée de
l'attaque dont il s'agit était très militaire. Commandée,
pour ainsi dire, par les circonstances et les localités, elle
n'avait néanmoins rien d'extraordinaire. Mais si elle
ne provoquait ni l'étonnement ni l'admiration, elle
n'en méritait pas moins une approbation entière. Le
plan ne valait pas l'idée : dans le fait, attaquer notre
gauche et notre centre ne pouvait avoir d'autre effet que
de diminuer nos pertes. Forcer notre ligne était la dernière chose à tenter ; la tourner par sa droite, et se placer entre Gênes et Voltri avec des forces décisives, était
avoir tout obtenu. C'est donc ce mouvement qui devait

s'exécuter avant tout autre, et avec la presque totalité
des troupes réunies sur ce point, parce que, exécuté de
cette manière, notre perte devenait certaine. Cependant M. de Mélas était assez fort pour faire impunément
la faute de nous opposer de front et sur notre gauche,
cinq ou six de ses régiments, et s'il n'en eût pas fait
d'autres, il pouvait encore compter sur un succès complet; mais l'exécution annulla la presque totalité des
résultats qu'il avait dû se promettre de son entreprise.
L'attaque de toute notre ligne, qui ne devait avoir pour
objet que de retarder notre mouvement rétrograde, se
fit avec une vigueur ridicule, et le mouvement de M. de
Mélas, par suite duquel nous ne devions conserver aucune retraite, avec une lenteur inconcevable : en sorte
que, dans un pays où des gorges nombreuses pouvaient
faciliter, couvrir et assurer son mouvement sur Sestri,
ce qui coupait notre ligne d'opération, tout se borna
pour lui à déborder notre droite, ce qui pour nous fut
déjà grave.

Quoiqu'il en soit, *et avant midi*, cette attaque *avait
été annoncée par un déserteur*, et elle commença
à quatre heures du soir. Certes, dans une position
aussi critique que la nôtre, il y eut plus que de la confiance à ne tenir aucun compte de cette révélation, plus
que de l'incurie à ne rien vérifier, plus que de la témérité à ne pas se mettre en mesure, si ce n'est de déjouer ce projet, du moins d'en diminuer les dangers.
Et l'on n'hésite pas à dire que si M. le lieutenant-général était resté à Voltri, toutes ces mesures auraient été
prises.

Nous restâmes en effet dans les positions que nous occupions ; en dépit du rapport de ce déserteur, de l'importance de ce rapport et de la vraisemblance des faits, on n'envoya pas *même une reconnaissance sur notre droite*, et à l'heure dite nous fûmes assaillis de toutes parts.

Notre gauche, composée des 62ᵉ, 63ᵉ et 92ᵉ de ligne, résista quelque temps au double feu des troupes d'attaque et de la flottille ; mais, une fois forcée, elle ne put être ralliée qu'à Sestri.

De notre centre, formé des 3ᵉ, 78ᵉ et 106ᵉ, la 3ᵉ seule tint ferme ; elle soutint en effet le combat le plus disproportionné et conserva sa position jusqu'à la nuit.

Quant à notre droite, où se trouvaient les 3ᵉ et 25ᵉ légères, attaquée et débordée à la fois, elle perdit presque de suite sa ligne de bataille, et tout ce qu'elle put faire se borna à ralentir son mouvement rétrograde sur Sestri, où *Dieu permit* que la totalité de nos corps pût se reployer, mais où les derniers n'arrivèrent que fort avant dans la nuit.

Dans cette lutte, où elles cumulèrent l'infériorité du nombre au désavantage de la position et à de fatales dispositions, plusieurs de nos demi-brigades firent encore des prodiges de valeur.

La 25ᵉ légère, abordée à la baïonnette, résistait à l'ennemi ; mais, voyant son arrière-garde et ses tirailleurs enveloppés, elle se fait jour jusqu'à eux, et, par une charge à fond, les délivre.

La 3ᵉ de ligne, abandonnée par les corps qui flanquaient sa droite et sa gauche, se trouve coupée. Ne pouvant plus recevoir d'ordres, son commandant, le chef de brigade Mouton, ne prenant conseil que de lui-même, résout de tenir jusqu'à la nuit et parvient à exécuter cette noble détermination ; et lorsqu'enfin il juge devoir se reployer, marchant au milieu des ténèbres et à travers des sentiers affreux, combattant à la lueur de la mousqueterie et de quelques torches allumées pour éviter des abîmes, où cependant plusieurs hommes tombèrent, il se fait jour, à la baïonnette, à travers deux lignes ennemies, et rejoint, vers minuit, la division à laquelle il appartient.

La 78e, ralliée sur le mont Armentière, et ayant reçu l'ordre de tenir jusqu'à la dernière extrémité, y soutint jusqu'à la nuit tout l'effort d'un corps autrichien trois fois plus nombreux qu'elle.

A son premier mouvement près, la 106e se conduisit encore dans cette occurrence de la manière la plus brillante. La ligne que tenait cette demi-brigade, dépassée par l'ennemi, celui-ci se porte sur le pont de Sestri, et s'en empare à la faveur d'une attaque aussi brusque que vigoureuse. Toutes les troupes qui se trouvaient encore au-delà de ce pont, semblèrent dès lors perdues, et elles l'eussent été sans la 106e. Mais, aussitôt mise en mouvement et conduite par l'adjudant-général Gauthier, cette demi-brigade engage corps à corps un combat terrible et se rend maîtresse du pont. Non satisfaite de ce succès, qui avait paru *inespérable*, elle s'acharne à la poursuite du corps ennemi qu'elle vient de battre, et elle le fait avec tant d'audace, que, prise en flanc par de nouvelles troupes, ses trois compagnies de grenadiers et les quatre premières compagnies de son second bataillon sont tout-à-coup séparées d'elle et enveloppées ; mais, à l'instant, le reste de ce corps charge et se précipite sur l'ennemi avec une telle fureur qu'il les dégage. Enfin quatre autres charges ayant pour objet de rendre possible la retraite de quelques autres parties de nos troupes, achevèrent d'honorer ce brave corps dans cette circonstance au dernier point critique, et le chef habile et si vigoureux sous les ordres duquel il combattit.

Ainsi qu'il est facile de le penser, ce combat nous coûta beaucoup d'hommes ; l'ennemi en perdit davantage ; mais nous n'en eûmes pas moins des compagnies à moitié détruites et près de trois cents hommes faits prisonniers de guerre, et tout cela grâce à un revers mérité.

Quant à ce désastre, j'ignore, je le déclare, à qui il peut être imputé : les deux divisions actives, c'est-à-dire les deux tiers des troupes disponibles de l'aile droite se trouvant à Voltri, et en présence de l'ennemi et d'un ennemi aussi supérieur en forces, on ne comprendrait pas que M. le lieutenant-général pût ne pas s'y trouver. C'est donc une solidarité que, présent ou absent, il ne peut pas plus décliner que celle de son mouvement du 19 sur Nostra-Signora-del-Aqua. Voltri en effet exerça sur lui une fatale influence.

Réunies à Sestri, nos troupes n'y restèrent que le temps nécessaire pour reformer les corps, et se retirèrent, immédiatement après, à la hauteur du fort Saint-André, où elles prirent position.

Le lieutenant de vaisseau Sibille, commandant les forces navales de l'armée, et qui, vers le soir, avait exécuté avec sa flottille et les transports son mouvement sur Voltri, rentra, vers dix heures, dans le port de Gênes.

Cette journée, de douloureuse mémoire, fut encore marquée par la mort du général de division Marbot, qui, si justement, jouissait dans l'armée d'une haute estime. Il ne put échapper aux ravages de l'épidémie dont il avait été atteint à Savone, et qui désolait tous les pays occupés par cette malheureuse armée d'Italie.

Le lendemain 29, les deux divisions d'expédition passèrent la Polcevera. Pendant cette retraite, la 62e soutint encore un combat fort inégal, sous les ordres du général de brigade Cassagne, et le soutint de manière à commander une mention honorable.

Du commandement de Gênes, pendant les douze jours que dura l'expédition du Ponant.

Pendant que le général en chef et le lieutenant-général Soult avaient exécuté les audacieuses opérations de guerre que nous venons de rappeler, le général de division Miollis, qui, le 18 germinal, prit le commandement des deux divisions chargées de la défense de Gênes et de ses approches, livra également d'honorables combats, et cela en tenant la campagne, quand il pouvait se borner à attendre l'ennemi sous le feu de ses batteries.

Les premières de ces actions eurent lieu dès le 18 germinal ; de notre côté, le général Spital, dans le double but de cacher à l'ennemi le mouvement de la majeure partie

des troupes de la seconde division sur Voltri et de juger
avec quelles forces l'ennemi menaçait la Bochetta, fit
faire, par les deuxième et troisième bataillons de la 2ᵉ de
ligne, une reconnaissance sur Borgo di Fornari, reconnaissance qui de suite fit renforcer le poste de la Bochetta
par trois cents hommes pris dans ces deux bataillons. De
son côté l'ennemi, qui sans doute était informé du ras-
semblement de troupes qui se faisait à Voltri, attaqua toute
notre ligne du nord, en même temps qu'il portait, ainsi
que nous l'avons dit, une de ses divisions à Aqua–Santa.

En effet, à peine le détachement sur la Bochetta
avait-il été fait, que ce ce qui restait de nos bataillons
fut attaqué avec une fureur telle que le régiment Piémontais d'Asti osa charger nos grenadiers à la baïonnette. Cette audace ne fut pas heureuse ; à l'intant le
cri, *En avant !* partit de toutes les bouches, et nos
braves, culbutant tout ce qui leur fit face, tuèrent une
quarantaine de ces Piémontais, et en firent autant prisonniers.

Afin de déborder la Bochetta par ses deux flancs,
l'ennemi réattaqua en même temps Buzalla et les cabanes de Marcarolo. Ce premier poste, important par les
routes qui s'y croisent, fut défendu et conservé par le
premier bataillon de la 2ᵉ de ligne, qui le soir y fut
réunie, à l'exception de ses trois compagnies de grenadiers, parties pour Voltri en exécution des ordres
du général en chef. Quant aux cabanes, attaquées par
2,500 hommes d'infanterie et 150 de cavalerie, et
avec deux pièces de canon, les 300 hommes de la
78ᵉ qui y tenaient poste se retirèrent sur Massone, où

toute cette demi-brigade, qui se trouvait répartie à Rossiglione, à Monte-Alto et à Campo-Freddo, fut réunie
le soir; disposition par suite de laquelle Voltri se trouva
couvert, comme de ce côté Gênes l'était encore par la
Bochetta, Saint-Martin, Buzalla et Cazella.

Quoique nous continuassions à occuper la Bochetta,
son évacuation était résolue, et les 420 hommes de la
5ᵉ légère et les 300 hommes de la 2ᵉ de ligne, qui s'y
trouvaient, n'attendaient que l'ordre de l'abandonner.
Malgré cela, ces troupes s'y maintinrent le 18 toute la
journée, et toute la matinée du 19, contre 1,500 Autrichiens et 500 insurgés. Chaque redoute fut défendue
corps à corps; et, dans ces luttes, les chefs-de-bataillon
Royat et Mauzet, de la 5ᵉ légère, se distinguèrent particulièrement : le premier de ces officiers supérieurs ne
quitta la dernière redoute qu'après qu'elle eût été évacuée par la totalité de ses défenseurs, et se fit jour à
travers un bataillon autrichien, maître du seul chemin
par lequel il pouvait opérer sa retraite; couronnant par
ce fait d'armes tout ce que cette lutte avait eu d'honorable pour nos troupes et de meurtrier pour l'ennemi.

A Campo-Maron, la 8ᵉ légère, que 300 hommes
de la 2ᵉ de ligne et 300 hommes de la 55ᵉ venaient
de renforcer, fut brusquement attaquée par des forces totalement supérieures. Jugée de suite indispensable, la retraite fut ordonnée; mais, pendant qu'elle
s'exécutait, le détachement de la 55ᵉ fut enveloppé
et forcé de se frayer un passage à la baïonnette. L'ennemi avait sur ce point, indépendamment du régiment de Bussy, composé de Français, un régiment au-

trichien, un piémontais et deux bataillons de paysans insurgés.

A Torriglia, où les ordres portaient de se maintenir, l'ennemi échoua complètement, grâce à l'habileté de l'adjudant-général Hector; cet adjudant-général ayant jugé de suite que la force de la colonne autrichienne qui marchait à lui, rendrait une résistance de front trop chanceuse, il ne lui fit face qu'avec un tiers de son monde mais au moment où cette colonne autrichienne abordait sa faible ligne, il la fit charger en flanc par le reste de ses troupes. Cette manœuvre eut un succès complet, et, mis en déroute, l'ennemi laissa trois cents prisonniers entre ses mains.

Ainsi se terminèrent, au nord de Gênes, les combats livrés ou soutenus dans les journées des 18 et 19 germinal. Quant aux troupes laissées au général de division Miollis, y compris celles dont nous venons de parler, mais non compris les garnisons des forts, elles furent toutes rapprochées de Gênes et placées, savoir : celles de la première division sur la droite de la Sturla, celles de la deuxième à Ponte-Decimo, l'une et l'autre fournissant au service de la place de Gênes.

Le 24 germinal, le général Darnaud, qui avait reçu l'ordre d'occuper l'ennemi pour empêcher qu'il ne renforçât ses troupes dans le Ponant, et le général Godesheim, qui, dans le levant, commandait les forces autrichiennes, prirent en même temps l'offensive. D'après les dispositions du premier, sa brigade de droite, aux ordres du chef de brigade Brun, devait attaquer de front le Monte-Faccio, que la brigade de gauche, aux

ordres du chef de brigade Mangin, devait tourner. Déjà
le jour commençait à poindre ; déjà les reconnaissances
partaient pour vérifier ce qui tenait aux positions de
l'ennemi et aux forces avec lesquelles il les occupait ;
enfin les deux brigades se disposaient à se mettre en
mouvement, lorsque le général Godesheim attaqua la
droite de notre ligne. Sept à huit cents hommes se trouvèrent ainsi aux prises avec près de trois mille ; tout ce que
l'honneur, la capacité, le dévouement rendirent possible, fut fait à l'exemple du chef de brigade Brun, qui,
quoique blessé dès le commencement de l'action, ne
quitta pas le champ de bataille. Une plus longue résistance semblait néanmoins devenir impossible, lorsque
250 hommes de la 74ᵉ arrivèrent au pas de course et
contribuèrent à arrêter l'ennemi, que, peu après, ils
forcèrent à la retraite. Conduits par leur chef Mangin,
ils se précipitèrent même à sa poursuite jusque sur le
Monte-Faccio, où, enveloppés de toutes parts, ils ré-
pondirent à la sommation de mettre bas les armes en
s'ouvrant à la baïonnette un passage à travers les troupes qui les avaient tournés.

Par suite de cet avantage, auquel le chef d'escadron
La Villette avait ajouté en chargeant avec une centaine
d'hommes un bataillon autrichien, qu'il força de quitter le Monte-Rati, le général Darnaud se trouvait maître,
ou bien de rester dans les positions qu'il occupait, ou
même de gagner encore du terrain ; mais, avec une sa-
gacité qui mérite d'être signalée, il se reploya en arrière
de la Sturla, la droite à la mer et la gauche au fort de
Richelieu, et, en effet, la presque totalité de ses batail-

lons étaient morcelés, et ceux de l'ennemi étaient réunis. Reformer ses bataillons en présence de l'ennemi pouvait favoriser une attaque féconde en chances menaçantes ; une halte dans cette situation cumulait trop de dangers pour être réputée un repos ; enfin l'inaction, à si peu de distance de l'ennemi, ne pouvait aboutir qu'à faire avancer de nouvelles troupes et organiser de nouvelles attaques, tandis qu'une retraite devait donner au général Godesheim une sécurité et une confiance dont le général Darnaud pouvait encore avoir le temps de profiter. Sans instruction étrangère au métier des armes, sans facilité à s'énoncer et sans formes, le général Darnaud, au dernier point loyal, probe et franc (*), était, dans les bornes d'un commandement divisionnaire, un

---

(*) Il avait commencé par être soldat dans le régiment où Bernadotte servait lui-même comme soldat , et Bernadotte commandait ce régiment alors qu'il forma le noyau de la 30ᵉ demi-brigade de ligne, que Darnaud commanda après lui. Devenu roi de Suède, et se trouvant à Paris en 1814 avec les autres chefs de la coalition, il apprit que Darnaud, alors général de division, y était et le fit appeler. Après quelques jaseries : ... *Allons, Darnaud,* reprit Charles-Jean, *je veux savoir de vous ce qu'on dit de moi dans l'armée Française!*... — *Eh bien,* répondit tranquillement Darnaud qui, comme une chose toute simple m'a conté ce fait qui le met à nu, *puisque vous voulez le savoir, on dit de vous, Sire, que vous êtes un Jean-Foutre!*..... N'a-t-il pas fallu qu'un Darnaud ait été créé et mis au monde, pour qu'une telle réponse ait été faite à un roi? Encore s'étonnait-il de mon étonnement autant que je m'étonnais de sa franchise soldatesque, que je ne puis jamais me rappeler sans rire !

véritable homme de guerre, en ce sens qu'il joignait à la conception de ce que sa position rendait possible, tout ce qui pouvait tenir au choix du moment et au mode d'exécution. Mais de plus, d'une indicible intrépidité, il avait, par la puissance de l'exemple et de sa réputation, celle de commander la bravoure, l'audace même, à tout ce qui se trouvait sous ses ordres. Ses prévisions, au surplus, se vérifièrent de la manière la plus entière dans cette circonstance : en effet, la confiance du général Godesheim le porta non-seulement à suivre notre mouvement rétrograde, à peine avec les deux tiers de ses six mille hommes, mais à attaquer notre ligne en arrivant à elle, et, repoussé, à la réattaquer avec fureur, moment auquel le général Darnaud, ayant reformé sous le feu de l'ennemi trois colonnes d'attaque, reprit brusquement l'offensive.

Notre colonne de droite déboucha de la Marine, celle de gauche du pont de la Sturla ; celle du centre manœuvra entre les deux premières colonnes, non pour agir pour son propre compte, mais de manière à pouvoir soutenir et seconder celle qui aurait besoin de secours ou de renfort. Encore que, de cette sorte, l'ennemi se trouvât attaqué à l'improviste, il commença par nous opposer une assez forte résistance ; mais, abordés avec la plus grande vigueur, ses corps furent culbutés et mis en déroute ; la baïonnette joncha la terre de cadavres, et 350 prisonniers, y compris les blessés, restèrent en notre pouvoir.

Sachant s'arrêter à propos, comme il savait agir, le général Darnaud, mettant fin à ce combat qui lui fit le

plus grand honneur, et qui était le troisième de la journée, rallia ses troupes et reprit ses positions sans être
réattaqué et même sans être suivi.

La dernière des actions soutenues par les troupes
laissées au général Miollis, et dont nous nous sommes
proposé de parler, eut lieu le 27 germinal entre le fort
du Diamant et le Bisagno, et cette fois ce fut l'ennemi
seul qui prit l'offensive.

Son but était de se rendre maître du fort du Diamant,
ou du moins de le bloquer; mais l'adjudant–général
Ottavi, chargé de la défense de cette partie des approches de Gênes, repoussa les trois attaques que l'ennemi
exécuta successivement; il fit même plus, il profita du
désordre dans lequel l'ennemi se reploya après la troisième, pour le poursuivre jusque sur le Monte-Croce,
où il fit une cinquantaine de prisonniers.

Quant au général Miollis, qui, pour mieux suffire à
ses nouveaux devoirs, ne quitta pas Gênes, il y soutint
honorablement un rôle aussi important que difficile :
il coordonna les opérations militaires et les mouvements
des troupes placées hors de Gênes, régla et surveilla le
service de la place, maintint le bon ordre et la discipline,
fit continuer les travaux de défense ordonnés par le général en chef, et entretint avec le gouvernement de la
Ligurie une entière harmonie. Je sais que, sous ces
différents rapports, il fut secondé de la manière la plus
utile par le général Darnaud et autres chefs militaires,
par l'ordonnateur Aubernon, par l'adjudant-général
Degiovani, commandant de Gênes, par M. Corvetto,
ministre de la police, par le consul-général de France,

M. de Berville. Mais il n'en est pas moins vrai que non-seulement le général Miollis suffit à tout, mais encore qu'il mit en parfait état et approvisionna pour quelques jours les forts de Richelieu et du Diamant ; enfin, quoique éloigné de Gênes, le général en chef sembla ne pas l'avoir quitté.

Ainsi, durant cette offensive, mémorable à force d'iné-galité de moyens, et pour ne rappeler que ce qui concerne la guerre, le général Miollis, réduit à peu de troupes, main-tint toute la population de Gênes, manœuvra contre un ennemi constamment supérieur, et par des marches, des contre-marches et de fréquents changements dans la po-sition des troupes, il parvint même à le tromper sur ses for-ces ; livra ou soutint, indépendamment d'une foule d'es-carmouches, les combats en partie meurtriers de Borgo di Fornari, de Buzalla et des cabanes de Marcarolo, de Torriglia, de la Bochetta, de Campo-Maron, du Monte-Faccio, d'Albaro, du Monte-Rati et du fort du Diamant ; fit près de 700 prisonniers à l'ennemi, mit trois fois plus d'hommes hors de combat qu'il n'en eut lui-même, et justifia entièrement la confiance du général en chef. De son côté, le lieutenant-général Soult attaqua et enleva des positions formidables, dont plusieurs couvertes d'ouvra-ges et garnies d'artillerie, et combattit des forces dou-bles ou triples des siennes, notamment en avant de Monte-Moro, à Campo-Freddo, aux cabanes de Mar-carolo, deux fois à Sassello, à l'Hermette et à la Verreria, à Gros-Pasto et à la Moglia ; supporta d'atroces priva-tions, exécuta d'habiles manœuvres, tua ou blessa plus de 4,000 hommes à l'ennemi, prit cinq pièces de canon et sept drapeaux, et fit près de 5,000 prisonniers. Enfin le général en chef, pour faciliter les opérations des lieutenants-généraux Soult et Suchet, alla deux fois, et avec une poignée d'hommes, disputer la victoire jusqu'aux portes de Savone, à un ennemi cinq fois plus fort que lui, et combattit, de la manière la plus disproportionnée, à Varaggio, à Cogoletto et sur le mont de Savone, évènements que la rentrée des troupes à Gênes rendit presque miraculeux, mais que termina ce combat de Voltri, qui, malgré tout ce qu'il eut d'honorable pour les troupes, ne peut cependant être rappelé sans regrets.

30 germinal (20 avril).

Dans cette journée du 30, tous les ouvrages de la place et des dehors furent visités par le général en chef, accompagné à cet effet du lieutenant-général Soult, du général de division Lamartillière, commandant en chef l'artillerie, qui, malgré son âge, se trouva, de jour comme de nuit, partout où sa présence pouvait être utile, et du chef de brigade Marès, commandant le génie, officier distingué, qui, sans argent, en partie sans ressources, n'exécuta pas moins de nombreux et d'importants travaux.

Les travaux indispensables aux forts de la Tenaille et de l'Éperon, et à la grande enceinte, furent ordonnés; les changements à opérer dans le placement des pièces furent faits; un système général de défense fut arrêté, et le corps d'armée de droite reçut une organisation nouvelle.

Il ne forma plus que deux divisions et une réserve : la première division, aux ordres du genéral Miollis ; la seconde, aux ordres du général Gazan, et la réserve aux ordres du général Poinsot.

La division Miollis, où se trouvèrent employés le général Darnaud et l'adjudant-général Hector faisant fonctions de général de brigade, ayant à défendre le plus accessible de nos fronts, fut composée des 3ᵉ et 8ᵉ légères, des 24ᵉ, 62ᵉ, 74ᵉ, 78ᵉ de ligne, fortes de quatre mille combattants. Elle occupa tout le Levant, depuis l'embouchure de la Sturla jusqu'à Gavetto, liant sa défense avec le fort de l'Éperon, ne gardant que le Monte-Venti, et ne couvrant le fort de Richelieu que par des postes.

La division Gazan, forte de 3,300 hommes, forma deux brigades : la brigade Spital, chargée de la défense du fort du Diamant et des Deux-Frères, des forts de l'Éperon et de la Tenaille, fut composée des 55ᵉ, 73ᵉ, 97ᵉ et 106ᵉ ; la brigade Cassagne, chargée de la défense de Saint-Pierre d'Aréna, de celle de la Polcevera jusqu'à Rivarolo, lia sa droite avec les postes de la position des Deux-Frères, et fut composée des 3ᵉ, 5ᵉ et 25ᵉ légères.

La réserve, composée des 2ᵉ et 3ᵉ de ligne, fortes de 1,600 hommes, fut placée à Gênes.

Quant aux ouvrages détachés, le fort de Richelieu fut défendu par les débris de la 43ᵉ demi-brigade de ligne, commandés par le chef d'escadron Donnadieu ; le fort du Diamant, confié au chef de bataillon Bertrand, eut pour garnison la 41ᵉ ; le fort de Quezzy n'eut, faute de pouvoir encore être défendu, ni garnison ni commandant, et ne fut tenu que par des détachements, dont les officiers avaient ordre de presser les travaux ; le fort Saint-Tule, moins important que les autres, était d'ailleurs en trop mauvais état pour qu'on s'en occupât.

Il est sans doute inutile de dire que les compagnies de grenadiers et de carabiniers, qui, pendant l'expédition du Ponant, avaient été détachées de leurs corps, y rentrèrent au moment de cette réorganisation ; mais il n'est pas sans à propos de faire observer que ces deux divisions, cette réserve et les garnisons des forts de Richelieu et du Diamant, ne formant plus que neuf mille trois ou quatre cents hommes, l'aile droite avait perdu, tant par la continuation du ravage des maladies et des privations, que dans les *cinquante-huit combats* qui signalèrent les quinze *premiers jours du blocus de Gênes*, près d'*un tiers* des braves qui, au 15 germinal, la composaient encore. L'ennemi, quoique préservé des maladies et de la misère, avait perdu trois fois plus d'hommes qu'elle.

TROISIÈME PARTIE.

Suite des Opérations militaires.

20 premiers jours de floréal.

Quelque glorieuse qu'ait été l'offensive que le général Masséna venait de soutenir, il n'en restait pas moins frappé de cette pensée que, réduit à la défense de Gênes, il n'avait rien à espérer qui fût digne de lui.

En conséquence, et d'après ce que la répartition des troupes de M. de Mélas autour de Gênes pouvait rendre possible, il avait déjà arrêté un nouveau plan d'opérations consistant à ne laisser à Gênes que le nombre d'hommes indispensable à une défense de pied ferme, ce qui pouvait prolonger la résistance en raison de la diminution des consommateurs ; à former de l'élite de ses troupes un corps d'expédition (*) ; à faire faire, dès le 1er floréal, et à l'approche de la nuit, de fausses attaques sur toute la ligne, et réalisant en partie ce qu'il avait vainement cherché à effectuer à Monte-Notte et sur la montagne de l'Hermette, à profiter de ce moment pour sortir de Gênes et, commandant en personne, foncer à la baïonnette sur tout ce qui s'opposerait à lui, appuyer assez sur sa droite ou sa gauche pour échapper aux principales forces de l'ennemi, gagner dix ou douze heures sur elles, faire de cette sorte une trouée, arriver le plus rapidement possible sur les derrières des troupes faisant face au lieutenant-général Suchet, les prendre à revers, les battre avec son concours, et, ainsi réunis, se porter assez rapidement sur Gênes, arriver devant cette place cinq jours après l'avoir quittée, combattre M. de Mélas à toute outrance, et le forcer à lever le blocus.

(*) Composition et division du corps d'expédition, devant agir sous les ordres directs du général en chef.

FLANQUEURS DE DROITE.

Commandés par le général Cassagne.
3e légère, 2 bataillons de la 25e légère.

CORPS DE BATAILLE.

Commandé par le général de division Gazan, et sous ses ordres par le général Spital.
1er bataillon de la 25e légère, 2e de ligne, 78e, 24e, 62e, plus 200 Polonais et Piémontais.

RÉSERVE.

Commandée par le général Poinsot.
3e de ligne, 97e, 106e.

Mais comment nier qu'il n'y eût du désespoir dans la
persistance qui, pour la troisième fois, faisait tenter
l'exécution de ce projet! Sans doute, cette jonction s'effectuant le 3 ou le 4 floréal à Monte-Notte, le général
Masséna, à la rigueur, pouvait battre M. de Mélas en détail, et le forcer à s'éloigner de Gênes ; mais cette jonction ne se faisant pas ainsi, et le général Masséna ne
parvenant pas de suite à ressaisir la victoire, Gênes était
perdue. En effet, il ne rentrait pas dans cette place, et
dès-lors il ne lui restait qu'à remonter la vallée que,
dix mois auparavant, le général Moreau avait si habilement descendue, et à rejoindre le lieutenant-général Suchet par le col de Tende ou par Saluces. Mais en admet-
tant que le général Mélas n'ait pas suivi le général
Masséna l'épée dans les reins, que le général Elsnitz, attaqué de flanc et de front par le général en chef et par
le lieutenant-général Suchet, ait pu être battu, et que
l'on soit victorieusement revenu sous les murs de Gênes,
il n'en fallait pas moins quinze ou vingt jours pour cette
opération, et le nombre d'hommes qu'on aurait pu laisser dans cette place ne l'aurait pas défendue huit jours
contre les attaques de terre (*), le feu des flottes, et la
famine des habitants. Les éventualités étaient donc au

(*) Le 2 ou le 3 floréal, l'ennemi cût été le maître des Deux Frères, du fort de Quezzi et des hauteurs d'Albaro ; le 4 ou le 5, des
batteries de siéges y eussent été établies ; le 6 ou le 7, l'enceinte
extérieure eût été ruinée au nord et à l'est ; et défendre les brèches, repousser les assauts et les escalades , contenir des habitants affamés, jusqu'au 8 ou au 9, cût déjà été un grand effort !

dernier point menaçantes, et échouer était perdre de
suite une place de la plus haute importance, un matériel immense, et huit à neuf mille Français, y compris
les hôpitaux et les employés, et ne laisser du siége et
blocus de Gênes qu'un vague et insignifiant souvenir.
Mais enfin une chance de salut existait dans l'exécution
de cet audacieux dessein ; hors de là il n'en restait aucune de favorable : de cette sorte, la gravité de la situation,
l'importance de la réussite, faisaient presqu'un devoir de
tout tenter. Quant au général Masséna, et même dans
le cas où la place Gênes aurait été perdue, se retrou-
vant en campagne à la tête d'un corps nombreux, il n'en
était pas moins en mesure d'influer utilement sur le résultat de la campagne de l'armée de réserve, et de nouveau il aurait fait retentir du bruit de sa renommée et
les rives du Tanaro et celles de la Bormida. Observons
même qu'en opérant dans la partie sud-ouest du Piémont, il se trouvait agir conformément aux dernières
instructions que le ministre de la guerre Carnot avait été
chargé de lui transmettre, et que l'ennemi avait inter-
ceptées (*). Mais déjà le lieutenant-général Suchet avait
quitté Finale, se reployait sur le Var, et avait quatre
grandes marches d'avance sur les troupes avec lesquelles
le général en chef se disposait à quitter Gênes, et cette
nouvelle, qui heureusement parvint à Gênes dans la

(*) Voir, 2ᵉ volume, pièce nᵒ 3 ; Dépêche du 19 germinal. Signée
Carnot.

journée du 1er floréal, ne laissant au général Masséna d'espoir, de ressources qu'en lui-même, il ne s'attacha plus qu'à se fortifier dans ses positions, à faire continuer la recherche de tout ce qui, à Gênes, pouvait se trouver en moyens de subsistance, et à mettre la plus grande économie dans l'emploi de ceux que l'on possédait.

Pour le premier de ces objets, il appela les habitants de Gênes au maintien du bon ordre et à la défense de leur ville, leur faisant même partager avec les troupes le service des postes de Gênes. Chacun des corps de la garnison, chaque bataillon de la garde nationale, chaque canonnier bourgeois ou de la ligne, eurent leurs places dans les ouvrages ou dans les batteries. Des places d'alarme furent également déterminées ; les réfugiés italiens restés à Gênes en contravention aux ordres, et deux cents Polonais et Piémontais, réunis sous le commandement du chef de bataillon Rossignol, formèrent un lambeau de légion ; mesures par suite desquelles le général en chef eut la presque totalité de ses forces disponibles. Mais, indépendamment de ces dispositions, il ordonna que, par des inspections journalières, on s'assurât que les cartouches étaient toujours au complet, que l'on travaillât sans relâche à la réparation des armes en mauvais état ; que les batteries, et notamment celles qui défendaient les approches du port, fussent inspectées chaque jour ; que tous les matins, à une heure, un de ses aides-de-camp se rendît auprès du lieutenant-général Soult, pour revenir en toute hâte lui rendre compte de ce qu'il pourrait y avoir de nouveau ; enfin que ses adjudants-généraux (*) et aides-de-camp passassent la nuit dans son salon, ayant à la porte chacun un cheval sellé.

Pour le second objet, et quant aux denrées, il fit acheter tout le grain que l'on put trouver à Gênes, et activa la recherche de tout ce qui y existait en matières de nature à servir à la subsistance des troupes ; de même que pour se procurer quelques vivres du dehors, il écrivit en Corse, à Marseille et au lieutenant-général Suchet ; enfin il se fit remettre l'état de tous les chevaux existant dans la place. Quant aux fonds, il fit employer à faire face aux plus urgents besoins tout ce qui restait dans quelques caisses publiques.

Pour le troisième, il établit la surveillance la plus sévère sur la manutention et la distribution du pain, et ordonna que, chaque jour, chacun des corps de l'aile droite adressât à l'adjudant-général Thiébault un rapport sur les distributions qui lui avaient été faites.

Afin d'en imposer aux mal intentionnés, de stimuler les faibles, de récompenser les braves, de châtier les lâches, il eut recours à quelques promotions et destitutions, et, de cette sorte, le chef de brigade Cassagne fut fait général de brigade, et le chef de brigade commandant la 5e légère, qui, à la Bochetta avait parlé de se rendre et, sous un prétexte de maladie, avait quitté son poste,

---

(*) Reille en mission, Campana blessé, restaient Gaulthier et Thiébault.

fut destitué ; enfin il trouva moyen de donner deux louis de gratification à chaque officier blessé.

En lui annonçant que le général Suchet avait été battu et forcé à se retirer sur le Var, le feld-maréchal de Mélas avait adressé au général Masséna les offres d'une capitulation honorable, offres auxquelles il répondit : *Je n'en suis pas là, général; et le général Suchet eût-il été battu, ce que j'ai beaucoup de peine à croire, il me resterait assez de troupes pour défendre Gênes et pour le venger.*

A l'exception de la reprise du Monte-Rati par le premier bataillon de la 78ᵉ, ces deux jours se passèrent sans évènements de guerre. Le 2 floréal, néanmoins, on annonça que l'ennemi préparait une escalade. Les mesures consistèrent à recommander une surveillance plus active, à placer quelques réserves sur les remparts, à rassembler toutes les grenades existant dans les arsenaux, et à prescrire que, dès le jour, les soldats chargés de la défense de la place et des forts fussent exercés à en faire usage. Mais encore, et dans le but d'accélérer la marche des affaires et d'assurer la prompte exécution de toutes les mesures arrêtées, ces deux jours furent-ils employés par le général en chef à créer une commission spéciale, prise dans le sein même du gouvernement, commission qui, de suite formée, siégea au quartier-général ; et cependant, pour laisser aux Gênois l'exercice, ou, si l'on veut, l'apparence du pouvoir, le gouvernement demeura chargé de la sanction des arrêtés de cette commission.

C'est au surplus à ce moment que le général Mas—

séna commença à recueillir le fruit de sa conduite politique, militaire et administrative. La manière dont chacune de ses actions avait été caractérisée, ce qu'il avait
fait, et plus encore ce qu'il avait cherché à faire,
l'expédition si audacieuse qu'il terminait, le brillant
combat qui l'avait précédée ; tout, en un mot, l'avait
tellement entouré d'estime et d'admiration, que, par
l'effet de l'opinion, il se trouvait avoir une force morale
qui le mettait en état d'exécuter, pour le salut de Gênes
et de l'armée, tout ce qui, humainement, était possible.
Aussi son influence, pendant les soixante jours de ce
blocus, fut telle, qu'elle s'étendit à tout, valut à l'armée une force supérieure à celle qui résultait du nombre de ses soldats, fit découvrir et livrer tout ce qui
existait en comestibles, donna à une population nombreuse, et qui ne pouvait attribuer ses malheurs qu'à
nous, une résignation qui, de la part d'étrangers, n'a
pas eu d'exemple ; enfin elle fit supporter à des troupes
épuisées, des fatigues inouïes, une nourriture insuffisante
et malsaine, le dénûment, la misère et tous les maux
qui l'accompagnent.

L'on peut dire du général Masséna que, pendant ce
terrible blocus, il se multiplia, qu'autour de lui il créa
tout, et que dans le nombre des problêmes qu'il laissa
à résoudre, se trouve celui de savoir comment, dans un
pays où, avant le blocus, il n'y avait souvent pas des vivres pour trois jours, il s'en trouva pour soixante pendant le blocus le plus rigoureux ; de même qu'il retrouva
des guerriers, des héros, dans des soldats qui semblaient
ne pouvoir plus supporter une marche. L'homme ordi-

naire admirera ces faits sans les comprendre ; l'homme borné voudra douter de ce qu'il ne pourra concevoir ; l'homme jaloux d'une si belle gloire taxera d'exagération ce qui blessera son orgueil, tandis que l'homme judicieux et loyal, respectant des faits cent fois avérés, reconnaîtra dans ces résultats les effets d'une haute capacité, d'un entier dévouement et d'une héroïque énergie.

Quelques désordres commis par des soldats français donnèrent lieu à l'ordre du jour suivant :

Soldats,

« Des plaintes relatives à des voies de fait, et à des pillages commis par plusieurs d'entre vous, viennent de de m'être portées.

« Dans toutes les circonstances, de tels actes seraient des délits ; dans celles où se trouve l'armée, ce sont des crimes, puisqu'ils compromettent des braves et aggravent encore les maux que la guerre fait déjà si cruellement peser sur les habitants de la Ligurie.

« Soldats, faire respecter les propriétés et punir ceux qui y porteraient atteinte, sont pour moi des devoirs égaux, et ces devoirs, je les remplirai.

J'ordonne donc que tous les effets volés soient restitués ; que les auteurs de ces vols soient arrêtés et traduits devant une commission militaire ; que les officiers commandant les compagnies cantonnées dans les villages de Bisagno et Castello, soient mis aux arrêts forcés, et qu'ils soient destitués, si, dans les vingt-quatre

heures, ils n'ont retrouvé les effets et désigné les coupables.

« Soldats dont la carrière militaire se compose de
bravoure, de privations, de vertu, ce n'est pas à vous
que je m'adresse : je ne signale ici que quelques misé-
rables qui déshonorent nos rangs et ne servent que nos
ennemis.

Signé, MASSÉNA.

Les coupables faisant partie des troupes que commandait le général Poinsot, il reçut l'ordre de faire de
son côté les recherches les plus actives pour découvrir
les auteurs et fauteurs de ces délits.

3, 4, 5, 6 floréal.

Le 3 floréal, M. de Mélas tenta l'enlèvement des troupes chargées de la défense de Saint-Pierre d'Arena.

Son plan fut exécuté avec audace ; mais la valeur française et la présence d'esprit d'un seul homme firent
tourner cette entreprise à la gloire de nos armes. En
effet, une heure avant le jour, tout le régiment de Nadasti passa la Polcevera. Il fila entre Saint-Pierre d'A-
rena et Rivarolo, coupa la retraite à la 5e légère tenant
ce dernier poste, la sépara des 3e et 25e légères qui occupaient le premier, pénétra par les jardins dans Saint-
Pierre d'Arena, força les gardes qui se trouvèrent sur
sa route, surprit le premier bataillon de la 3e, ainsi que
le premier et le troisième de la 25e, les rejeta sur les

hauteurs qui dominent la porte de la Lanterne, et profita de ce moment d'avantage pour prendre à revers le deuxième bataillon de la 25ᵉ, en position sur la plage. Trois officiers de ce bataillon étaient déjà au pouvoir de l'ennemi lorsque le général Cassagne, arrivant en toute hâte, chargea à la tête de ses deux premiers bataillons. Déconcerté par ce mouvement, le colonel de Nadasti et un aide-de-camp de M. de Mélas demandent au capitaine Chodron, l'un de leurs prisonniers, le chemin le plus court pour regagner le pont de Cornigliano. Il leur indique un jardin, et ils s'y jettent suivis de 450 hommes; mais à peine y sont-ils que le capitaine Mongenot, le lieutenant Henrion, le sous-lieutenant Gautheret, et Boulogne, chasseur, s'emparent de la porte, et aussitôt rejoints par le capitaine La Coste et trente hommes de la 3ᵉ légère, ils crient : *Bas les armes !... — Oui, Messieurs*, dit aussitôt le capitaine Chodron changeant de rôle, *c'est vous qui êtes maintenant mes prisonniers*.

L'ennemi laissa 60 morts dans Saint-Pierre d'Arena ; nous perdîmes dans cette échauffourée 40 hommes pris et 35 tués ou blessés.

Le chef de brigade Godinot, commandant la 25ᵉ, s'étant trop avancé pour reconnaître l'ennemi, fut pris au début de l'affaire, et échangé le surlendemain contre le colonel du régiment de Nadasti.

Cette attaque de Saint-Pierre d'Arena détermina le lieutenant-général Soult à faire donner au général Cassagne des instructions sur la manière de se mettre en mesure contre une nouvelle tentative de cette nature (T) ; celle-ci fut du reste combinée avec une autre que l'ennemi fit faire par les chasseurs d'Aspres sur la position des Deux-Frères, que défendait la 97ᵉ de ligne, et d'où, après une heure de combat, l'ennemi fut repoussé avec perte.

Le même jour, le général Miollis fit exécuter de fortes reconnaissances sur la gauche de la Sturla et même du Bisagno. Ces reconnaissances, qui avaient pour but de suivre différents mouvements faits par l'ennemi, donnèrent lieu à des combats assez vifs et coûtèrent quelques braves.

Le 4, le général en chef, toujours pressé de tenir le Premier Consul au courant de sa position, profita d'une nuit sombre pour lui expédier un nouvel officier, mission qui, d'après les instances de M. le lieutenant-général Soult, fut confiée à son aide-de-camp, le chef d'escadron Franceschi.

Un réglement ayant pour objet de compléter ce qui tenait à la police de la place, fut publié par le général en chef (V).

Vers midi, un parlementaire anglais entra dans le port de Gênes, apportant au général Masséna une sommation rédigée dans les termes les plus honorables; et de suite un ordre du jour fit connaître aux troupes et aux habitants, et cette sommation et la réponse bornée à ces huit mots :

Gênes sera défendue jusqu'à la dernière extrémité !

MASSÉNA.

Le 5, et sur le rapport des généraux Spital, Gazan

et Soult, le général en chef destitua et fit enfermer un officier supérieur, pour s'être permis des propos de nature à décourager les troupes.

Un rapport du général Cassagne portant que l'ennemi faisait toutes les démonstrations d'une prochaine escalade, la moitié des troupes chargées de la défense de Gênes et de ses ouvrages avancés eut ordre d'être sous les armes à minuit, et le surplus à deux heures du matin.

L'arrivée d'une dépêche du général de division Oudinot mit le général en chef à même de publier les nouvelles suivantes :

« Le général Oudinot, chef de l'état-major-général de l'armée, est arrivé auprès du lieutenant-général Suchet.

« Il est faux que le général Suchet ait été battu : il a repoussé l'ennemi, et au lieu d'avoir perdu 1,000 hommes à la dernière affaire, il a fait 300 prisonniers. Il a reçu et il reçoit des renforts de France.

« Les armées du Rhin et de réserve ont dû se mettre en mouvement du 10 au 20 germinal ; celle du Rhin est forte de 150,000 hommes, celle de réserve de 70,000. L'armée de réserve entre en Italie par la vallée d'Aost.

« Le mont Cenis est repris par l'aile gauche de l'armée d'Italie.

« La forteresse de Savone est approvisionnée pour un mois.

« Le général Carnot est ministre de la guerre ; le général Berthier commande l'armée de réserve.

« L'ennemi a voulu la guerre : les armées françaises ouvrent la campagne avec un développement de forces tel, qu'il doit, par la victoire, le forcer d'accepter la paix !

« Habitants de Gênes, l'armée d'Italie, ferme dans la résolution de vous défendre, hâte l'époque de votre délivrance! Persévérez avec elle, et avant 15 jours, l'ennemi aura évacué la Ligurie. »

Les 4, 5 et 6 floréal n'offrirent aucun fait de nature à être relaté. On conçoit néanmoins que le désir de connaître les positions, la force et les mouvements de l'ennemi, nous faisait faire de continuelles reconnaissances, et que l'ennemi, intéressé à nous cacher ses dispositions, à resserrer notre ligne, à nous empêcher de l'observer de trop près, cherchait parfois à nous faire évacuer quelques postes, et s'opposait à nos mouvements autant qu'il le pouvait. De là, des escarmouches fréquentes; mais encore que plusieurs de ces petits combats, et notamment celui que la 5e légère livra le 6 près de Ponte-Decimo, aient été honorables, brillants même, ils sont, faute de résultats, à peine de nature à justifier cette vague mention.

Différents ordres nouveaux et relatifs à la défense de Gênes, en cas d'attaque de nuit, furent donnés le 6, et complétèrent ceux qui, dans ce but, avaient été donnés la veille.

7, 8 et 9 floréal.

Par le contenu des dépêches reçues, nous connaissions depuis plusieurs jours la création et les mouvements de l'armée de réserve. Différents rapports annonçaient des marches et des contre-marches de la part de l'ennemi, et ces bruits, ces nouvelles, déterminèrent le général en chef à faire exécuter, le 7, plusieurs fausses attaques !... La première fut faite vers l'embouchure de la Polcevera, par le chef de brigade Godinot, commandant le 2ᵉ bataillon de la 25ᵉ légère ; la deuxième fut faite par le général Cassagne, commandant les 1ᵉʳ et 2ᵉ bataillons de la 3ᵉ légère, sur la position qui domine Cornigliano ; la troisième fut faite en avant du Diamant, par le chef de la 97ᵉ, commandant 300 hommes de sa demi-brigade. Chacun de ces chefs débuta sans doute par faire reployer les premières troupes de l'ennemi, mais ils furent bientôt arrêtés par des forces tellement disproportionnées, qu'il n'y avait plus rien à entreprendre, notamment au centre, où l'ennemi fit démasquer quinze pièces de canon qui, dans tous les sens, battaient la rivière et les routes qui conduisent à Cornigliano. Quant au général en chef, qui avait suivi l'attaque du centre, du moment où il eut vérifié ce qu'il voulait savoir des forces, des positions et des moyens de défense de l'ennemi, au nord et à l'ouest de Gênes, il fit rentrer les troupes.

Quelques déserteurs s'étant accordés à dire qu'il se trouvait dans l'armée austro-sarde un grand nombre de Français, d'Italiens, de Polonais, mécontents de leur position, une proclamation les provoqua à la désertion. Rédigée en français, traduite et imprimée par colonnes en français, en italien et en polonais, elle fut confiée à des espions chargés de la répandre dans l'armée ennemie... Mais que pouvait-on espérer d'un appel à partager une position aussi atroce que la nôtre!

10 floréal.

Le 10 floréal ne pouvait manquer d'être consacré par une grande lutte. Le général Mélas et le général Masséna avaient l'un et l'autre résolu de combattre. Le premier, pour ébranler le moral de nos troupes par un grand succès, pour hâter notre reddition, voulait s'emparer 1° d'Albaro, d'où il lui était possible de bombarder Gênes, et dont il avait besoin pour appuyer sa gauche; 2° du fort de Quezzy, indispensable comme appui du centre de sa ligne et favorable à l'établissement de nouvelles batteries; 3° enfin, de la position des Deux-Frères, nécessaire comme appui de sa droite. Le général Mélas voulait en effet tirer le plus grand parti possible du temps dont la marche de l'armée de réserve lui permettait encore de disposer; et à tout prix, le général Masséna voulait mettre l'ennemi dans l'impossibilité de former aucun détachement contre l'armée de réserve, ajouter sans cesse à ses pertes, ne lui laisser que d'inévitables répits, pendant que les défenseurs de Gênes pouvaient encore être sustentés, profiter enfin de ces grandes sorties, pour devoir à l'enlèvement de quelques vivres la possibilité de prolonger cette *défense offensive*. Dans ce double but, et avec un secret égalelement gardé de part et d'autre, le général Masséna se disposait à agir dans le Ponant (X), et le général Mélas, dans le nord et le levant. L'un avait rendu disponible l'élite de ce qui lui restait de troupes ; l'autre avait réuni la totalité des corps qui se trouvaient à portée de Gênes. Tous deux devaient attaquer à deux heures du matin ; mais, heureusement pour nous, les Autrichiens furent les premiers prêts, et si nous dûmes à cette circonstance le bonheur de ne pas éloigner de Gênes une forte partie des troupes qui allaient être si nécessaires à sa défense, l'ennemi y gagna d'avoir, pendant treize heures, l'initiative de toutes les opérations de cette journée.

Et en effet, deux heures n'étaient pas sonnées, que le lieutenant-général rassemblait ses troupes et formait ses colonnes, lorsqu'une vive fusillade s'engagea en avant des Deux-Frères (*). La 97e la soutint avec vigueur ;

(*) Ces deux mamelons de forme pyramidale, séparent et dominent le fort du Diamant et celui de l'Éperon. Maître de ces points, rien ne pouvait empêcher l'ennemi de s'approcher des remparts, de se frayer, au moyen de la sape, un passage jusqu'à l'enceinte extérieure, et de se rendre également maître de cette enceinte, sans laquelle la ville, construite sur une pente rapide, et que la mer n'interrompt pas, n'est plus susceptible de défense. Ils offrent même cet **autre grand et double avantage** de ne plus permettre de mouvements **dans le nord**, et de mettre à même de prendre en flanc, ou même de revers, les positions qui avoisinent Gênes à l'est et à l'ouest.

mais tous les efforts de cette demi-brigade suffirent à peine pour conserver cette position, et à trois heures cette fusillade se ralentit.

Avant quatre heures du matin, toute notre ligne du Ponant est attaquée, (*) et cette nouvelle action commence par le feu de toutes les batteries de la Coronata et de six chaloupes canonnières, prenant en flanc les retranchements de la marine que défendait le 2e bataillon de la 25e légère.

A cinq heures, les avant-postes de la 5e légère sont obligés de se replier sur Rivarolo. A six heures, l'ennemi attaque avec acharnement les retranchements que les carabiniers de cette demi-brigade défendaient à l'entrée de ce village : repoussé, il revient à la charge et, après une perte considérable, est une seconde fois forcé à la retraite.

A six heures, l'ennemi apparaît sur toute notre ligne du levant. Partout il présente des colonnes d'attaque soutenues par de nombreuses réserves. Il nous repousse sur presque tous les points, et faisant descendre du Monte-Faccio des forces considérables, il nous enlève le Monte-Rati, bloque le fort de Richelieu, et, après trois heures de combats, s'empare du fort de Quezzy, dont la re-

---

(*) Ces dispositions rappellent M. de Schulenbourg : c'est ainsi que, le 13 juin 1746, il attaqua M. de Boufflers défendant Gênes ! Ce souvenir provoque un rapprochement : en 1800, les Autrichiens firent en une matinée ce qu'en 1746 ils devaient exécuter en deux jours ; en 1800, le général Masséna fit en trois heures ce qui devait en coûter 48 à M. de Boufflers !

construction était à peine commencée, et que défendaient 350 hommes de la 78e.

Maître de ces positions, il tente l'enlèvement de la Madona del Monte ; mais le chef de brigade Wouillemont, qui y avait rallié les débris de la 73e, résiste à tout ce que peut entreprendre un ennemi très supérieur en nombre ; il repousse même une charge exécutée à fond, à la faveur d'un brouillard épais, tue à l'ennemi beaucoup d'hommes, parmi lesquels se trouvent un colonel et cinq officiers autrichiens, et conserve sa position.

Dans le même temps, l'ennemi se porte sur Saint-Martin d'Albaro. Parvenu dans les premières maisons de ce village, il soutient par un feu de croisées, nourri et meurtrier, le feu de ses tirailleurs. Nos troupes s'ébranlent ; le général Darnaud lui-même cesse d'être entendu, et son intrépidité, toujours d'un si puissant effet, n'offre plus qu'un exemple inutile. C'est à ce moment que le général en chef qui, parcourant sans cesse sa ligne de toute la vitesse de son cheval, ne peut jamais se faire attendre là où sa présence est nécessaire, et qui souvent s'y porte comme par inspiration, arrive suivi de l'adjudant-général Thiébault à qui il ordonne aussitôt de se joindre au général Darnaud afin d'arrêter une tiraillerie qui devenait générale, et qui chez nos troupes est toujours un présage fâcheux, de faire rentrer les tirailleurs dans leurs compagnies respectives, et de renforcer la réserve... Enfin, il fait prendre aux troupes une position plus resserrée, et ordonne de brûler la cervelle à quiconque tirera un coup de fusil ou fera un pas ré-

trograde!... Ces dispositions, exécutées avec ponctua-
lité et promptitude, rétablissent l'affaire au point que
l'ennemi, qui avançait malgré le feu le plus vif et à la
vue de beaucoup d'hommes, s'arrête à l'instant où le
feu cesse et où il ne voit plus de troupes s'opposer à
ses progrès, évacue même Saint-Martin d'Albaro, et, en
ralliant ses corps, prend position en arrière de ce village; résultat naturel de deux causes : le rétablissement
de l'ordre parmi nos troupes, ce qui, pour l'ennemi,
doublait les obstacles, et la crainte que nous nous dis-
posassions à charger.

Vers neuf heures du matin, et à la faveur d'une attaque aussi brusque que vive, l'ennemi enlève à la 97e la
position des Deux-Frères et bloque le fort du Diamant,
dont quatre fois il somme le commandant de se rendre (Y).

A dix heures, un bataillon autrichien passe la Polcevera à la droite de Saint-Pierre d'Arena, rejette sur
les hauteurs le 1er bataillon de la 3e légère qui était en
position sur ce point, et, soutenu par le feu de plusieurs autres bataillons et des batteries de la Coronata,
pénètre dans ce village jusqu'à l'embranchement des
chemins ; mais, à ce moment, il est chargé par le chef
de brigade Godinot qui, à la tête du 3e bataillon de sa
demi-brigade, l'aborde, tue tout ce qui lui fait face,
et, en lui faisant vingt prisonniers, le rejette sur la
droite du torrent de la Polcevera.

De son côté, la 24e de ligne, placée entre le fort de
l'Éperon et le Bisagno, soutient avec un véritable
avantage les efforts d'un ennemi trois fois plus nom-

breux, et finit même, en lui enlevant le pont de Carega, par lui faire 50 prisonniers.

Enfin, et pendant que toute cette vaste circonférence servait de théâtre à ces nombreuses luttes, pendant que pour former le blocus du fort de Richelieu deux batail-lons autrichiens se plaçaient entre Gênes et ce fort, la flotte anglaise rasait les côtes, soutenait une vive canonnade avec nos batteries, et tirait sur la ville pour exciter le peuple à la révolte.

Tels furent les combats successifs et simultanés que l'ennemi nous livra, et pendant lesquels, malgré la pluie la plus abondante, le feu ne fut interrompu sur aucun point. Douze bataillons dans le Ponant, 25,000 hommes au nord et dans le levant, furent employés à ces opérations, d'après la déclaration des officiers autrichiens faits prisonniers dans cette journée; et si l'on considère que, dans un pays aussi montueux, aussi coupé, il était également difficile que deux colonnes se secourussent, ou que la même colonne prît part à plus d'une attaque, ce nombre d'hommes ne paraîtra pas extraordinaire pour des actions aussi multipliées et aussi vigoureuses!

Aux premiers coups de canon, le général Masséna s'était porté à la batterie de la Lanterne. En un moment il avait jugé qu'il s'agissait d'une affaire générale, et que le Ponant ne servirait pas de théâtre aux principales entreprises de l'ennemi. D'une part en effet, les nombreuses attaques exécutées dans le Ponant dès la pointe du jour, ainsi que le feu redoublé des batteries de terre et de mer, indiquaient trop évidemment le désir de nous faire porter de ce côté nos réserves; de l'autre, les développements de troupes et les manœuvres que le nord et le levant rendent possibles, ainsi que les différents points qu'à de plus ou moins grandes distances nous étions forcés d'y occuper, étaient trop favorables à l'offensive, pour ne pas être préférés par un ennemi qui, partout, pouvait agir avec trois fois plus de troupes que nous! Le général en chef quitta donc la batterie de la Lanterne, et se portant avec rapidité à la Porte Romaine, ordonna que les troupes rassemblées par M. le lieutenant-général fussent dirigées, mais comme réserves, au nord et au levant, où, du reste, elles ne prirent part à aucune des actions dont nous venons de parler.

Lorsqu'à travers tant d'attaques différentes, de démonstrations, de mouvements, le général en chef se fut convaincu que le but de l'ennemi était de conserver, au-delà de la Sturla, la position qu'il venait de conquérir, de se maintenir dans le fort de Quezzy, de s'assurer la possession des Deux-Frères et de nous enlever encore la Madona del Monte, d'où il nous forçait d'évacuer Albaro, il résolut de profiter de la fatigue des Autrichiens qui, en grande partie, à travers les montagnes et par la pluie, marchaient depuis vingt-quatre heures et combattaient depuis plus de douze, ainsi que de la sécurité que notre retraite et le temps qu'il faisait devaient inspirer à l'ennemi, pour l'attaquer à son tour, reprendre les positions qui nous avaient été enlevées et faire tourner contre M. de Mélas ses propres entreprises. Cette résolution était audacieuse; mais à la guerre, que serait le génie sans l'audace?... Quant au général Masséna, auquel l'inspiration nécessaire ne manquait jamais, excité par une insatiable ardeur de gloire, il ne désespérait pas; aussi, et sur un mot relatif à la gravité de notre position..... *Je suis ici*, s'écria-t-il, *Soult est aux Deux-Frères, et la victoire nous restera.*

D'après les dispositions immédiatement arrêtées, le lieutenant-général, ayant comme réserve la 73e, qui avait été relevée à la Madona del Monte, la 106e et le 3e bataillon de la 3e de ligne, reçut l'ordre de continuer à diriger au nord les opérations de la 2e division; de même que le général en chef, ayant comme réserve la 2e de ligne et les 1er et 2e bataillons de la 3e, continua à diriger au levant les opérations de la première division.

Mais avant de rien entreprendre contre le centre et la droite des corps ennemis qui lui faisaient face, le général Masséna jugea devoir ébranler sa ligne en lui enlevant son point d'appui de gauche, et dans ce but, profitant de la cessation d'une pluie abondante, il fit donner au général Darnaud, qu'un bataillon de la 2e de ligne venait de renforcer, l'ordre d'enlever la position qu'un corps ennemi occupait au-dessus de Saint-Martin d'Albaro, et (ce corps mis en déroute) de se reployer rapidement sur la colonne autrichienne qui avait passé la Sturla, de l'assaillir par les derrières et de lui faire mettre bas les armes.

Ce mouvement, que le général Darnaud exécuta avec autant de talent que de vigueur, eut le succès désiré, nous valut 400 prisonniers, et mérita à ce général l'admiration de l'armée et l'approbation de son chef.

Il était trois heures et demie du soir; notre droite se

trouvait appuyée; il restait à reprendre le fort de
Quezzy, appui du centre de notre position dans le levant; en conséquence, le général en chef chargea
l'adjudant-général Thiébault de porter au colonel Mouton l'ordre d'attaquer ce fort avec les deux bataillons
de sa demi-brigade (3ᵉ de ligne), faisant partie de la
réserve du général en chef (*). Mais, quelle que soit la
vaillance, il est des obstacles tels qu'un premier élan
ne suffit pas pour les surmonter. Les Autrichiens, en
effet, disputèrent avec acharnement les approches du
fort de Quezzy. Une mêlée de plusieurs minutes eut
lieu entre deux forts bataillons hongrois et les deux faibles bataillons de la 3ᵉ de ligne. La victoire, cepen-

---

(*) Voici un de ces faits qui est et restera extraordinaire, malgré
tant d'exemples au nombre desquels je citerai Mazas, cet intrépide colonel du 14ᵉ de ligne, tué sous mes ordres à Austerlitz, et
qui, la veille de cette bataille, et pour la première fois de sa vie,
avait fait son testament; et ce pauvre Lasalle, ce brave des braves,
pour qui une bataille était une fête, et qui, montant à cheval le
dernier jour de la bataille de Wagram, dit : *Je serai tué aujour-
d'hui!* et peu d'heures après il n'existait plus! Quant au colonel
Mouton, au moment où je venais de lui transmettre l'ordre du général en chef : *Vous m'apportez-là*, me dit-il, *un fichu ordre!—Mais
pas plus*, lui répondis-je, *que ceux qui vous ont mis à même de
fonder votre réputation!* — *Non*, reprit-il en fronçant le sourcil,
vous m'apportez un fichu ordre!... Et ayant appelé un domestique
qui le suivait, il ôta l'habit neuf qu'il avait, en mit un de re-
change, remit à ce domestique sa bourse et sa montre, et partit!...
un quart-d'heure après, on le rapportait ayant le bras et le corps
traversé par une balle, et on le jugeait blessé mortellement.

dant, allait couronner les efforts de nos braves, lorsque le colonel Mouton tombe grièvement blessé, et ce malheur détermine la retraite de nos troupes.

A l'instant, le général en chef, qui n'avait plus en réserve que deux bataillons de la 2ᵉ de ligne, ordonne au général Miollis de se mettre à la tête du premier et de se diriger sur la droite de ce fort, et à l'adjudant-général Thiébault de se porter, avec la première moitié du second de ces bataillons, et au pas de charge, sur le fort même et de l'enlever à la baïonnette, pendant que l'adjudant-général Hector, commandant ce qui restait de la 78ᵉ, dépasserait ce fort par sa gauche, et que les deux bataillons de la 3ᵉ de ligne, ralliés par le général Poinsot, continueraient à soutenir dans une position intermédiaire le choc redoublé des ennemis.

Le mouvement de l'adjudant-général Thiébault, le plus direct, donna lieu à un combat acharné ; l'ennemi, chargé avec vigueur, se défendit en désespéré ; trois fois refoulé sur le fort, il repoussa trois fois cette faible colonne ; trop près pour faire usage des armes à feu, le combat, par moment, continua à coups de baïonnettes, de crosses et de pierre lancées du haut du fort ; mais bientôt, profitant de l'entière disproportion des forces, l'ennemi enveloppa ce demi-bataillon.

C'est alors que cette lutte prit un caractère particulier. Nos braves, en effet, s'étaient ralliés et serrés les uns contre les autres ; cinq fois plus nombreux, l'ennemi tournait autour d'eux sans les aborder ; ses sommations de mettre bas les armes ne servaient qu'à faire redoubler le feu, et lorsque le cercle se resserrait, une charge par compagnie lui rendait sa première étendue, de manière que, dans cette fluctuation, la circonférence obéissait à tous les mouvements du centre.

Frappé de ce que cette situation commandait, le général en chef se mit immédiatement à la tête du demi-bataillon de gauche de la 2ᵉ de ligne, *dernière réserve qui lui restât* (*); et suivi de l'adjudant-général Andrieux, marchant à travers un feu meurtrier, il conduisit lui-même ces compagnies jusqu'à ce qu'elles eussent opéré leur jonction avec celles à la tête desquelles Thiébault continuait à combattre sans avoir perdu de terrain. Ce renfort, au surplus, décida de la victoire. Les troupes qui disputaient les approches du fort de Quezzy furent culbutées, et l'escalade s'exécutait lorsque les 200 grenadiers qui l'occupaient mirent bas les armes.

Après avoir fait partir ces prisonniers pour Gênes, l'adjudant-général Thiébault continua à poursuivre l'en-

---

(*) Dans la conviction que celui qui, sur un champ de bataille, a les dernières troupes fraîches en réserve, est certain de la victoire, le général Masséna ne faisait donner ses dernières troupes qu'à la dernière extrémité. Souvent même il préférait un succès insignifiant, au danger d'engager la totalité de ses forces. Ce système de réserves est incontestablement un des plus importants qu'un officier-général puisse adopter à la guerre. Le général Masséna avait également pour règle de ne pas laisser en arrière un homme qu'il pût avoir en ligne. Pendant cette journée mémorable, l'adjudant-général Degiovani n'avait en effet, dans Gênes, que 80 Français, en partie malades, pour la défense de la place, du fort et des batteries.

nemi jusqu'à ce qu'en avant de ce fort (*), il eut opéré
sa jonction avec les troupes du général Miollis qui, de
son côté, avait battu tout ce qui s'était trouvé sur son
passage et avait fait 350 prisonniers.

Immédiatement après cette reprise du fort de Quezzy,
impossible sans l'enlèvement et la réoccupation de la
position de Saint-Martin d'Albaro, mais aussi, sans
laquelle rien ne pouvait plus être entrepris sur ce front,
l'adjudant-général Hector, à la tête des débris de la
78ᵉ, aborda un régiment autrichien couvrant les approches du Monte-Rati, le battit, lui enleva son drapeau et lui fit 300 prisonniers. L'adjudant-général
Gauthier qui, avec un simple détachement, occupait
une colonne ennemie sur la rive gauche du Bisagno
et l'empêchait de prendre à revers les troupes du général Miollis, finit par l'assaillir à la baïonnette et lui
faire 60 prisonniers; moment auquel le chef d'escadron Donnadieu, commandant le fort Richelieu défendu par les 200 hommes restant de la 43ᵉ de ligne,
profitant d'un brouillard assez épais pour masquer son
mouvement et empêcher l'ennemi de compter les braves agissant sous ses ordres, tomba, avec **100 hommes**

(*) Ce point de Quezzy avait été désigné pour la construction d'un
fort; le tracé en était fait, et l'exécution commencée; il y avait
déjà des parties de revêtements de 40 pieds de haut, d'autres plus
basses, mais sans terre plein et par conséquent sans parapets.
Trois grandes ouvertures dans les parties mortes nous avaient, à
tort, fait négliger de rétablir ce fort, dont trop tard aussi les Autrichiens songèrent à tirer parti pour l'attaque de Gênes.

de sa garnison, sur les derrières des deux bataillons
autrichiens qui s'étaient établis entre Gênes et ce fort,
et à la suite d'une lutte d'autant plus honorable qu'elle
était plus inégale, et pendant laquelle il reçut deux
blessures sans cesser de combattre, il rompit ces deux
bataillons et leur fit 400 prisonniers (*). Enfin, et par
une charge que le général Miollis fit exécuter au général Poinsot, les deux redoutes que l'ennemi occupait
sur le Monte-Rati furent reprises, et, de cette sorte,
le corps du général Godesheim ayant perdu plus de
3,000 hommes, dont 1,700 prisonniers, acheva d'être,
vers cinq heures du soir, dans une entière déroute. On
prit dans la soirée et on brûla 7 à 800 échelles que,
par une entière confiance dans le succès, l'ennemi avait
fait approcher de la place; échelles destinées à l'escalade de Gênes et de ses forts, et qui étaient assez larges
pour que trois hommes pussent y monter.

(*) Le général en chef Masséna, au chef d'escadron Donnadieu.

Quartier général à Gênes, 11 floréal an VIII.

Citoyen commandant,

En vous remettant le commandement du fort de Richelieu, je
savais que je le remettais aux mains d'un brave ! Vous avez haute-
ment justifié cette opinion dans la journée d'hier. Recevez mes
félicitations. Je rendrai compte au Gouvernement de votre belle
conduite.

Salut et fraternité,

Le général en chef, signé Masséna.

Pour copie conforme à l'original,

Le lieutenant-général, signé vicomte Donnadieu.

Trop habile pour ne pas profiter de l'effet que ces brillants avantages avaient produit sur ses propres troupes, comme sur les corps ennemis qui lui faisaient face, le lieutenant-général Soult, placé de manière à planer sur les points où ces différents combats avaient été livrés, saisit cet instant pour ordonner l'attaque des Deux-Frères, position terrible, et dont le prince de Hohenzollern avait assez senti l'importance pour y rassembler de grandes forces, y commencer à la hâte quelques retranchements, et en imitation de ce que le général de Schulenbourg avait fait en 1746, y faire porter à bras 3 pièces de canon !

On ne peut se le dissimuler : il fallait encore vaincre sur ce point, ou perdre le fruit de près d'un mois d'efforts héroïques et de résultats chèrement payés ; et, cependant, il n'y avait comme toujours aucune proportion entre les forces, la position de l'ennemi était formidable ; les levées de terre assez avancées pour que les hommes fussent presque couverts ; les trois pièces de canon étaient en batterie, et une ligne de troupes défendait les approches des deux pics où ces moyens de résistance avaient été réunis. Mais la terrible baïonnette nous restait, et encore une fois, elle fut décisive.

Trois colonnes d'attaque avaient été formées : le général Spital commanda celle de droite, composée de la 97ᵉ demi-brigade ; le chef de bataillon Coutard, celle de gauche, formée des 150 hommes restant de toute la 73ᵉ ; le lieutenant-général lui-même prit le commandement de la colonne du centre, c'est-à-dire, de la 106ᵉ demi-brigade, le 3ᵉ bataillon de la 3ᵉ de ligne restant en réserve. Ces dispositions faites, et après la défense sous peine de mort de tirer un coup de fusil, ces troupes, électrisées par les nombreux succès dont elles venaient d'être témoins, par la voix et l'exemple de leurs chefs, enfin par la nécessité de vaincre, s'ébranlèrent au pas de charge.

Il serait difficile de dire avec quelle résolution elles gravirent les escarpements qui les séparaient de l'ennemi, abordèrent sa première ligne et la culbutèrent; mais arrivées aux levées de terre, la résistance devint de plus en plus opiniâtre. Loin d'arrêter nos braves, elle ne fit néanmoins que doubler leur ardeur; ils se précipitèrent en effet, plus qu'ils ne marchèrent, sur tout ce qui leur faisait face: le choc fut terrible. On combattit corps à corps, on se prit aux cheveux, et ce champ de bataille se trouva transformé en un véritable champ de carnage. Mais dans une lutte de cette nature, quelles troupes résisteraient longtemps à l'impétuosité de Français bien commandés?... aucune; et ce moment en offrit une nouvelle preuve. Comment dire, en effet, tout ce que cette lutte eut d'héroïque pour ces troupes, de glorieux pour leurs chefs! La 106e fit des prodiges; les débris de la 73e se montrèrent dignes de l'ancienne et constante réputation de ce corps; la 97e parut de fer; les chefs de tous grades rivalisèrent de dévouement avec les soldats; et battu sur tout le front, sans même que la réserve ait eu à donner, laissant la terre jonchée de morts, au nombre desquels se trouva le colonel Colloredo, et entre nos mains ses trois pièces de canon et plus de 100 prisonniers, l'en-

nemi se retira dans le plus grand désordre et fut poursuivi jusqu'à Teggia, dans la Polcevera, et à Tomazza,
en avant du fort du Diamant, débloqué par cet important succès.

Quatre faits d'armes principaux illustrèrent cette
grande lutte et concoururent à compléter la victoire :

La reprise de Saint-Martin d'Albaro, sans laquelle
nous ne pouvions reprendre l'offensive, et qui fit nommer le général de brigade Darnaud 'général de division;

La reprise du fort de Quezzy, sans laquelle l'ennemi
restait maître des positions d'où il commandait Gênes,
et qui fit nommer l'adjudant-général Thiébault général
de brigade;

L'attaque des deux bataillons autrichiens que le chef
d'escadron Donnadieu surprit et bouleversa avec 100
hommes, et qui lui valut la lettre honorable que nous
avons rapportée;

La reprise des Deux-Frères, d'où l'ennemi commandait le fort de l'Éperon et Gênes, reprise qui fit nommer le chef de bataillon Coutard chef de brigade,
lorsqu'en récompense de sa défense de la Madona del
Monte, le chef de brigade Wouillemont, qui commandait la 73e, eût été nommé général de brigade.

Ainsi se termina cette journée, la plus brillante du
blocus; journée qui coûta 554 hommes (*) à l'aile
droite de l'armée d'Italie, et à l'ennemi plus de 4,500,

(*) Tués 80, blessés 431, pris 43.

dans le nombre desquels 16 à 1,700 entrèrent à Gênes comme prisonniers, sur 1,900 environ qui avaient rendu les armes ; journée qui vit successivement l'ennemi attaquant et attaqué, vainqueur et vaincu ; journée que la fortune sembla partager entre les combattants, dans laquelle la victoire fut toujours pour celui qui prit l'offensive, et qui sera éternellement glorieuse pour le général Masséna aux yeux de tous les hommes en état de juger les opérations de la guerre.

Mais si elle fut complètement belle sous les rapports militaires, combien ne fut-elle pas importante relativement aux Génois qui, le matin, avaient vu l'ennemi établi sous leurs murs ; qui, par cette victoire, avaient perdu la crainte d'une attaque sérieuse par terre, et qui, à raison même de leurs souffrances et de leurs appréhensions, ne pouvaient manquer d'être vivement influencés par les évènements : aussi l'enthousiasme fut-il général, et la rentrée du général Masséna, à Gênes, un véritable triomphe.

L'ordre du jour du lendemain contint le témoignage de haute satisfaction que la conduite de tant de braves avait provoquée, et qu'il est si doux à un chef de leur rendre.

Les résultats de cette journée furent rédigés (Z), adressés au Gouvernement ligurien, traduits et imprimés dans les deux langues, publiés et affichés..

Une distribution extraordinaire d'eau-de-vie fut faite à toutes les troupes.

11 et 12 floréal.

Le 11, avant le jour, le général en chef expédia, par mer, des dépêches au moyen desquelles il informa le Premier Consul et le lieutenant-général Suchet de la victoire qu'il venait de remporter. Il écrivit également au général Mélas, pour lui déclarer que n'ayant des vivres que pour ses troupes, il lui était impossible d'en donner à des prisonniers; qu'il n'avait pu et ne pouvait que charger la ville de pourvoir à leur subsistance; mais que la ville étant sans ressources, ces prisonniers étaient fort à plaindre; qu'il lui en renvoyait 300 de ceux faits dans les premières affaires, afin que, par eux-mêmes, il pût vérifier l'exactitude de ce qu'il lui mandait; enfin, il ajoutait que s'il voulait renvoyer au lieutenant-général Thureau un pareil nombre de prisonniers français, lui, Masséna, continuerait à lui rendre les siens et se féliciterait de mettre fin à une situation très déplorable. Cette proposition était toute d'humanité et de loyauté; M. de Mélas aurait dû regarder comme un devoir d'en prendre l'initiative, et cependant elle resta sans réponse. Ajoutons néanmoins que, malgré ce cruel silence, quelques nouveaux renvois, dus à l'humanité du général Masséna, et composés de malades ou de blessés, continuèrent à avoir lieu. Quant aux troupes, harassées des combats de la veille, elles eurent ce jour-là un repos indispensable; mais le 12 fut de nouveau consacré à combattre. L'enlèvement de la Coronata fut le but de cette entreprise, préparée et conduite de manière à lui donner le caractère d'une forte reconnaissance plus que celui d'une attaque proprement dite.

Plusieurs motifs, du reste, justifiaient cette résolution. Sans doute le général en chef dut chercher à profiter des impressions différentes que la victoire du 10 avait faite sur nos troupes et sur celles de l'ennemi ; mais, de plus, une artillerie considérable, un parc de munitions et ce qui était nécessaire à une escalade, en partie à un siége, se trouvaient réunis à la Coronata, et une affaire heureuse pouvait nous les livrer. Maîtres de cette position, nous l'étions d'ailleurs de Sestri et de ce qui ne pouvait manquer de s'y trouver en subsistances ; l'ennemi, sur ce front, était forcé de s'éloigner de Gênes, et ne pouvait reprendre cette position sans amener de nouvelles troupes et un nouveau matériel contre nous, ce qui, forcément, retardait ses opérations et nous mettait à même de prolonger notre défense ; enfin, cette sorte d'attaque effectuait celle que le général en chef avait projetée le 10. Mais indépendamment de ces motifs, n'était-il pas possible que la marche de l'armée de réserve et les fâcheux résultats de l'affaire du 10 aient affaibli l'ennemi, même sur ce point, et déterminassent M. de Mélas à la retraite ; hypothèse dans laquelle la forte reconnaissance projetée pouvait conduire à une action décisive, et que le général Masséna s'était mis en mesure de soutenir avec la réunion successive de la totalité de ses forces ? Il ne restait donc aucune proportion entre les conséquences d'un insuccès et celles d'une réussite.

L'attaque de la Coronata arrêtée, le général Miollis manœuvra dans le double but d'attirer l'attention de l'ennemi et d'occuper les troupes qu'il avait dans le levant.

Au nord, la 55ᵉ, descendant de la position des Deux-Frères, exécuta une fausse attaque sur la Chartreuse, et la 97ᵉ, une sur le village de Rivarolo et sur Begallo que les chasseurs d'Aspres occupaient, et qu'elle enleva.

La 3ᵉ légère, la 3ᵉ de ligne et 13 compagnies de grenadiers (*), commandées par le chef de brigade Godinot, et destinées à renforcer au besoin le général Gazan, ou à se porter sur Sestri, s'il obtenait un succès décisif, inquiétèrent l'ennemi sur la Polcevera, depuis la mer jusqu'à Rivarolo.

Quant au général Gazan, il déboucha à quatre heures du matin de ce dernier village avec les 5ᵉ et 25ᵉ légères et la 106ᵉ de ligne, et laissant la 2ᵉ de ligne en réserve sous les ordres du général Poinsot, se dirigea sur la gauche de la Coronata, marchant de manière à prendre cette position à revers et à se couvrir en partie du feu de l'artillerie dont elle était hérissée.

Il y avait une heure que l'action était engagée ; déjà le général Gazan était arrivé aux premières batteries de l'ennemi et l'avait forcé à retirer ses pièces les plus avancées ; déjà le chef d'escadron d'Aoust, chef de l'état-major de la division Gazan, et qui, pour cette

---

(*) Ces compagnies de grenadiers étaient celles des corps ou plutôt des cadres laissés à Gênes.

affaire, avait le commandement de la 5ᵉ légère, formant tête de colonne, avait obtenu des avantages brillants, au point de forcer le régiment de Nadasti de
mettre bas les armes ; tout ployait sous l'effort de nos
braves ; la difficulté du terrain, la nécessité de suivre
des sentiers rapides et qui, par intervalles, n'avaient
pas six pieds de large, le *crénellement* des murs des jardins et d'une partie des maisons, les coupures faites sur
les points les plus abordables, les chevaux de frise qui
barraient les principales rues de Cornigliano, le feu
croisé de plusieurs batteries tirant à mitraille, la supériorité des forces de l'ennemi, l'état de ses troupes et
la faiblesse des nôtres épuisées par tant de causes, semblaient être devenus des difficultés surmontées, et malgré la perte de beaucoup de braves, l'habileté des dispositions et la puissance de l'exemple du général Gazan
et des chefs qui le secondaient, nous faisaient obtenir
un succès complet, lorsque quelques coups de fusil imprudemment tirés sur le régiment de Nadasti, coïncidant avec l'arrivée d'une réserve autrichienne, avec la
mort de l'adjudant-général Fantucci, et plus que tout
cela, avec la blessure que le général Gazan reçut à la
tête, changèrent en un instant la face de cette affaire.
Nos soldats, cependant, voulurent encore continuer
leur audacieuse offensive ; mais, faute d'ensemble, leur
position ne tarda pas à devenir *intenable*, et ils se retirèrent, ne ramenant que 90 des prisonniers qu'ils
avaient faits.

Aussitôt que le général en chef vit commencer le
mouvement rétrograde de cette division, la 2ᵉ de ligne

reçut l'ordre de la soutenir; mais à la nouvelle de la blessure du général Gazan, le lieutenant-général s'avança à la tête d'une partie de cette demi-brigade et lui fit prendre, en avant de Rivarolo, une position telle, que par son feu elle arrêta les chasseurs de Bussi et le 5ᵉ régiment de hussards hongrois, qui, par le lit de la Polcevera, chargeaient pour couper la retraite à nos troupes.

Certaines dès-lors de leurs flancs comme de leurs derrières, elles continuèrent leur mouvement rétrograde en bon ordre, s'établirent sur la gauche de ce torrent et y restèrent jusqu'à la nuit, en présence d'un ennemi qui, heureux de leur avoir résisté, n'essaya pas même de les poursuivre.

Cette affaire terminée, il y eut une trève de trois quarts d'heure, que l'ennemi demanda sous le prétexte que chacun pût ramasser ses morts et ses blessés, mais qu'il employa à débaucher nos soldats. Plusieurs désertions suivirent des entretiens auxquels des émigrés avaient seuls pris part... Au reste, et du moment où le général en chef avait été informé de cette trève, et sans même savoir à quel point on en abusait, il avait ordonné qu'elle fût rompue.

Pendant ce combat, la flotte anglaise fut en bataille devant Saint-Pierre d'Arena et Cornigliano.

Cette affaire nous coûta 439 hommes (*), et comme elle pouvait exciter l'ennemi à former contre nous de

---

(*) 43 morts, 252 blessés, 144 prisonniers et déserteurs.

nouvelles entreprises, le général en chef ordonna que la position des Deux-Frères fût retranchée, et que les travaux du fort de Quezzy, poussés avec une nouvelle activité, ne fussent interrompus ni jour ni nuit. Enfin, il rendit les généraux commandant sur ces points, personnellement responsables de la moindre lenteur dans l'exécution de ses ordres (AA).

13, 14, 15, 16, 17, 18, 19 et 20 floréal.

L'adjudant-général Reille, parti le 6 de Paris, le 11 d'Antibes, arrive le 13, à six heures du matin, à Gênes, apportant au général en chef, indépendamment des dépêches du Premier Consul, et par *duplicata*, le plan de la campagne que lui avait remis le ministre de la guerre, et un million qu'il avait reçu du ministre des finances. Prêt à partir pour sa campagne de l'armée de réserve, le général Bonaparte, qui connaissait la capacité de l'adjudant-général Reille, aurait voulu avoir avec lui cet officier, qui d'ailleurs venait de faire avec distinction, auprès du général Masséna, la campagne d'Helvétie. Aussi ne l'envoya-t-il à Gênes qu'à cause de l'importance de la mission et avec l'ordre d'en repartir de suite pour le rejoindre; mais le général Masséna voulut aussi conserver Reille, et celui-ci, qui n'était ni en position ni en disposition de ne pas céder à ce vœu, resta.

L'ennemi emploie la journée du 13 à hérisser son camp de la Coronata de nouveaux ouvrages et de nouvelles pièces. Il fortifie surtout le côté par lequel nous avions été sur le point de le lui enlever la veille, et fait des démonstrations d'attaque dans le but de couvrir ses travailleurs.

Dans la même journée, on voit une colonne de troupes de plus de 2,000 hommes gravir le Monte-Creto et renforcer le camp que l'ennemi avait sur ce point. Enfin, on affirme qu'il a reçu des renforts, et que dans la nuit suivante il doit escalader Gênes.

Ces nouvelles parvenant au général en chef avec tous les caractères de la vraisemblance, il les transmet au lieutenant-général, arrête quelques modifications dans la répartition et le placement des troupes, établit des réserves, ordonne qu'officiers et soldats, personne ne s'éloigne de son poste, de nuit surtout; il rend le service des rondes plus fréquent, y emploie tous les officiers supérieurs disponibles, et à minuit, il envoie un officier de son état-major auprès de chacun des généraux commandant des troupes avancées, avec ordre de revenir, ventre à terre, lui rendre compte de tout ce qu'il pourrait y avoir de nouveau.

On rapporte, dans la même journée, que la cavalerie ennemie file du côté du Piémont; cette nouvelle confirme nos espérances sur la marche de l'armée de réserve. Malgré cela, les vivres éprouvent tout-à-coup un renchérissement considérable.

Le 14, dès la pointe du jour, l'ennemi fait entendre toutes ses musiques, sans que l'on parvienne à connaître le motif de cette forfanterie.

Dans la journée, le général Masséna reçoit du général Ott, et sous la date du 2 mai, une lettre assez arrogante relativement à la manière dont, selon lui, nous traitions ses prisonniers, blessés et autres, et à la manière dont il disait traiter les nôtres. Pour toute réponse, le général Masséna lui renvoya sur une feuille de papier ce qui suit :

« Pour faire croire à leur humanité, comme à leur loyauté, les Français n'ont jamais eu besoin d'en faire parade.

« Les champs de bataille restés en notre pouvoir, ont tous été parcourus par mes ordres, et loin d'être maltraités, les prisonniers autrichiens blessés ont tous été transportés dans les hôpitaux et soignés comme les nôtres.

« Le 11 floréal, d'ailleurs, j'ai fait connaître à M. de Mélas la situation de ces prisonniers, et depuis ce jour, il a été le maître de la changer, soit en leur envoyant des vivres, soit en accélérant leur échange qu'il continue à retarder, quoique je lui aie renvoyé ses officiers, 300 de ses prisonniers non blessés, indépendamment d'un grand nombre de blessés (BB).

« Signé Masséna. »

La nuit même, le général en chef fit partir le chef de bataillon Lambert avec des dépêches pour le général Suchet. Indépendamment de la demande de nouvelles qu'il renouvelait sans cesse, ces dépêches, cette mission avaient principalement pour objet d'être tenu au courant de sa position, de lui recommander de temporiser en attendant que l'armée de réserve ait franchi les Alpes, et par-dessus tout, d'envoyer du blé à Savone.

Mais cet officier ne parvint pas à sa destination : aperçu par la croisière anglaise, il fut enveloppé et pris en cherchant à doubler le cap de Mêle, et ne put soustraire à l'ennemi que ses dépêches qu'il jeta à la mer.

Le 15, un petit bateau chargé de grains, passé à la faveur de la nuit au milieu de la flotte anglaise, entre à Gênes, et y apporte de quoi sustenter la garnison pendant cinq jours.

En fait d'opérations de guerre, les 16 et 17 n'offrent rien qui mérite une mention ; mais, dès la première de ces journées, les Autrichiens firent couper par des paysans armés, l'aqueduc qui faisait aller les moulins de Sturla, et détruire nos moulins de Rivarolo... Évènements fâcheux, mais non imprévus. En effet, nous étions à cet égard en mesure : grâce aux talents du chef de brigade Marès, nous eûmes en moins de six jours, et en pleine activité, trois moulins de quatre meules chacun, moulins que des chevaux faisaient tourner ; et grâce aux prévisions de l'ordonnateur en chef Aubernon, nous avions en moutures assez d'avance pour ne pas souffrir de cette destruction.

Le 18, un espion rapporte que pendant deux jours on a entendu une forte canonnade du côté de Turin ; que l'opinion générale est que l'ennemi a été battu, et que les Français marchent sur Milan. Le même espion ajoute que le 16 au soir, M. de Mélas, à la tête de 10,000 hommes, a passé à Sassello, se dirigeant sur le Piémont, et laissant au général Ott le commandement du blocus de Gênes. Le besoin d'espérance fait recevoir avec avidité cette dernière nouvelle, qui du reste se vérifie.

Vers dix heures du matin, les batteries de l'ennemi tirent sur le pont de Cornigliano ; son infanterie commence une fusillade à laquelle le chef de brigade Godinot défend de répondre ; enfin, la flottille napolitaine, arrivée la veille, canonne et bombarde Saint-Pierre d'Arena; mais, ce qu'il y eut de révoltant dans ce fait, c'est que le feu de cette flottille fut principalement dirigé sur les réduits de quelques pauvres pêcheurs et sur les hôpitaux que, *pour la première fois*, leurs drapeaux noirs ne préservèrent pas. Mais déjà deux corsaires français, sortis du port de Gênes et s'avançant, protégés par les batteries de la Lanterne et de Saint-Pierre, répondent au feu de cette flottille. Bientôt une de ces chaloupes napolitaines est mise hors de combat, et une autre, traversée par un de nos boulets, coule à fond : succès qui met fin à cette attaque atroce, sacrilége et ridicule.

Dans la même journée, le chef de brigade Pouchin, de la 108ᵉ, remplace, dans le commandement de la place de Gênes, l'adjudant-général Degiovani, qui est attaché à l'état-major général !.. disgrâce dont je n'ai pas connu le motif.

Le 19, à la pointe du jour, la flottille napolitaine bombarbe Albaro. Son feu dure trois ou quatre heures.

L'ennemi exécute dans cette journée différents mouvements de troupes, et le bruit se répand que 1,200 Calabrais ont débarqué à Nervi.

Le 20, dans l'après-midi, dix-neuf coups de canon,

tirés par l'amiral Keit, et quelques décharges faites dans les camps ennemis, donnent lieu à diverses conjectures.

QUATRIÈME PARTIE.

―――――――▸▹▸▹▸ ◉ ◃◂◃◂◃―――――――

Dernière décade de floréal.

Deux fois déjà depuis notre blocus, le levant avait été pour nous un théâtre de victoires. Attaquants et attaqués, nous y avions vu des légions menaçantes se changer en colonnes de prisonniers timides et descendre humblement des cimes qu'elles couronnaient avec orgueil. Deux fois, et toujours par l'effet des combinaisons et des manœuvres du général Masséna, l'armée y avait moissonné d'abondants lauriers ; mais cette terre amie n'était pas épuisée, et les victoires des 17 germinal et 10 floréal devaient être suivies par une victoire plus éclatante encore.

Une circonstance inattendue en détermina l'instant. Le général en chef, en effet, méditait une nouvelle attaque, toujours dans le double but, ou bien de forcer le général Ott, resté chargé du blocus de Gênes avec

40 bataillons(*), de s'éloigner de cette place, ou bien de contraindre M. de Mélas à le renforcer, afin d'opérer en faveur de l'armée de réserve la plus forte diversion possible ; mais le moment auquel elle aurait lieu et le point sur lequel elle s'exécuterait n'étaient pas décidés, lorsque, le 20 floréal, le général Masséna reçut du général Ott une lettre par laquelle il le prévenait que, le jour même, son canon tirerait en réjouissance d'une victoire remportée sur le général Suchet : jactance qui avait pour objet d'encourager ses troupes et d'ajouter à l'effet que la continuation de la retraite du général Suchet sur le Var ne pouvait manquer de produire sur les habitants de Gênes, sur nos propres soldats et sur le général en chef lui-même. A l'égard du général en chef, cependant, l'effet ne répondit pas à l'attente : une noble indignation s'empara de lui ; elle l'excita à venger son lieutenant, à soutenir, au besoin à relever le moral de ses troupes, et lui fournit avec cette idée les moyens de l'exécuter.

21 Floréal.

Indépendamment des troupes qui occupaient la Marine et d'un corps de réserve couvrant le Monte-Cornua,

---

(*) Quelques mois plus tard, l'adjudant-général Reille, envoyé en mission auprès du général Mélas, à Vérone, y apprit et y vérifia, sur pièces officielles, que nous n'avions jamais été bloqués à Gênes par moins de quarante bataillons.

l'ennemi avait, à la gauche du Bisagno, un camp sur le Monte-Faccio, un second sur le Monte-Parisone, et un troisième sur les hauteurs de Bavari. Des légions d'insurgés, soutenues par deux bataillons piémontais, gardaient la droite du Bisagno et liaient ces premières troupes avec le corps principal placé sur le Monte-Creto, point central des positions de l'ennemi autour de Gênes. Or, ce fut contre les troupes des trois premiers camps dont nous venons de parler, et notamment de celui du Monte-Faccio, que le général en chef résolut d'agir, but dans lequel il arrêta les dispositions suivantes :

Trois corps et une réserve furent formés.

Les deux premiers bataillons de la 25e légère et les 2e, 3e et 24e de ligne, c'est-à-dire, 3,000 combattants composèrent le premier corps qui, sous le commandement du lieutenant-général Soult, eut ordre de tourner le Monte-Faccio par le Bisagno, et de prendre à revers les troupes chargées de le défendre. Ce corps se mit en mouvement avant le jour.

Les 8e légère, 62e, 74e et 78e de ligne, fortes de 2,000 hommes, formant le second corps, aux ordres du général de division Miollis, furent chargées de l'attaque de front du Monte-Faccio et partirent au jour de leurs bivouacs.

1,000 hommes restant des 92e et 97e de ligne, formèrent, sous les ordres de l'adjudant-général Hector, le troisième corps qui, chargé d'exécuter une fausse attaque en avant du fort du Diamant, d'occuper l'ennemi dans cette partie et de l'empêcher de secourir le corps qu'il avait au Monte-Faccio, fut le dernier à se mettre en mouvement.

Enfin la réserve, formée de la 106ᵉ, prit position hors de la Porte-Romaine, où le général en chef se rendit de sa personne.

L'adjudant-général Hector, suivant ses instructions avec habileté, manœuvra de manière à n'arriver à la vue de l'ennemi qu'au moment où, par le feu des deux premières colonnes, il connut leurs attaques. Abordant alors ces postes avancés avec résolution, il les culbuta et prit quelques hommes; mais, cet avantage obtenu, il ne fit plus que montrer des têtes de colonnes, menacer successivement la gauche des Autrichiens, et surtout leur droite comme plus éloignée du Monte-Faccio, n'engageant de cette sorte de combats sérieux sur aucun point, et se bornant à occuper l'ennemi de manière à empêcher qu'il ne fît de détachement.

Le second corps s'avança sur trois colonnes.

La 78ᵉ, formant celle de gauche, marcha sous les ordres de l'adjudant-général Gauthier; le général de division Miollis occupa le centre avec les 62ᵉ et 74ᵉ, commandées par l'adjudant-général Reille; et la 8ᵉ légère, formant la colonne de droite, sous les ordres du chef de brigade Wouillemont, suivit la Marine et marcha à la hauteur du centre qu'elle devait flanquer.

L'adjudant-général Gauthier obtint d'honorables succès. Malgré une résistance opiniâtre', il enleva de vive force le camp retranché de Bavari et, comme le général Miollis ne put s'empêcher de le lui dire, *se couvrit d'honneur dans cette circonstance*, comme du

reste il le fit chaque fois qu'il eut l'occasion de combattre.

Le général Miollis et l'adjudant-général Reille, dé-
butant également par des avantages, s'emparèrent à
la baïonnette des premières positions de l'ennemi sur le
Monte-Parisone, d'où, par une marche de flanc, ils devaient se porter sur le Monte-Faccio, où l'adjudant-général Gauthier devait se réunir à eux ; mais trois circonstances concoururent à annuler leurs efforts :

La première tint à la disposition morale de la 62e de
ligne. A peine commençait-elle à gravir le Monte-Parisone, que ces mots: *Voilà une montagne que nous redes-
cendrons plus vite que nous ne la montons,* furent dits
et répétés de manière à former un fâcheux présage.
Il faudrait en effet n'avoir aucune connaissance de
nos troupes pour ne pas le sentir. De tous les soldats
du monde, aucun ne subit à un plus haut degré que le
soldat français l'influence des impressions morales et
des pressentiments. Invincible dans l'enthousiasme, il
est plus que faible dans le découragement. Au reste, si
l'on évalue l'épuisement et les souffrances des défenseurs de Gênes, si l'on considère dans quelle proportion les plus braves d'entre eux avaient déjà péri, on
n'éprouvera qu'un étonnement, c'est qu'il fût encore
possible de leur commander de nouvelles fatigues, de
leur demander de nouveaux efforts, de ranimer en eux
cette certitude de vaincre, sans laquelle il n'est pas de
confiance, ni par conséquent de succès possibles.
Quoiqu'il en soit, nos soldats, ignorant le mouvement
du lieutenant-général Soult, ne voyaient dans cette

agression que l'attaque de front d'une position formidable et fortement occupée; et frappés de l'idée qu'une aussi faible brigade était incapable de l'enlever, ils jugèrent qu'on leur demandait l'impossible et ne marchèrent plus qu'avec défiance.

La seconde circonstance résulta de ce que l'attaque du général Miollis avait commencé avant que le lieutenant-général Soult se fût emparé d'Il Becco, ou approchât de cette crête.

La troisième fut la conséquence de la faute que fit l'ennemi, de réunir contre cette brigade la presque totalité des forces dont il pouvait disposer sur ce point, et de la poursuivre ainsi jusque sur la Sturla.

Et en effet, pressé par l'adjudant-général Reille, qui combattit de manière à étonner les plus braves, l'ennemi se reploya, mais sans se désunir; arrivé au sommet du Monte-Parisone, il fut renforcé par ses réserves, et ayant aperçu un mouvement d'hésitation de la part de la 62e, il reprit brusquement l'offensive, et par une charge à fond repoussa cette demi-brigade, dont la retraite entraîna celle de la 74e qui combattait à sa gauche. On ne peut rien ajouter à ce que fit l'adjudant-général Reille pour arrêter ce mouvement rétrograde; mais, ses ordres, ses menaces étaient inutiles comme son exemple : il se trouva bientôt abandonné. Blessé au genou droit, il manqua même être pris; sa présence d'esprit le sauva, et il parvint à rejoindre ses troupes, qui continuèrent à se reployer avec précipitation. Quant à la 8e légère, entièrement débordée par sa gauche et à trop grande distance de ces deux demi-brigades pour pouvoir charger en flanc les corps autrichiens qui les poursuivaient, elle fut contrainte de suivre leur mouvement, qu'à la tête de la 106e le général en chef lui-même ne parvint à arrêter qu'en leur faisant repasser la Sturla !

Pendant qu'en avant du fort du Diamant, l'adjudant-général Hector formait une diversion utile, que le centre du second corps éprouvait cet échec, les troupes du lieutenant-général Soult surmontaient tous les obstacles et opéraient leur mouvement de la manière la plus vigoureuse.

A cinq heures du matin, les deux colonnes formées par lui ayant passé le Bisagno, remontèrent la rive gauche de ce torrent jusqu'à Gavetto, où elles repassèrent sur sa droite, n'ayant eu à combattre qu'un corps piémontais soutenu par les insurgés de l'est de la Ligurie. Ce corps, battu à Olmo et à Prato qu'il voulut défendre, perdit quelques centaines d'hommes, au nombre desquels 30 hommes et 2 officiers piémontais furent faits prisonniers; enfin, et ce qui fut pour nous d'une véritable importance, c'est qu'en se retirant il nous abandonna près de mille rations de pain.

Parvenu à Cassolo, d'où le lieutenant-général doit repasser sur la gauche du Bisagno, il trouve ce village et le pont occupés par un bataillon autrichien. Immédiatement attaqué, ce bataillon est rejeté dans les montagnes par la 3e de ligne, qui reçoit l'ordre de garder ce pont et le chemin de Torriglia, d'observer et au besoin de contenir les troupes occupant le camp de Monte-Creto, et de couvrir les derrières des troupes avec lesquelles le lieutenant-général allait continuer son offensive. Maitre de ce pont, le général Darnaud, commandant l'avant-garde du lieutenant-général, reçoit en effet l'ordre de le passer, de se diriger par Vignone et Terasco sur la montagne dite Il Becco, et de s'emparer de cette position, d'où l'on domine tout l'espace qui la sépare du Monte-Faccio et du Monte-Cornua.

Du moment où le lieutenant-général avait repassé le Bisagno et renoncé à toute communication avec Gênes, il n'avait plus été possible que l'attaque du général Miollis laissât le moindre doute sur nos projets. Il paraît néanmoins que l'ennemi prit, plus longtemps que cela ne semblait possible, le change sur les forces du lieutenant-général et sur son point de direction ; ou bien, qu'abusé par la confiance que lui inspirait le nombre de ses troupes, enorgueilli par le résultat du combat de Parisone, il ne comprit pas assez vite combien il était encore grave d'être tourné par des soldats comme les nôtres. Ce qu'il y a de certain, c'est qu'il tarda beaucoup trop à se porter à la position d'Il Becco que, le premier, il devait occuper en force, et cela à d'autant plus de titres qu'elle était indispensable pour assurer ses derrières, et devait le mettre à même d'envelopper le corps du lieutenant-général ; il était même d'autant plus en mesure d'y arriver, et de s'y établir de manière à ne pouvoir y être forcé, que, du Monte-Faccio à Il Becco, le trajet est facile et au plus de deux heures ; tandis que depuis le pont de Cassolo, ne pouvant cheminer qu'à travers des ravins et des escarpements, que des roches amoncelées pouvaient faire considérer comme impraticables, il fallait trois grandes heures pour s'y rendre.

Quant au général Darnaud, approchant d'Il Becco après avoir surmonté des obstacles dont il serait difficile de donner une idée, le sentier qu'il suivait se trouva coupé tout-à-coup par un ravin à pic de 15 pieds de profondeur. Le passer paraissait impossible; ne pas le passer de suite était tout perdre. Mais déjà l'active intelligence de nos soldats leur avait fait découvrir, dans la seule maison se trouvant à portée de cet endroit, une échelle qui les mit à même, si ce n'est de se précipiter dans ce ravin, du moins d'en gravir la contrescarpe. Le temps nécessaire pour faire passer les premiers hommes avait cependant suffi pour les mettre aux prises avec un détachement autrichien, accouru pour s'opposer à ce passage; mais, au mépris de son feu, immédiatement chargé par le chef d'escadron La Villette à peine suivi de quelques braves, ce détachement fut mis en déroute et laissa entre nos mains 50 prisonniers.

Quelque diligence qu'il ait pu faire, le général Darnaud n'arriva au bas de la crête d'Il-Becco, qu'au moment où le général Godesheim établissait, sur le versant nord-est de cette montagne, deux bataillons du régiment de Jordis; circonstance qui ne laissait ni un moment à perdre, ni un parti à prendre qui ne cumulât de formidables dangers. Et en effet la dispersion de nos troupes était encore presque totale, et le temps de réunir, ne fût-ce qu'un bataillon, manquait absolument, lorsqu'un épais brouillard s'élève et ôte à l'ennemi la possibilité de nous compter, moment dont le général

Darnaud profite pour se précipiter sur lui!.. Le succès couronne tant d'apropos et d'audace : la ligne de l'ennemi est rompue, et en se retirant sur les dernières sommités de cette montagne, il laisse 60 des siens en notre pouvoir ; mais comme nous nous abstenons de le poursuivre, il juge notre faiblesse, se rallie et reprend l'offensive. Renforcé par l'arrivée successive de près de deux cents hommes, le général Darnaud le charge de nouveau à la baïonnette, arrive pêle-mêle avec lui à la crête d'Il-Becco, et après lui avoir tué beaucoup d'hommes et fait 100 prisonniers, il le chasse de cette position et s'y établit!.. résultat brillant sans doute, mais qui encore n'avait rien de décisif.

Toutefois, après ces combats, après une marche déjà si fatigante, quelque repos était indispensable, et le général Darnaud ordonna une halte. Ayant exécuté en entier les ordres qu'il avait reçus, n'étant pas en position de prendre l'initiative sur les opérations ultérieures, il était naturel qu'il désirât attendre le lieutenant-général : mais l'ennemi qui, à chaque instant, sentait plus vivement l'énormité de la perte d'Il-Becco, qui déjà devait craindre pour sa retraite sur Sori, profita de l'arrivée d'un renfort pour se reporter en avant et chercher à reprendre la position qu'il avait perdue. On ne peut le méconnaître, le général Darnaud était encore fortement compromis ; n'ayant guère été rejoint que par les deux tiers de sa faible brigade, on peut même dire qu'il eût été perdu, si une nouvelle faute de l'ennemi n'eût compensé la disproportion du nombre : or cette faute consista à descendre dans la vallée, afin de tourner notre

droite et de nous couper la retraite sur le pont de Cassolo, au lieu de suivre les hauteurs et de marcher de
front sur nous !

L'ennemi, de cette sorte, recommença le combat, et
avec un acharnement tel que l'on en vint presque jusqu'à
se prendre aux cheveux. Grâce à des efforts inouïs, et à
l'arrivée des derniers hommes de la brigade Darnaud,
l'ennemi fut repoussé après une heure de combat ; mais
il continuait à se renforcer, et la réserve conduite par le
lieutenant-général n'arrivait pas ! situation menaçante
et qui, pour en imposer à l'ennemi, pour le contenir,
et connaître ses forces, enfin pour gagner du temps,
détermina le général Darnaud à profiter d'un répit pour
envoyer le chef de brigade Godinot en parlementaire
au général Godesheim, lui dire qu'enveloppé de toute
part, il n'avait plus de retraite, et le sommer de mettre
bas les armes, sous peine d'être passé au fil de l'épée !

Le moment de cette sommation coïncida avec l'arrivée des dernières troupes accourant pour renforcer le
général Godesheim. Cette circonstance était sans doute
une fatalité ; néanmoins, cette sommation prolongea
l'inaction de l'ennemi, seul avantage que le général
Darnaud s'en était promis. Ce fut donc sans étonnement
qu'il apprit que le chef de brigade Godinot avait été
reçu avec hauteur, renvoyé avec menaces ; mais ce qui
acheva de lui révéler la gravité de sa position, ce fut
d'apprendre que le général Miollis avait été forcé de se
replier en arrière de la Sturla, et qu'en ce moment lui,
Darnaud, se trouvait, avec ses 8 à 900 hommes, en face
de 4,000 s'ébranlant pour exécuter une nouvelle atta-

que. En effet, trois colonnes s'avançaient pour reprendre l'offensive; celle de droite, de mille hommes, se portant sur le flanc gauche du général Darnaud; celle de gauche, de la même force, se portant sur son flanc droit; celle du centre, de 2,000 hommes, marchant directement sur sa faible ligne! Des forces quintuples des siennes allaient, de cette sorte, l'abîmer par un feu direct et croisé, l'assaillir de toute part, et il ne lui restait ni le moyen de manœuvrer contre aucune de ces colonnes sans se faire prendre par les autres de flanc et de revers, ni la possibilité de résister au choc simultané de ces masses. Tout ce qui était possible avait d'ailleurs été fait, et il ne restait qu'à fuir ou à se résoudre à une défense désespérée. Ce parti de l'honneur pouvait seul convenir au brave, à l'intrépide Darnaud, et ce parti fut pris! Mais déjà le feu de ces colonnes d'attaque convergeait sur ses troupes et à chaque instant devenait plus meurtrier; il allait à la fois se trouver enveloppé et abordé; déjà les vociférations des soldats autrichiens attestaient la confiance que leur donnait l'énormité de leurs avantages; enfin, il ne restait pas quatre cartouches par homme aux troupes du général Darnaud, lorsque, grâce à la dernière heure que la mission donnée au chef de brigade Godinot lui avait fait gagner, le lieutenant-général apparut, s'avançant à grands pas!..

Ainsi que nous l'avons dit, et que cela devait être, M. le général Soult avait jugé devoir diriger lui-même les opérations de sa réserve. A sa tête, il avait soutenu et livré plusieurs combats contre des corps autrichiens qui avaient cherché à l'arrêter ou à le prendre à revers,

et notamment contre un corps descendu du mont Sal-
viaggia, et qui, attaqué, avait été abordé et dispersé.
De formidables obstacles avaient été surmontés par lui,
et sa marche avait été signalée par plusieurs faits d'armes.

S'apercevant que le général Darnaud n'entreprenait
rien sous le feu le plus nourri, il lui envoya l'ordre de
marcher sur l'ennemi, et dans toute autre situation il
n'y aurait pas eu à hésiter. Mais comment prendre
l'offensive contre un ennemi aussi supérieur, comment
diviser ce qui, réuni, ne donnait pas les moyens de
résister, comment marcher sur une colonne au moment d'être chargé par trois! Le lieutenant-général le
sentit dès qu'il fut à portée de juger la position du général Darnaud, et en toute hâte il lui envoya le 1ᵉʳ bataillon de la 2ᵉ ligne. A l'instant ce bataillon est formé
en colonne d'attaque; l'ordre donné à l'Hermette
(22 germinal), à Albaro et aux Deux-Frères (10 floréal,)
et consistant à marcher sans coup férir et à aborder
l'ennemi à la baïonnette, est renouvelé; la charge bat;
à la tête des bataillons de la 2ᵉ, le général Darnaud
s'élance sur le centre de l'ennemi; la 25ᵉ légère se porte
sur la colonne qui débordait sa droite; la 24ᵉ de ligne,
sur celle qui débordait sa gauche (*); l'espace qui sépare
les combattants est aussitôt franchi, et l'on s'aborde

(*) Ces deux demi-brigades ayant déjà perdu beaucoup d'hommes et laissé leurs gardes à Gênes, n'avaient guère que huit cents
hommes sur ce champ de bataille; le bataillon de la deuxième
n'en avait pas cinq cents.

corps à corps ; la fatigue, l'épuisement de nos braves, disparaissent au milieu du carnage ; la fureur tient lieu de forces, et l'audace supplée au nombre !

Assailli par des troupes qu'il regardait comme vaincues ; pressé par des soldats qu'il croyait à discrétion, abordé au milieu de son offensive, et cela au moyen d'une attaque aussi imprévue que vigoureuse, ébranlé par ce fait qu'il était morcelé, voyant de plus, et en arrière des troupes qui l'assaillaient , s'avancer une formidable réserve, le général Godesheim, encore qu'il fût le plus fort partout, se trouva battu sur tous les points ! Vainement ses officiers de tous grades, ainsi que lui , s'efforcèrent à conserver à son mouvement rétrograde l'apparence d'une retraite ; la confusion et la fuite devinrent générales ! La terre, en un moment, fut jonchée de cadavres ; plusieurs centaines d'Autrichiens, poursuivis et atteints à la course, furent précipités dans des abîmes ; d'autres, ayant cherché un passage à travers un ravin profond, y furent écrasés par des quartiers de rochers que des soldats de la 24ᵉ firent rouler sur eux ; d'autres encore, ne pouvant être atteints à la course, furent tués à coups de fusil ; trois mille de ces armes demeurèrent abandonnées sur les routes par lesquelles les débris de ces corps se retirèrent , et 2,000 prisonniers furent réunis sur le Monte-Faccio, monument éternel de la gloire des défenseurs de Gênes ! La défaite de ces troupes fut même telle, que lorsque le rappel, battu par les ordres du lieutenant-général, força le général Darnaud à s'arrêter, il se trouvait sur les hauteurs qui dominent Nervi, et à cent pas du général Godesheim prêt à se rendre avec son état-major et ce qui restait d'hommes avec lui (*) !

Cette halte laisse donc un regret ! Le rappel qui la fit faire n'en était pas moins très militaire : le général Darnaud pouvait avoir en tête des forces supérieures; on ignorait si d'autres corps ennemis, n'ayant pas encore donné, ne se trouvaient pas entre Gênes et lui, et à quel point la déroute du général Godesheim était complète; de plus, un nouveau brouillard venait de s'élever, et, à l'heure qu'il était, il devenait indispensable et urgent de rester en mesure de se réunir au besoin. A la guerre, il est souvent désastreux de compter sur tout ce qui est possible; et à l'exception de ces moments où, pour ne pas tout perdre, tout doit être risqué, l'homme supérieur n'abandonne à la fortune que ce qui peut être justifié par ses calculs ou ses prévisions.

Maître du Monte-Faccio, ayant triomphé avec un seul des deux corps qui devaient concourir à l'enlèvement de cette position, ayant abîmé la division autrichienne qui occupait le levant, le lieutenant-général fit faire une halte, pendant laquelle nos soldats se sustentèrent avec des vivres trouvés dans le camp des Autrichiens. In-

---

(*) Ce fait a été rapporté et certifié au général Darnaud, qui me l'a affirmé et répété, par un de nos officiers pris le matin sur le Monte-Parisone, officier que le général Godesheim avait gardé près de lui, et qui, à la faveur de cette déroute, parvint à s'échapper.

formé que le général Miollis se reportait en avant, il envoya au général Darnaud l'ordre de s'emparer de Nervi. Un léger combat, auquel prit part la 8e légère, qui d'après les ordres du général en chef marchait également sur Nervi, nous rendit maîtres de cette petite ville et de deux pièces de canon; 100 prisonniers et quelques vivres furent le prix de cette dernière action, qui nous livra de plus 1,000 à 1,200 échelles d'escalade que le général Darnaud se hâta de faire brûler.

Quant aux troupes du général Miollis, à la manière dont elles s'étaient reployées le matin, à quelques mouvements d'insubordination qui s'étaient manifestés parmi elles lorsqu'on avait voulu les ramener au feu (*), le général en chef avait jugé qu'il était impossible de les faire réagir de suite; il leur avait donc fait reprendre position à Saint-Martin d'Albaro et à la Porte-Romaine; il en avait passé la revue; il les avait pérorés; il avait fait arrêter quelques mutins, fait recompléter les cartouches et ordonné une distribution extraordinaire de vin. Ces moyens employés sans délai le mirent, deux heures après, à même de les reporter en avant. Vers trois heu-

---

(*) Des officiers d'état-major, des officiers-généraux eux-mêmes furent insultés. Le général en chef avait manqué l'être lui-même ; mais sa fermeté en imposa, et quelques châtiments exemplaires et prompts firent le reste. Ceux qui considèreront tout ce que ces roupes avaient souffert, loin d'être étonnés de ces désordres, admireront encore le courage et la résignation de soldats si cruellement éprouvés.

res du soir, les troupes qui leur faisaient face furent repoussées, et vers cinq heures, la jonction des troupes
du général Miollis s'opéra avec les troupes que commandait le lieutenant-général.

A la nuit, le général Darnaud se reploya avec la 25ᵉ
légère à Castagno, laissant la 8ᵉ légère à Nervi. La 24ᵉ
de ligne occupa le Monte-Venti; la 2ᵉ rentra à Gênes,
rapportant les 3,000 fusils enlevés à l'ennemi, et ramenant les prisonniers, au nombre desquels se trouvaient
un colonel, un lieutenant-colonel, deux majors et cent
cinq officiers. La 3ᵉ de ligne couvrit ce mouvement
qui, fait à l'entrée de la nuit, n'en facilita pas moins
l'évasion des prisonniers, au point qu'il ne nous en
resta que 1,700, y compris les cent faits à Nervi. Le
surplus des corps qui avaient agi dans cette journée
garda le Monte-Faccio.

Le lendemain, toutes les troupes reprirent les positions qu'elles avaient le 20 floréal, conservant néanmoins le Monte-Faccio, et à tort Nervi, et ramenant tout
ce que l'on put trouver de bétail dans les villages à
notre portée.

Tels sont les principaux faits de cette journée glorieuse, et dans laquelle, sans que nous ayons guère eu
plus de 200 hommes à regretter, l'ennemi, en tués,
blessés et pris, en perdit plus de 3,500; journée qui
multiplia les actions d'éclat, au point qu'il fut impossible de nommer tous ceux qui se distinguèrent. A
la tête d'eux tous, se place néanmoins le général Darnaud, qui se couvrit de gloire; mais, après lui, se grou-
pent de la manière la plus honorable, les chefs de bri-

gade Godinot et Perrin, commandant les 25ᵉ légère et
2ᵉ de ligne, le chef d'escadron Soult, le chef d'escadron
La Villette, qui fut blessé, enfin le capitaine d'état-major Broussac et le sous-lieutenant Mamart.

Vers le soir, cette victoire fut annoncée à Gênes
au son des musiques militaires. La ville fut spontané-
ment illuminée. Par une disposition qui, dans notre
détresse, était une munificence, le gouvernement ligurien ordonna que les troupes qui avaient combattu re-
cevraient, à titre de gratification, une double ration de
vin ; et, à leur retour, le général en chef et le lieutenant-général furent accueillis par de justes applaudis-
sements: hommages qui, en effet, étaient dus à la conception du plan, comme à son à-propos et à l'importance du succès, mais, également, à la manière dont
furent surmontées les difficultés de l'exécution, rapport sous lequel le général Darnaud avait certes une
brillante part à revendiquer. Et cependant, comment
ne pas ajouter que, sans l'attaque du général Miollis,
sans la faute que fit l'ennemi de le poursuivre avec
toutes ses réserves, sans l'impossibilité où cette faute
le mit d'arriver à temps pour empêcher le général Darnaud de s'emparer d'Il-Becco, le succès eût été impossible et le désastre pouvait être complet ! Quoiqu'il en
soit, l'enthousiasme fut d'autant plus grand, que du
moment où la division Miollis avait battu en retraite,
il n'avait plus été possible d'avoir aucune nouvelle du
lieutenant-général ; circonstance d'autant plus sérieuse
que ce général se trouvait enveloppé par l'ennemi qu'il
avait tourné, et que, n'étant pas secondé par les corps

sur la coopération desquels il avait dû compter, il agissait seul et pouvait être accablé par le nombre. Aussi quelques personnes avaient-elles cru la journée complètement malheureuse, jusqu'au moment où l'on en publia les résultats.

C'est, au reste, par suite de cette mémorable réussite, que le général en chef écrivit au général baron Ott :

« J'ai l'honneur de vous prévenir, monsieur le gé-
« néral, que demain à midi je ferai tirer le canon, en
« réjouissance de la victoire que je viens de remporter
« sur vos troupes.

« Vous trouverez, sans doute, que j'ai acquitté à vue la lettre de change qu'il vous a plu de tirer sur moi. »

Signé : MASSÉNA.

22 Floréal.

Dans les opérations de guerre que le général en chef avait exécutées et fait exécuter avec une infatigable activité, on se rappelle qu'indépendamment de ses efforts pour réunir les troupes disponibles de la droite et du centre de l'armée, il avait toujours eu trois buts : le premier, résultant de l'excès des besoins, avait été d'approvisionner Gênes à la faveur des avantages par lesquels il parvenait à éloigner momentanément l'ennemi de cette place ; les deux autres, que les circonstances terribles où il se trouvait lui avaient imposés au titre d'un rigoureux devoir, et qui prouvent un dévouement, une fidélité, dont à ce degré, et d'une manière aussi méritoire, je ne connais aucun autre exemple, dévouement et fidélité qui cependant devaient être si mal récompensés; les deux autres buts du général Masséna, disons-nous, avaient consisté : 1° à employer tous ses moyens pour contraindre l'ennemi à garder autour de Gênes le plus de troupes possible, à augmenter ses pertes et à ne calculer les nôtres que de manière à pouvoir se maintenir jusqu'au jour où ses dernières ressources en subsistances seraient consommées, et 2° à utiliser jusque-là le dernier boulet et le dernier homme, afin, d'une part, de favoriser, autant qu'il pouvait être en lui de le faire, les opérations de l'armée de réserve, et d'autre part, d'avoir fait payer à l'ennemi, et la ville de Gênes et ses défenseurs, s'il se trouvait réduit à traiter avec lui.

Mais pour remplir ces trois buts, et même pour n'en remplir qu'un seul, il ne suffisait pas de combattre; il fallait le faire avec succès, ou du moins sans désavanges trop marqués. Le général Masséna connaissait assez, et *la position*, pour sentir que tout ce qu'il avait été possible de faire à cet égard était à-peu-près fait, et *le peuple de Gênes*, pour savoir qu'il prenait une attitude qui bientôt ne permettrait plus de dégarnir la place, et *l'état des troupes*, pour être convaincu que dans des localités où la victoire échappe souvent au plus brave pour favoriser le plus robuste, qu'avec des troupes usées au physique, affaiblies au moral, enfin que, dans la nécessité de faire donner toujours les mêmes corps, et des corps pour ainsi dire détruits à force d'avoir été décimés, il était impossible de combattre deux jours de suite un en-

nemi presque partout retranché dans des positions auxquelles on ne pouvait arriver, après les plus grands efforts, qu'à moitié vaincu par la fatigue et pour attaquer
des troupes fraîches et vigoureuses ; mais, par cela même
que Masséna avait besoin de donner aux siennes quelque
repos, l'ennemi, qui à cet égard était dans une position
entièrement différente, et dont une seule division avait
d'ailleurs combattu, l'attaqua, dans cette journée du 22,
sur deux points opposés, savoir, par une fausse attaque,
à Saint-Pierre d'Aréna, où, vers une heure du matin, il fit
passer la Polcevera à des troupes qui de suite furent repoussées par un détachement de la 3ᵉ légère, du huitième
de leur force, commandé par le sous-lieutenant Bazière,
et à Nervi, qu'une colonne autrichienne, de 2,000 hommes environ, enleva à la 8ᵉ légère, qui n'aurait pas dû
y être laissée ou qui aurait dû y être soutenue.

25 Floréal.

Le combat du 17 germinal détruisit, dans l'esprit
des Gênois, l'idée de l'invincibilité des Autrichiens,
auxquels on avait commencé par croire que nous ne
pourrions résister sur aucun point.

Les expéditions du Ponant (du 18 au 28 germinal),
révélèrent tout ce que le talent et le courage peuvent
rendre possible contre le nombre, et cela malgré les plus
formidables positions, les plus horribles besoins, et un
retard qui compromit tout et rendit le succès impossible.

La malheureuse affaire de Voltri elle-même (28 germinal) montra jusqu'à quel point la valeur peut at-
ténuer la conséquence d'une faute.

Le 10 floréal, qui, sur toute notre circonférence, vit
combattre la totalité des troupes et des chefs des deux
parties belligérantes sous les ordres de leurs généraux
en chef, constitua la plus belle des luttes de ce blocus.

Le 21 fut consacré à la plus audacieuse, à la plus
brillante de nos entreprises ; mais il épuisa pour nous
les chances de la bonne fortune, et en effet, les 23 floréal et 8 prairial, qui mirent fin à ce que notre défense
avait eu d'offensif, ne furent que des jours de revers et
de deuil. Ébauchons les phases de la première de ces
journées, qui seule appartient encore à cette quatrième
partie.

Deux motifs puissants la destinèrent à de nouveaux
combats : le premier provenait de la résolution du général en chef, de multiplier ses attaques à mesure que
le mouvement des opérations de l'armée de réserve approchait et que nos ressources achevaient de s'épuiser ;
le second, de la volonté de profiter des pertes que l'ennemi avait faites l'avant-veille sur la gauche du Bisagno, et qu'il ne pouvait avoir encore réparées, pour
approvisionner Gênes de manière à nous en assurer la
conservation jusqu'à ce que l'armée de réserve ait pu
faire lever le blocus de cette place, ou qu'il fût décidé
que nous ne pouvions plus être sauvés. Pour atteindre
le premier but, toute action contre l'ennemi était
bonne ; mais quant au second, il fallait, au moment
que je rappelle, arriver à Rapallo et à Porto-Fino, où

des grains venaient d'être débarqués, où d'ailleurs, et pour les besoins des troupes autrichiennes, il s'en trouvait toujours, alors que pour être sauvés il nous en fallait si peu; il fallait y arriver par la route la plus courte et la plus éloignée des principales forces de l'ennemi, réunies au Monte-Creto et à l'ouest de cette formidable position.

Ce projet était opportun, ce plan était rationnel; et pourtant ils ne convinrent pas à M. le lieutenant-général Soult, qui, par écrit, proposa, demanda au général en chef de faire précéder l'expédition de Porto-Fino par l'enlèvement du camp de Monte-Creto. La réponse du général Masséna ayant contenu le refus d'adhérer à cette proposition, une discussion verbale s'ensuivit, et là, avec véhémence et tenacité, appuyé d'ailleurs dans tous ses dires par l'adjudant-général Andrieux dont il s'était fait accompagner, le lieutenant-général présentant l'enlèvement du camp de Monte-Creto comme certain, soutint que c'était par là qu'il fallait commencer, et que ce qui le prouvait, c'est que, du moment où nous serions maîtres de ce camp, l'ennemi serait forcé de s'éloigner de Gênes; que dès-lors, libres de nos mouvements, nous le serions de nous porter en arrière de la Coronata, d'où l'ennemi nous gênait le plus, de reprendre Voltri, de forcer le général Ott à évacuer le levant jusqu'au-delà de Chiavari, de rejeter ses principales forces sur la Bochetta, de nous emparer de toute l'artillerie et des magasins qu'il avait à portée de Gênes; enfin, et par suite de ces opérations préliminaires, d'aller enlever les grains qui se trouveraient à Rapallo et à Porto-Fino.

Certes, c'était plus d'avantages qu'il n'en fallait pour
ne pas permettre l'hésitation ; mais cet énoncé était-il
une garantie, et comment l'eût-il été? Le camp de
Monte-Creto était occupé par une division d'élite commandée par le prince Hohenzollern, chef vigoureux et
capable ; il y avait dix jours qu'à notre connaissance,
ce camp avait été renforcé par 2,000 hommes, et de
plus, il était flanqué par des corps placés de manière
à prendre à revers les troupes qui l'attaqueraient. Nous
étions donc hors de mesure d'exécuter contre lui une
entreprise trop chanceuse pour que l'on pût compter
sur un succès auquel le général Masséna n'a jamais
cru, en même temps qu'une non-réussite nous laissait
sans moyens et sans ressources. Sous un second rapport, ce camp de Monte-Creto enlevé, nous ne pouvions
tarder à en être chassés par la famine ou par la force
des armes : par la famine, car, en fait de vivres, nous
n'aurions rien trouvé à portée de ce camp, trop éloigné
de Gênes pour les transports à dos d'hommes, au
moyen desquels seuls nous aurions pu y nourrir des
troupes ; par la force des armes, car, lors-même que
nous nous serions emparés de ce point central et cul-
minant des positions de l'ennemi autour de Gênes,
nous y aurions été attaqués et au besoin réattaqués
par les 40 bataillons, minimum des forces constam-
tamment employées à nous bloquer, forces auxquelles
les 5,000 combattants qui nous restaient, et que d'ailleurs nous ne pouvions plus tenir aussi loin de Gênes,
étaient hors d'état de résister. Enfin, quand nous aurions pu nous maintenir au Monte-Creto, où aurions-

nous pris les troupes nécessaires pour faire évacuer à
l'ennemi le levant et le Ponant, et pour le jeter sur la
Bochetta? et comment supposer que, même en évacuant de cette sorte les approches de Gênes, devant des troupes prises je ne sais où, il nous eût laissé
l'artillerie qu'il avait et des magasins qu'il n'avait pas?
On ne pouvait donc, et dans l'hypothèse la plus favorable, admettre qu'un succès de vingt-quatre heures et
un succès sans résultat. A quoi j'ajouterai que la croyance
d'enlever le camp de Monte-Creto, que la pensée que
la levée du blocus de Gênes serait la conséquence de
cette réussite, que le projet de faire succéder l'expédition de Porto-Fino à celle du Monte-Creto, confondent
au même degré, attendu que l'on ne pouvait aller du
Monte-Creto à Porto-Fino que pour n'y rien trouver;
d'où il résultait encore que l'attaque du Monte-Creto
compromettait tout en détruisant la plus nécessaire et
la dernière des espérances du général en chef. Pourtant, et malgré l'évidence et la conviction de ces faits,
il céda; mais, il faut bien le dire, ce ne fut pas seulement parce que cette discussion était devenue au dernier point pénible et *fatigante*, pour répéter l'ex-
pression dont le général en chef se servit en m'en parlant,
ainsi que le prouvent les deux éditions de ce journal
faites sous ses yeux, et où ce mot se trouve répété,
c'est-à-dire conservé, mais parce que, moins il lui restait de chances pour s'approvisionner, plus son plan et
sa position le contraignaient à combattre; enfin, et
comme le général Masséna me le dit un jour, il céda
parce qu'il y avait trop d'inconvénients, d'une part, à

se refuser à la seule opération conçue par le lieutenant-général Soult durant tout le blocus, et à une opération dont il garantissait le succès, de l'autre, à lui en faire faire une qu'il ne voulait pas faire, ce que (t. **2** de cet ouvrage) la seconde partie de mes observations sur la vingt-huitième des remarques critiques que M. le lieutenant-général Soult a faites sur ce Journal, achèvera d'expliquer.

Encore que cette journée se trouvât destinée à résoudre le problème de notre situation, elle ne commença pas par notre feu, ainsi que cela avait eu lieu au 12 floréal; car, aux premières lueurs du crépuscule, un bataillon autrichien, échelonné par un second, attaqua près Rivarolo les avant-postes de la 5e légère; mais les grenadiers de cette demi-brigade suffirent pour faire justice de cette agression. Abordé à la baïonnette, ce bataillon le fut même avec une telle vigueur, qu'en peu d'instants il perdit 60 hommes, quelques prisonniers y compris, et battit en retraite. On est resté incertain de savoir si cette action, qui du reste ne nous a coûté qu'un seul homme, et dont le but fut de surprendre et, en cas de succès, d'enlever la 5e légère, résulta de l'humeur que l'affaire du 21, ou la lettre du général en chef, avait donnée au général Ott; en d'autres termes, si ce fut une affaire de colère ou une tentative de revanche. Toujours est-il qu'elle ne changea rien aux projets arrêtés, de même que rien ne fut négligé par le lieutenant-général pour que, dans cette journée, la gloire fût d'autant plus complète, qu'elle devait lui appartenir tout entière. Le choix des chefs et des troupes se fit en effet par lui seul, et avec un soin égal. Les troupes reçurent, en fait de subsistances, tout ce qu'il fût possible de leur donner.

Les demi-brigades destinées à concourir à cette opération furent réparties en deux corps :

Celui de droite, composé des 3e légère, 2e, 3e, 24e et 62e de ligne, marchant sous les ordres immédiats du lieutenant-général, partit de la Porte-Romaine à huit heures du matin, et se porta sur le flanc gauche de l'ennemi en suivant la vallée du Bisagno.

Celui de gauche, commandé par le général Gazan, et composé des 92e, 97e et 106e de ligne, déboucha par le fort de l'Éperon, et passant par les Deux-Frères, se dirigea sur les Quatre-As où l'ennemi avait un camp couvert par quelques ouvrages.

En se portant en avant, le lieutenant-général laissa la 24e de ligne entre les Quatre-As et le Bisagno, avec ordre de couvrir son flanc droit et de n'avancer qu'autant qu'elle le pourrait sans se compromettre.

Les 3e légère et 62e de ligne, formant l'avant-garde du lieutenant-général sous les ordres de l'adjudant-général Gauthier, commencèrent par disperser une légion de paysans armés qui occupait le Bisagno, et, vers onze heures de matin, elles engagèrent le combat avec les troupes autrichiennes qui défendaient les approches du Monte-Creto. La bravoure de nos soldats, la vaillance entraînante de leur chef, leur confiance réciproque, signalèrent le début de cette action par des succès brillants; partout l'ennemi ployait devant cette colonne qui ne formait pas 1,400 combattants. Après une marche qu'un combat continuel rendit lente et pénible, l'adjudant-général Gauthier parvint à la première hauteur du Monte-Creto, et deux charges, exécutées avec succès, rejetèrent les Autrichiens dans leurs retranchements et permirent à nos troupes de s'établir sur le plateau de cette montagne escarpée.

Pendant que l'adjudant-général Gauthier avait obtenu ces avantages, la 24ᵉ de ligne, sous les ordres de son chef, avait enlevé, malgré la plus forte résistance, la montagne de l'Aspino, et se trouvait, de cette manière, seconder, en les flanquant, les troupes que le lieutenant-général avaient chargées de la principale attaque.

Dans le même temps, le général Gazan était aux prises avec le corps ennemi occupant les Quatre-As. Déjà la brigade Spital s'était emparée de ses premières positions, déjà l'on formait des pelotons pour soutenir les braves qui marchaient sur les dernières redoutes que l'ennemi avait sur ce point, lorsque, vers midi, l'orage le plus violent éclata. En effet, des nuages tellement épais que, par moments et même en se touchant, on ne se voyait pas, si ce n'est à la lueur instantanée des éclairs, couvrirent tout-à-coup la montagne élevée que nous occupions et semblèrent confondre le ciel avec la terre. Deux heures d'une pluie de déluge, mêlée de grêle, prolongèrent cette situation, et elle fut telle que, pendant ces deux heures, personne n'avait osé faire un pas de peur de tomber dans des abîmes, et que chacun de nos soldats se retrouva à la place où l'orage l'avait pris, lorsque le temps commença à s'éclaircir ; mais à ce moment tout était mouillé, la terre, les vêtements, les munitions et les armes ; les sentiers, de plus, étaient devenus extrêmement glissants ; enfin l'ennemi, qui connaissait parfaitement le terrain et ne pouvait plus se tromper sur nos projets, avait profité de l'inaction totale à laquelle nous avions été réduits, pour reformer ses bataillons, rectifier ses dispositions, autant que cela avait été possible, et faire avancer en toute hâte les corps placés dans les vallées environnantes, et qui, se trouvant au-dessous de la région des nuages, avaient pu marcher pendant notre immobilité. Les difficultés avaient donc augmenté en proportion de la diminution de nos moyens ; mais en se retirant, comme tout en démontrait la nécessité, rien n'était compromis.

Ce parti n'ayant pas été pris, le général Spital, sur la gauche, cherchant à ranimer ses troupes, parvenait à les ramener au feu, lorsque son cheval fut tué sous lui ; il tomba et se blessa de manière que l'on fut contraint de l'emporter. L'adjudant-général Reille prit aussitôt sa place, se jeta en avant, mais ne put faire partager le dévouement dont il donna l'exemple avec la plus grande énergie.

Sur la droite, le corps de bataille ayant rejoint l'avant-garde, le combat recommença. La vigueur du général Poinsot, l'indicible influence que l'adjudant-général Gauthier exerçait sur les troupes, la présence et l'exemple du lieutenant-général, obtinrent de nouveaux efforts, et ils furent tels, qu'après une lutte corps à corps, les doubles retranchements de l'ennemi et son camp de

Monte-Creto furent enlevés, ses pièces enclouées, ses baraques brûlées, et que 150 prisonniers, dont un colonel, mirent bas les armes devant des braves qui semblaient se multiplier par leur vaillance, lorsque l'adjudant-général Gauthier tomba grièvement blessé.

L'arrivée d'un des renforts attendus par l'ennemi coïncide avec la perte de cet officier, l'un des plus brillants dont nos armées se soient honorées, et nos troupes se reploient, emportant néanmoins leur digne commandant !

Le lieutenant-général, qui suivait ce mouvement, rallie à la hâte cette brigade d'avant-garde, dont il donne le commandement à l'adjudant-général Gauthrin, officier de capacité et d'exécution. Une troisième attaque a lieu. L'ennemi, enhardi par le nombre, résiste avec une opiniâtreté qui ne fait qu'exalter le courage de nos braves. A ce moment, le prince Hohenzollern reçoit et conduit lui-même sur le champ de bataille une nouvelle réserve ; son arrivée cependant n'a encore rien de décisif, mais une balle fracasse la jambe droite du lieutenant-général et le renverse sans connaissance !.. A l'instant les troupes s'arrêtent, et leur offensive héroïque se change en une défensive impossible à soutenir dans cette situation !.. Pour comble de malheur un soldat, rapportant le chapeau bordé du lieutenant-général, accrédite le bruit de sa mort, et de toutes parts nos soldats se rejettent dans les ouvrages du camp qu'ils venaient de conquérir et que bientôt après ils abandonnent !.. Vainement le général Poinsot, l'adjudant-général Gauthrin, et le brave chef de brigade Perrin, commandant la 2ᵉ de

ligne, s'efforcèrent de rétablir le combat; le moment de
l'énergie était passé, le découragement avait remplacé
l'audace, et l'enthousiasme, ce véhicule indispensable à
des Français, n'existant plus, la retraite s'opéra sur toute
la ligne.

Cependant le chef d'escadron Soult, frère du lieutenant-général et son aide-de-camp, et le lieutenant Hu-
lot son officier d'ordonnance, avaient fait tout au monde
pour le rapporter à Gênes, mais leurs efforts n'avaient
servi qu'à signaler leur dévouement! Contraints de renoncer à l'espoir de le soustraire à l'ennemi, ils unirent
leur sort au sien et attendirent les Autrichiens qui, ne
remarquant au premier moment que leurs uniformes,
commencèrent par tirer sur eux! Pour arrêter l'effet
d'une si cruelle méprise, le chef d'escadron Soult se
jette au milieu d'eux et parvient jusqu'au prince Hohenzollern, qui de suite fait donner au lieutenant-général
tous les secours qui étaient en son pouvoir.

Quant à l'ennemi, après avoir repris sur le Monte-
Creto ses positions, il suivit notre mouvement rétrograde d'autant plus faiblement, que déjà une forte
colonne marchait pour nous envelopper. Cette colonne,
en effet, exécuta son mouvement avec célérité et vigueur, et aurait coupé la retraite à la moitié de nos
troupes, si elle n'avait eu affaire à des Français; mais
de plus, et du moment où le général en chef, qui,
comme nous l'avons dit, s'était rendu à la division
Gazan pour se trouver sur le terrain à tout évènement,
avait jugé que l'entreprise était manquée, il avait
chargé l'adjudant-général Hector de remonter le Bisa-

gno avec la 106° de ligne, et, réuni à la 24°, d'assurer la rentrée des troupes du lieutenant-général à Gênes. Cette disposition fut de salut. Sans elle, la 2° de ligne, notamment, était prise en totalité ; malgré les efforts des deux autres demi-brigades, elle ne se fit jour qu'en renouvelant des charges dont la dernière coûta la vie à son digne chef le colonel Perrin !

Après avoir plus ou moins souffert, les corps employés à cette fatale opération reprirent leurs positions de la veille.

Le général Miollis qui, dans le levant et sur la gauche du Bisagno, avait occupé l'ennemi au moyen de fortes reconnaissances et de démonstrations d'attaques, fit également rentrer ses troupes.

Ainsi se termina cette journée funeste à tant de braves, et dans laquelle, sans même parler de la chute du général Spital, l'armée fit trois pertes accablantes : la première, par la mort du chef de brigade Perrin, officier très distingué et d'une valeur qui jamais ne s'était démentie ; la deuxième, par la terrible blessure que reçut l'adjudant-général Gauthier, réunissant une haute capacité aux qualités de guerre les plus brillantes comme les plus rares ; la troisième, par la blessure et la prise du lieutenant-général qui, depuis le blocus, s'était signalé par tant de faits d'armes. 120 prisonniers, parmi lesquels se trouvaient un colonel, un major et huit officiers, restèrent en notre pouvoir.

Par une coïncidence remarquable, la ville de Gênes se montra menaçante pendant toute cette journée. Avant même de savoir notre insuccès, 4,000 femmes, agitant des sonnettes dont la plupart d'entre elles s'étaient munies, et prêtes à être secondées par toute la population, avaient parcouru la ville, demandant du pain à grands cris. De l'argent, distribué à propos par les ordres du commandant de la place, et sa fermeté, dissipèrent ces attroupements, mais ne purent tranquilliser sur les entreprises d'un peuple souffrant, excité par des hommes puissants, acharnés au dernier point, secondés par les circonstances, et que le revers que nous venions d'éprouver ne pouvait manquer d'enhardir.

Cependant, malgré tant de motifs d'espérer, malgré les intelligences au moyen desquelles l'ennemi connaissait notre position, il n'était pas rassuré : il lui restait une idée assez imposante du dévouement héroïque des troupes et du caractère du général Masséna, une impression trop forte des pertes qu'il avait faites, une appréhension trop fondée de celles qu'il pouvait faire encore et de la durée possible de notre défense. Il songea donc à d'autres voies qu'à celle des armes, et dans la soirée même du 23, il renouvela des propositions tendantes à mettre la reddition de Gênes à prix. L'effet fut loin de répondre à son attente. Le général Masséna ne vit, dans cette démarche, qu'une preuve des succès de l'armée de réserve et, par-dessus tout, qu'une injure. L'indignation qu'elle lui inspira fortifia encore en lui le sentiment de sa supériorité ; il n'en devint que plus confiant dans l'avenir, et résolut de ne répondre qu'à coups de canon à des hommes qui le méconnaissaient à ce point de supposer qu'une femme

pût concourir à lui faire accueillir (*) de telles propositions, et le rendre capable de considérer des millions
comme pouvant être mis en balance avec sa gloire personnelle, l'honneur de nos armes et l'amour de· la
patrie.

24, 25, 26, 27, 28, 29 et 30 Floréal.

Le 24, au matin, le général en chef adressa aux habitants de Gênes la proclamation suivante :

    « Vous êtes témoins des efforts que l'armée fait pour
votre délivrance ! L'ennemi a été si souvent battu, ses
pertes ont été si considérables, qu'aujourd'hui ses forces sont infiniment réduites ; la journée d'hier même
a été pour lui une des plus meurtrières ; il est dans l'impossibilité de rien entreprendre contre la ville de Gênes.
Nous n'aurions donc qu'une seule chose à redouter,
le manque de vivres, si les mesures les plus rassurantes
n'avaient été prises à cet égard. Elles ont été l'objet de
ma sollicitude et de celle de votre gouvernement. Des
achats ont été faits, et quelles que soient les difficultés,
sous peu de jours il arrivera des subsistances.

(*) 500,000 fr. avaient été promis à madame Costa si elle réus-
sissait. Cette Génoise, une des plus belles femmes de l'Italie, passait pour avoir été la maîtresse du général Moreau, pour être celle
du général Masséna ; on la regardait comme le lot des généraux
en chef, et comme on fait des calembourgs dans toutes les langues, on avait dit : *Moreau a Coperto la Costa Ligure.*

« Habitants de Gênes! je vous le répète, votre sort est dans vos mains. Vous devez aux sacrifices que vous avez déjà faits, vous devez à l'armée qui verse son sang pour votre défense, vous devez à l'honneur de votre earactère national, à vos familles, à votre gouvernement, de persévérer avec courage. Je n'ai qu'à me louer de votre contenance ferme et calme; mais vous perdriez tout le fruit de vos sacrifices, si vous ne les supportiez encore quelques jours.

« Génois! L'armée française vous donne un grand exemple!... Hésiteriez-vous à le suivre dans des circonstances qui vous intéressent au moins aussi essentiellement qu'elle! »

« *Signé* MASSÉNA. »

Le même jour 24, et au moyen d'une visite domiciliaire, le gouvernement ligurien fit saisir tout le blé qui se trouvait chez les marchands de pain. Le résultat fut nul relativement aux besoins de l'armée et du peuple, ce commerce n'étant rien que par la valeur que la disette donnait aux plus petites quantités; mais cet enlèvement fit, sans compensation, le triple mal de révéler la pénurie des habitants, de priver totalement la ville de pain pendant trois jours, et de n'en faire reparaître qu'à un prix excessif lorsque, pour réparer sa faute, le gouvernement promit solennellement la plus entière liberté pour ce genre de commerce : rétractation indispensable, mais qui n'en décelait pas moins de faiblesse que d'incertitude dans sa marche.

A onze heures du soir, le capitaine du génie Cou-
chaud arriva avec des dépêches par lesquelles le Premier Consul informait le général Masséna de la première
victoire de l'armée du Rhin, et lui annonçait qu'il dirigeait lui-même les opérations de l'armée de réserve. Cette
nouvelle ranima d'autant plus les troupes, que le nom
seul de Bonaparte électrisait les âmes et présageait la
victoire. Cette dépêche, traduite de suite, fut, dès la
pointe du jour, imprimée, affichée et répandue partout.

Le 25, plus de 40 bâtiments font voile vers le levant. Ce sont, dit-on, les Autrichiens qui évacuent sur
Livourne tout ce qu'ils ont pu enlever dans la rivière
du Ponant et qui préparent leur retraite.

Le 26, le rapport du poste de la Lanterne porte que
les fortins de Vado ont tiré.

Le même jour, le général en chef, instruit que les
pêcheurs, non-seulement font la contrebande du vin,
mais servent encore d'espions à l'ennemi, prend des mesures pour mettre fin à ces délits.

Informé que des prédicateurs emploient leur influence d'une manière dangereuse, il les fait prévenir
que la surveillance publique s'étendra jusque dans
l'intérieur des églises.

Il fait sortir de Gênes un grand nombre de femmes,
des hommes même, qui, lors de son investissement,
s'étaient jetés dans la ville et qui, dans les attroupements, s'étaient particulièrement fait remarquer par
leur véhémence.

Il trouva encore le moyen de contenir les troupes
liguriennes qui, à l'instigation et à l'exemple de quel-

ques-uns de leurs officiers, faisaient de leurs casernes des foyers de conspirations.

Enfin, et au moyen de placards, il rappelle au peuple tout ce qui, dans les évènements de 1746, pouvait contribuer à réveiller et à nourrir sa haine contre les Autrichiens.

Le 27, à deux heures du matin, les galères et chaloupes napolitaines bombardent Gênes et principalement le quartier de la Marine. Le peuple s'épouvante et fuit de toutes parts. Au milieu de la nuit, les rues se remplissent de monde, des rumeurs se font entendre, des fusées partent d'un des endroits où sont les prisonniers; la générale bat, mais ne rassemble presque personne de la garde nationale qui, depuis le 23, ne prenait plus qu'une très faible part aux mesures de police; le zèle était éteint; les menaces dont le général Assareto remplissait toutes ses proclamations, intimidaient ses compatriotes à mesure que notre position devenait plus critique.

Au milieu du désordre de cette nuit, le général en chef ne cesse de parcourir la ville.

Le jour met fin au bombardement, mais ne dissipe pas les rassemblements de femmes, poussant les plus lamentables cris, et se jetant sous les pieds de nos chevaux avec une fureur telle que le peloton de guides qui précédait le général en chef devient indispensable pour nous frayer un passage. Au moment où le général en chef passe au milieu d'un de ces groupes, des cris affreux se renouvellent; il s'arrête, fixe ces malheureuses, et son regard fait tout fuir.

Le 28, l'ennemi exécute une reconnaissance sur le Monte-Faccio; elle donne lieu à un combat d'une demi-heure, après lequel il est repoussé.

Différents rapports annoncent que le canon se fait entendre du côté de Savone : fait qui ne se confirme pas.

Cinq déserteurs déposent que les corps ennemis stationnés dans le Ponant, ont fait partir leurs équipages et leurs chevaux de pelotons; que, d'après des bruits accrédités, Bonaparte a bloqué Turin et marche sur Alexandrie; enfin, que l'ennemi ne quitte presque pas les armes.

Malgré ces nouvelles favorables, plusieurs conciliabules se tiennent à Gênes, sans que l'on puisse découvrir le lieu d'aucun d'eux ou le nom d'aucun des membres qui les composent.

Des femmes, de nouveau réunies en groupes, crient : *Viva !* en sous-entendant le mot *Maria*. Ces deux mots réunis formaient le cri de mort du peuple génois, et devenaient contre nous un cri de ralliement. Ces femmes, excitées et conduites par des prêtres, insultent d'une manière grave plusieurs Français; des voies de fait se mêlent à ces désordres, auxquels des hommes finissent par prendre part, et se répètent dans plusieurs quartiers de la ville. Tout semble présager une explosion : la fermentation des habitants, l'abattement des troupes, le mécontentement de tous. Pour comble de malheur, nous apprenons que l'avant-veille, 26, le fort de Savone s'est rendu au moment où un bateau chargé de subsistances et, malgré notre affreuse pénurie, expédié de Gênes, entrait dans le port.

Le 29, pour être en mesure contre le peuple, les attaques des Autrichiens et les débarquements que la flotte anglaise pouvait effectuer, le général en chef concentre ses forces. Le Monte-Faccio est abandonné, le général Miollis reprend la ligne plus resserrée de la Sturla, plusieurs corps entrent dans Gênes et renforcent sa garnison. Chaque troupe a sa place d'alarme, chaque canonnier génois connaît la pièce qu'il doit servir. Une demi-brigade bivouaque sur les glacis de la Porte-Romaine, une seconde sur ceux de la Porte de France, une troisième à la position des Deux-Frères. Enfin, des réserves de deux et trois bataillons chacune sont établies sur les places de Saint-Dominique, de l'Aqua-Verde et de la Fontaine-Amoureuse, où deux pièces de canon sont mises en batterie.

Le 30, à sept heures du matin, arrive sur une esperonade maltaise, l'adjudant-général Ortigoni, échappé aux flottes ennemies et à leurs flottilles par la petitesse de cette embarcation et la rapidité de sa marche. Sa mission consistait à annoncer, d'après une dépêche de Bonaparte, que du 1er au 10 nous serions débloqués. Avec lui, arrivent d'Antibes, 900,000 francs envoyés par le payeur-général Scetivaux. Cette somme, employée à donner quelques à-comptes aux troupes et à faire face aux plus urgents besoins de l'administration, rend quelque énergie aux troupes par le mieux momentané qu'elle procure.

Depuis la veille, toute la flotte anglaise paraissait réunie devant Gênes ; à la pointe du jour, on signala cependant encore une nouvelle escadre venant du

Ponant. Vers deux heures, elle se joignit aux autres bâtiments qui, entourés d'une multitude de galères, de chaloupes canonnières et de bombardes, passèrent la journée à portée de canon des batteries de la place.

De quatre à cinq heures du soir, il s'engagea entre un vaisseau de ligne anglais et une galère génoise, soutenue par un corsaire français et protégée par la batterie de la Lanterne, une canonnade assez vive. A onze heures du soir, tous les petits bâtiments de l'ennemi approchèrent à la faveur de la nuit, et bombardèrent Gênes de nouveau. Ce deuxième bombardement produisit moins d'effet que le premier. Beaucoup de personnes s'éloignèrent encore des quartiers de la Marine, où le plus de bombes tombaient, mais il y eut peu de rumeur, et, ce qu'il y a de remarquable, il n'y eut aucun incendie à citer.

A deux heures après minuit, quelques détachements de troupes anglaises embarquées sur les chaloupes des vaisseaux, enlevèrent à l'abordage une fort belle galère génoise qui, avec les autres bâtiments armés du port, en fermait l'entrée. *Cinquante grenadiers* liguriens, en garnison sur cette galère, tirèrent *trois coups de fusil* pour la défendre ! Le brave Bavastro qui la commandait, voyant ce bâtiment perdu par une lâcheté ou une trahison aussi manifeste, se précipita à la mer, préférant les risques d'une mort honorable à une reddition honteuse. Il échappa, et, par ce trait de dévouement, conserva au général en chef un homme sur l'intrépidité duquel, au besoin, il aurait pu compter.

Pour remplacer cette galère, le général en chef fit

conduire à l'entrée du port deux des radeaux qui servaient à le nettoyer ; il les fit fixer au moyen d'ancres ;
il fit faire sur ces radeaux des embrasures du côté de
la mer, et fit placer deux pièces de canon de fort calibre sur chacun d'eux.

Ces radeaux, ainsi armés, formèrent deux batteries
flottantes.

CINQUIÈME PARTIE.

Prairial, première quinzaine.

Fin des opérations militaires des siége et blocus de Gênes, et évacuation de cette place.

PREMIÈRE DÉCADE.

Chacun des jours du mois de prairial multiplia, dans une proportion plus effrayante, les maux produits par ce terrible blocus. Pour offrir à cet égard un tableau fidèle et complet, il faudrait analyser une atroce série de tortures et peindre le hideux aspect des malheureux qui, pendant ces jours de douleur et de deuil, furent immolés à la nécessité, divinité infernale que les anciens représentaient avec des mains de bronze. Mais sans décrire la faim dévorante, remplissant jour et nuit les airs des cris du désespoir, les rues de morts et de mourants (CC); sans dire le nombre des victimes qui, faute de pain, ont terminé dans leurs sépulcraux réduits une trop déplorable existence ; sans chercher des contrastes dans la rage des uns, dans le morne et profond abattement des autres ; sans scruter davantage ces lugubres souvenirs et montrer tout un peuple pâle, défiguré et livide, se disputant les chevaux qui, morts de maladie, étaient transportés à la voirie, s'arrachant les chiens, les chats et jusqu'à des souris et des rats, voire même une poignée d'herbe (*), nous laisserons à nos lecteurs à se figurer les horreurs de la famine et de la misère, dans une ville qui renfermait alors 75,000 âmes (**), y compris 25,000 réfugiés, mais non compris nos troupes et les Autrichiens faits prisonniers, ville où de tout temps il a existé beaucoup de pauvres, et où, au commencement du blocus, le peuple ne recevait déjà par jour qu'une once de pain par individu. Mais ce qu'il y avait de plus cruel pour le général en chef, c'est que, malgré tout ce qu'il avait pu imaginer et faire, le moment où l'armée ne pouvait plus éviter de par-

---

(*) Ces détails sont loin de les indiquer tous. Croirait-on que, par besoin, les gens aisés mangèrent jusqu'à des dragées, et qu'à la fin on ne voyait dans les rues de Gênes que des marchands d'oignons, de sucre et de bonbons.

(**) M. Corvetto, ministre de la police de la république de Gênes pendant le blocus, dit, en parlant de la défense, qu'*elle compromettait l'existence de* 120,000 *habitants*. (Voir, à la suite de ce volume, la *Note* (EE) *sur les derniers jours du blocus de Gênes*).

J. F. L. F., auteur d'un volume imprimé en 1796, à Paris, sous le titre de *Campagnes des Français en Italie*, porte la population de Gênes de 90,000 à 100,000 âmes. Elle n'est aujourd'hui que de 50,000.

tager cette affreuse détresse était irrévocablement arrivé.

Lorsque les hostilités avaient commencé, moment auquel les ressources obtenues de la maison La Flèche et Guyot de la Pommeraye étaient à-peu-près épuisées, on avait rassemblé tout le blé et les légumes secs que l'on avait pu découvrir, et l'on avait évalué à quinze jours la durée du blocus que Gênes pouvait soutenir.

Pendant ces quinze jours, on avait fait les perquisitions les plus exactes dans les dépôts de Porto-Franco, et l'on s'était emparé de tout le grain qui s'y trouvait. On avait enlevé celui qui existait sur tous les bâtiments du port et celui qui, furtivement, avait été apporté dans quelques villages voisins de Gênes; on avait acheté, à tout prix, celui que le commerce avait pu livrer; on avait eu recours aux visites domiciliaires, et à force de chercher, de fouiller, d'acquérir, de prendre, on avait rassemblé en blé et en grenailles, de quoi sustenter encore quinze autres jours et le peuple et l'armée.

Ces efforts, ces ressources conduisirent au 15 floréal; ce jour-là même, un petit bâtiment, échappé à la surveillance de la flotte ennemie, nous apporta du blé pour quelques jours; mais ces jours s'écoulaient, et dans l'anxiété d'un avenir à ce point menaçant, alors que cette population devenait si redoutable, que nos forces devenaient si insuffisantes, que les besoins devenaient si horribles, le général Masséna osa faire retrancher au peuple le pain que, de temps immémorial, le gouvernement lui faisait distribuer; il osa réserver exclusivement pour les troupes tout ce qui restait en subsistances et tout ce qu'en fait de vivres il pourrait encore recevoir ou découvrir. Mais pour diminuer, autant qu'il était en son pouvoir, les maux que cette mesure ne pouvait manquer de produire, il fit multiplier les soupes d'herbes, soupes à la composition desquelles les médecins les plus estimés de Gênes furent chargés de présider, et dans lesquelles cependant on fut réduit à faire manger au peuple toutes les herbes médicinales qui se trouvèrent dans les pharmacies.

Quelque économiques que fussent ces soupes, leur quantité n'en constituait pas moins une forte dépense, et comme ni le gouvernement ligurien ni la caisse de l'armée n'étaient en état de la faire, ces soupes furent vendues; mais, pour faire connaître les malheureux à qui elles devaient être réservées, les curés donnèrent les listes des pauvres de leur paroisse, en même temps que, pour mettre ces pauvres en état de les solder, les gens riches et aisés, d'après les rôles de l'imposition personnelle, furent chargées de donner à chaque père ou mère dans l'indigence, seize sols par jour, et à chaque enfant, ou individu sans enfants, dix sols.

Cette mesure, qui multiplia les lieux de distributions, fit cesser les distributions gratuites qui, se prolongeant fort avant dans la nuit, pouvaient finir par servir de prétexte à des rassemblements séditieux ; mais, de plus, elle produisit le bien de former deux classes dans la ville et de diminuer les murmures; enfin l'on parvint, de cette manière, à sustenter l'armée jusqu'au premier prairial.

Mais alors les embarras les plus cruels se firent sentir. Il n'existait plus que pour deux jours de quoi

faire le pain déjà si mauvais que l'on distribuait aux
troupes. Dans cette extrémité, le général en chef, qui
pensait si justement que gagner du temps était tout
gagner, fit les derniers efforts pour prolonger l'agonie.

A cet effet il ordonna de rassembler le peu de grains
et autres approvisionnements qui restaient, et tout
ce qui, dans Gênes, existait en amandes, graine de lin,
amidon, son de blé et de maïs, avoine, orge, avoine
sauvage, cacao, gomme arabique et autres substances de
nature à être *avalées*, et, amalgamant le tout, il en fit
faire une composition que l'on donna au lieu de pain.
Il est imposible de rien imaginer de plus dégoûtant que
cette espèce de nourriture. La difficulté de la manutention achevait de la rendre exécrable. Ce n'était qu'un
mastic pesant, puant, couleur de chocolat sale, amer, et
tellement gras par l'huile du cacao et du lin, qu'il n'a-
vait aucune consistance et n'était susceptible d'aucune
cuisson. Il n'existe, au reste, qu'une manière d'en donner une idée : c'est de comparer cette composition à de
la tourbe imbibée d'huile!.. Certes, elle ne nourissait
pas, mais elle calmait les contractions convulsives de
l'estomac, et, de cette sorte, mettait nos malheureux
soldats en état de se traîner quelques jours de plus.

Le besoin de diminuer les maladies que causait cette
nourriture, détermina à distribuer en même temps aux
troupes du fromage, le peu de légumes verts que l'on
put se procurer et quelques salaisons, de même que l'on
distribua aux officiers des rations de chocolat. Dans les
hôpitaux, où les besoins étaient doublement cruels, où
l'on manquait de tout, on recevait à peine un peu de

pain de son, et quelques mauvaises confitures que l'on aurait encore été obligé de supprimer à cause du mal qu'elles firent, si, en peu de jours, elles n'avaient pas été épuisées.

Dans le même temps, l'ordonnateur Aubernon fit faire un autre essai qui prouve combien le désir de se créer quelques ressources était ardent et généralement partagé. Cet essai consista à faire sécher, dans des fours, les épis encore verts des champs de blé qui se trouvaient dans l'enceinte du camp retranché, pour voir si l'on en pourrait retirer quelque chose qui ressemblât à de la farine ; mais ces épis ne renfermaient encore qu'une substance laiteuse, et presque tous fusèrent. Le petit nombre de ceux qui se trouvèrent plus formés donna, en séchant, une espèce de semouille, encore en si petite quantité qu'en huit jours tous les fours de la ville, si même il y avait eu de quoi les alimenter huit jours, n'auraient pas suffi pour distribuer aux troupes de quoi faire une soupe.

L'espérance que cette idée avait fait concevoir s'évanouit donc à la suite de tant d'autres, et c'est ainsi cependant que le dévouement le plus unanime, révélé par l'emploi de moyens presque surhumains, fit, d'une part, multiplier les ressources, et de l'autre, entretint le courage avec lequel les troupes supportaient leurs privations, leurs fatigues, leur misère, et surtout fit recevoir, sans de trop vives plaintes, cet exécrable mélange qui joignait la fièvre à l'indigestion, *et que les chiens vomissaient.*

Mais au milieu de tant d'embarras, et pour maintenir

l'ordre que tout tendait à détruire, l'adjudant-général
Gauthrin surveilla la manutention de ce que l'on
nommait le pain ; l'adjudant-général Degiovani, la distribution de la viande provenant des chevaux que l'on
abattait ; le chef d'escadron Hervo, faisant fonction
d'adjudant-général, celle des liquides. L'adjudant-
général Thiébault continua à recevoir les rapports de
ces adjudants-généraux, ainsi que ceux des chefs de
corps, sur les distributions qui étaient faites, et d'en
rendre compte chaque jour au général en chef. Ce fut
à la même époque que, pour les troupes elles-mêmes,
l'on commença à compenser, par une indemnité en un
argent inutile, les diminutions que la disette forçait presque tous les jours de faire aux poids de ce qu'on osait
appeler encore *les rations.*

Ces dispositions si dignes d'admiration par les motifs
qui les suggéraient, et d'approbation en elles-mêmes,
n'étaient pas moins dignes de pitié quant à leurs effets et quant à leur cause ; mais arrêter le mal était impossible, et l'empêcher de croître l'était également. Aux
prises avec un ennemi bien plus formidable pour nous
que les armées autrichiennes, que les flottes anglaises, et
même que le peuple de Gênes, je veux dire avec la
famine et la misère, nous soutenions une lutte chaque
jour plus inégale, chaque jour plus désespérante. Il ne
s'agissait même plus de remède ou de stagnation. Tout
empirait malgré l'emploi des dernières ressources ; mais
on gagnait un jour, puis encore un jour ; et dans cette
épouvantable situation, prolonger l'agonie était le seul
moyen de conserver une chance de salut, en d'autres

termes, un espoir d'autant plus nécessaire que, quelque affreux que fût le présent, il paraissait heureux en comparaison de l'avenir qui nous semblait réservé.

Malgré les mesures prises par le général en chef pour contenir le peuple, celui-ci ne laissait pas cependant de donner des inquiétudes croissantes. Des enrôlements secrets se faisaient, des conciliabules continuaient à se tenir dans plusieurs maisons de Gênes; et sans qu'il soit possible de remonter aux sources, on apprend que des complots sont formés pour assassiner ou empoisonner le général en chef. Enfin, on colporte des proclamations du général Assareto, dans lesquelles il employait la séduction et les menaces; mais on le fait avec un tel secret que, pour les connaître, on en paya un exemplaire cinq louis. Au milieu de cette agitation, les bruits qui se répandent sur la marche de Bonaparte, et la fermeté du général Masséna, réconfortent cependant les uns et imposent aux autres : ainsi, semblable aux flots de la mer, qui s'élèvent ou s'abaissent au gré des vents, le peuple passait de l'abattement aux signes précurseurs d'une révolte, suivant les bruits qui se succédaient et se contredisaient sans cesse.

Le 1ᵉʳ prairial, on assure que M. de Mélas, avec une partie de son infanterie et deux mille hommes de cavalerie, est arrivé à Voltri. Cette nouvelle, qui fait croire à une défaite, annule l'effet du bombardement de Saint-Pierre d'Arena que la flottille napolitaine recommença vers le soir.

Le 2, à quatre heures de l'après-midi, les batteries de l'ennemi démolissent le dernier moulin qui nous reste près le pont de Cornigliano!.. A 6 heures, les galères, les bombardes et chaloupes canonnières napolitaines et anglaises, bombardent et canonnent de nouveau Saint-Pierre, et tirent à mitraille sur les retranchements qu'occupait le 2ᵉ bataillon de la 25ᵉ légère, pendant que de leurs positions les Autrichiens dirigent sur ces mêmes retranchements un feu d'artillerie soutenu et une fusillade très nourrie. Les batteries de la côte répondent à la flottille, et les six pièces d'artillerie de campagne que possédait l'aile droite ripostent aux batteries de terre. Cette action ne finit qu'à la nuit.

Le 3, on donne comme certain que le Premier Consul a passé le Pô et manœuvre de manière à couper toute retraite à l'ennemi; cette nouvelle fait une forte sensation. Le même jour, le temps devenant orageux renouvelle l'espoir de voir arriver quelque approvisionnement; cet espoir est trompé.

Le 4 également se passe, à cet égard, dans une attente vaine et dans une anxiété qui, d'heure en heure, devient plus douloureuse; seulement on rapporte que beaucoup d'effets ont été embarqués à Sestri du Ponant, et que des convois considérables de mulets de bâts filent vers Plaisance.

Les pauvres, qui depuis qu'on les soldait n'infestaient plus les rues, et encore que leurs rétributions aient été augmentées, reparaissent tout-à-coup dans un nombre désespérant.

Le 5, sur l'avis d'un mouvement insurrectionnel préparé pour la nuit, le général en chef, à une heure du matin, fait battre la générale ; cette mesure déconcerte les factieux.

Le matin du même jour, il avait rasssemblé chez lui tous les curés de Gênes, leur avait distribué de l'argent pour secourir les plus indigents de leurs paroissiens, et, d'après les propres paroles du Premier Consul, il avait annoncé que le 10 Gênes serait débloquée.

Vers deux heures, des coups de canon avaient été entendus dans le lointain. Tout en craignant que ce ne fût le feu de Gavi, place sur laquelle plusieurs mortiers avaient été dirigés immédiatement après la reddition du fort de Savone, les troupes furent de suite disposées de manière à seconder l'armée de réserve, si ce feu était le sien.

Le 6, le chef-d'escadron Franceschi, aide-de-camp du lieutenant-général Soult, et, comme nous l'avons dit, envoyé par le général en chef au Premier Consul le 4 floréal, arrive après avoir échappé à d'inconcevables dangers, et apporte des dépêches dont aussitôt, et par la notice suivante, le contenu est mis à l'ordre de l'armée et communiqué au gouvernement ligurien :

« Un des officiers que j'ai envoyés au Premier Consul est revenu cette nuit.

« Il a laissé le général Bonaparte descendant le Grand-Saint-Bernard, et ayant avec lui le général Carnot, ministre de la guerre.

« Le général Bonaparte me mande que, du 28 au 30 floréal, il sera arrivé, avec toute son armée, à Ivrea, et que de là il marchera à grandes journées sur Gênes.

« Le général Lecourbe fait en même temps son mouvement sur Milan par la Valteline.

« L'armée du Rhin a obtenu de nouveaux avantages : elle a remporté une nouvelle victoire à Biberach, a fait beaucoup de prisonniers, et a dirigé sa marche sur Ulm.

« Le général Bonaparte, à qui j'ai fait connaître la conduite des habitants de Gênes, m'écrit : *Votre position est difficile; mais ce qui me rassure, c'est que vous êtes dans Gênes! Cette ville, dirigée par un excellent esprit, et éclairée sur ses véritables intérêts, trouvera bientôt, dans sa délivrance, le prix des sacrifices qu'elle a faits!* »

Signé MASSÉNA.

Ces nouvelles raniment un instant le courage ; mais les impressions des maux soufferts et la gravité des maux présents sont telles, que l'on ne sort plus que par moments d'un profond abattement.

7 et 8 prairial. — Cependant des avis nombreux annoncent, le 7 au soir, des mouvements rétrogrades de la part de l'ennemi. Incapable de perdre un instant, de négliger un moyen, d'hésiter sur un effort, le général en chef ordonne, pour le lendemain 8, une reconnaissance sur Nervi, le Monte-Faccio et le Monte-Rati. Le général Miollis en est chargé.

Trois colonnes concourent à cette opération : celle de droite, composée de la 8e légère, et commandée par son chef ; celle du centre, composée des 62e et 74e de ligne, et commandée par le général Darnaud ; enfin celle de gauche, composée de la 97°, commandée par son chef, et avec laquelle marchait le général de division Miollis.

La colonne de droite suit la marine, en flanquant celle du centre, et rencontre peu d'obstacles.

Celle de gauche enlève successivement la Madona-della-Guardia, le camp de Bavari et le Monte-Rati, succès qui, aux titres de l'habileté et de la vaillance, n'honorent pas moins les chefs que les troupes.

Celle du centre éprouve les plus fortes résistances. Le talent et l'intrépidité du général Darnaud les surmontent. Il force l'ennemi à Parisone, sur la montagne de Campua et à Antonina. A travers des défilés presque impraticables, il parvient aux avancées du camp du Monte-Faccio, moment auquel il est attaqué à son tour. Aussitôt en mesure, la baïonnette française fait raison du nombre, et il arrive au plateau sur lequel l'ennemi l'attendait en bon ordre. Là, et à l'embranchement des routes de Nervi et de Scofera, il s'arrête; un instant lui suffit pour ses dispositions d'attaque; déjà il est prêt à recommencer le combat; déjà ses tirailleurs sont aux prises avec ceux de l'ennemi, lorsqu'il est assailli, sur sa droite et par la route de Nervi, par une nuée de paysans insurgés, qu'appuyait une colonne autrichienne. Obligé de soutenir, et à l'improviste, une double lutte, il fait face à tout et semble se multiplier. Sa position cependant devient critique; mais le général Miollis le rejoint avec la 97°, et dès-lors la victoire paraît certaine. En effet, les deux colonnes qui ont attaqué sa droite sont en retraite, et le général Darnaud, à la tête de ses troupes, aborde la première ligne de l'ennemi, qui en peu d'instants est rompue. Quinze pas à peine le séparent encore des retranchements qui couronnent cette montagne : ils allaient être enlevés; mais une balle lui fracasse le genou gauche, et les troupes, si accoutumées à vaincre sous ses ordres, frappées de découragement, s'écrient : *C'est assez! nous avons perdu notre père, celui qui nous menait à la victoire!...* et de suite, elles se retirent, emportant leur digne chef. C'est en vain que le général Miollis veut les ramener au combat; c'est en vain qu'il se jette en avant avec la 97ᵉ; ses efforts, l'honorable exemple qu'il donne, sont inutiles. Il prend donc position sur les hauteurs qu'il avait en arrière de lui ; et certain que l'ennemi avait autour de nous ses forces accoutumées, certain d'ailleurs qu'une nouvelle attaque ne pouvait rien ajouter aux faits qu'il avait à vérifier, n'ayant eu, de plus, à exécuter qu'une reconnaissance, il ramène au bout de quelques heures, et sans être même suivi, ses troupes sur la Sturla.

Telle fut l'affaire dont les Autrichiens firent un trophée, (comme si, pour eux, résister avait été vaincre), et à propos de laquelle M. le lieutenant-général dit que le prince Hohenzollern lui écrivit : *Il n'était pas difficile de remarquer que Soult n'y était pas :* phrase polie, mais sans application, car les dispositions et l'exécution furent tout ce qu'elles purent être. Mais de plus, quand le général Soult eût été à Gênes, il n'eût pas été là, d'une part, parce qu'il ne s'agissait que d'une reconnaissance, de l'autre, parce que quatre chefs de corps, deux adjudants-généraux, un général de brigade comme Darnaud, un général de division comme

Miollis, étaient certes plus qu'il ne fallait pour commander quatre lambeaux de demi-brigades, n'ayant à faire, je le répète, qu'une reconnaissance.

Au nombre des braves que cette action mit hors de combat, se trouvèrent encore les adjudants-généraux Hector et Noël Huart, ainsi que le chef-d'escadron. La Villette, qui tous trois se signalèrent par leur vaillance, Dutrey, aide-de-camp du général Darnaud, et qui mourut de la mort des braves. Quant au général Darnaud, à qui, le 11, on fut obligé de couper la cuisse, sa blessure fut considérée, par l'armée entière, comme un malheur! Elle la privait en effet d'un chef dont toute la carrière militaire était une suite d'actions d'éclat, et qui, par ses qualités personnelles et sa haute intégrité, mettait le comble à une réputation toute d'honneur, de vaillance, de dévouement et d'une forte entente de la guerre.

Ainsi se termina, au surplus, l'offensive des défenseurs de Gênes. A dater de ce jour, où 2,500 Français luttèrent encore avec honneur contre 6 à 7,000 Autrichiens et 2,000 paysans armés, il ne fut plus et ne dut plus être question de combats. On ne put plus même songer à quitter la ville, où néanmoins nous ne pouvions plus trouver la moindre subsistance. Sans compter les corps d'insurgés Piémontais et Liguriens, le général Ott nous bloquait toujours avec ses quarante bataillons. Le général Suchet, prêt à se reporter en avant, n'en était pas moins encore sur la rive droite du Var. L'armée de réserve n'avait pas passé le Tésin. La mer continuait à être couverte par la flotte anglaise et les flottilles napolitaines. Il ne restait donc ni

ressources, ni moyens, ni refuge, ni espoir, et sous
quelque rapport que l'on considérât notre position, il
n'en résultait qu'abattement et désespoir.

Le 9, la fermentation devient alarmante. Des coups
de fusil se tirent dans la ville, mais de Liguriens à Liguriens.

Le bruit d'une grande victoire remportée par Bonaparte dans le Piémont se répand et s'accrédite (*). Il
fait reparaitre quelques denrées, mais à un prix tel qu'à
côté de tréteaux où, à 36 *francs la livre, on vendait du
pain*, plusieurs personnes tombèrent mortes de faim.

Le mécontentement éclate dans quelques-unes des
demi-brigades de l'armée ; des soldats brisent leurs armes au milieu de la place Saint-Dominique.

Le 10, à une heure moins un quart du matin, le bombardement recommence très vivement, mais il ne dure
qu'une heure et demie. Son effet est moindre qu'il n'a
encore été. Il se borne à conduire quelques centaines
de femmes dans les rues et dans les promenades publiques, à blesser quelques personnes, à mettre le feu à
quelques maisons. Au jour, chacun rentre chez soi, et
à ce tumulte succède un silence qui devenait celui du
tombeau !

(*) Toutes les nouvelles se savaient à Gênes avec une grande
rapidité. Les premières familles de cette ville, qui tour à tour ont
été appelées à gouverner ce pays, avaient conservé des moyens
d'espionnage qu'elles continuaient à employer, mais avec tant de
discrétion que jamais nous n'avons découvert la source d'où partaient les nouvelles.

A la pointe du jour, un petit bâteau venant de Corse.
et apportant soixante sacs de grains, entre dans le port.
Quelque insignifiant que fût ce secours, c'en était un.
Le patron de ce bâteau annonçait d'ailleurs qu'il était
suivi par quatorze autres; mais aucun de ces derniers
ne partagea le bonheur qu'il avait eu d'échapper aux
croiseurs de l'ennemi. Quant à la farine qui provint de
ces soixantes sacs de grains, elle fut mêlée aux autres
ingrédients que l'on faisait *avaler* aux troupes, et atténua
leur insalubrité.

A onze heures du matin, un des aides-de-camp du
général Gazan accourt, et prévient le général en chef
que l'on entend le canon du côté de la Bochetta, et la
fusillade du côté de Campo-Freddo. Chacun aussitôt rejoint son poste : on se précipite vers son cheval, on
s'embrasse, on se félicite; quelques figures s'alongent,
d'autres s'épanouissent; des cris de joie éclatent, un
nouveau mouvement anime Gênes; et si de la stupeur
on était passé à la surprise, de la surprise on passe à
l'enthousiasme, qui bientôt se change en délire.

Le général en chef, cependant, s'était porté au galop
sur les hauteurs qui se trouvent en avant du fort de la
Tenaille, et là, armé de lunettes d'approche, chacun
examinait si l'ennemi faisait ou paraissait avoir fait
quelque mouvement; mais rien n'était changé à ses
positions ni à ses dispositions. Les trois camps qu'il
avait sur la rive droite de la Polcevera étaient dans leur
état ordinaire : partout il nous montrait les forces que
nous lui connaissions, et son calme achevant de détruire notre espoir, un orage lointain parut expliquer

les bruits entendus. Cette douloureuse certitude acquise, chacun se retira, et l'on retomba dans un abattement auquel chaque instant ajoutait.

Quant au général en chef, il reçut dans la journée une demande d'entrevue de la part de l'amiral Keith et des généraux Ott et Saint-Julien. Ne jugeant pas devoir se commettre sur une telle invitation, il leur envoya l'adjudant-général Andrieux pour connaître le motif de cette démarche. Elle avait pour objet la remise d'une lettre que le feld-maréchal de Mélas écrivait au général Masséna, pour lui renouveler *les offres de la capitulation la plus honorable.* Informé du contenu de cette lettre, Andrieux ne se crut pas autorisé à s'en charger, et se borna à rendre compte du tout au général en chef. Cette lettre fut portée dans la journée aux avant-postes français.

Accoutumé à ne traiter avec les ennemis de son pays que les armes à la main, le premier mouvement du général Masséna fut de rejeter toute ouverture semblable ; mais le moment où Bonaparte avait annoncé devoir nous débloquer était passé depuis le 10. Ayant toujours su se ménager les moyens de faire ce qu'il avait résolu et, à plus forte raison, révélé, on commençait à croire que Gênes pouvait ne pas être nécessaire à l'exécution de ses desseins, et que, pendant que M. de Mélas continuait à morceler son armée pour bloquer cette place et pour contenir le lieutenant-général Suchet, Bonaparte, ayant réuni Moreau à lui, irait dans Vienne même dicter la paix à la Maison d'Autriche. La diversion due à la défense de Gênes avait d'ailleurs facilité,

à l'armée de réserve, le débouché des Alpes et son entrée dans le Piémont et dans la Lombardie, et ce pouvait être tout ce que Bonaparte avait attendu de nous.
Le plan de campagne, et surtout le dénûment dans
lequel on avait laissé Gênes, alors qu'en partie on aurait pu le prévenir, prouvaient, en outre, que le but
n'avait jamais été de sacrifier l'armée d'Italie à Gênes,
mais d'employer l'aile droite de cette armée à tenir cette
place autant que cela se pourrait, le centre, à attirer
l'ennemi dans le Bas-Piémont afin de l'y envelopper, et
la gauche, à se réunir à l'armée de réserve ou à la flanquer (*). D'un autre côté, et même en comptant les
60 quintaux de grains arrivés, il existait à peine, par
homme, une ration complète de cette composition qu'à
la place de pain on donnait aux troupes, et qui, distri-
buée par parcelles, ne pouvait mener que jusqu'au 14.
Presque tous les chevaux avaient été mangés en distributions régulières, et il ne restait à Gênes ni chiens ni
chats. Il était temps, en effet, de faire quelque chose
pour des soldats qui avaient tant fait, et dont la patrie
elle-même était intéressée à conserver les tristes débris;
il était également important de sauver tout un état-major
général, 4,500 braves qui, pour se dévouer encore, n'a-
vaient besoin que de quelques aliments, près de 5,000
malades ou blessés, et un matériel immense; enfin,
c'eût été faiblesse que de ne pas savoir supporter un
revers, dont au surplus, et indépendamment de toute

(*) Et tel en effet avait dû être le premier plan adopté.

autre considération, rien ne pouvait plus garantir, que tous les efforts humains avaient vainement concouru à prévenir, à éviter ou à retarder, et qui, quel que fût le résultat, était désormais inséparable d'une grande gloire.

Ces motifs, qui démontraient l'évidente nécessité de se ménager les moyens de profiter de cette nouvelle proposition, déterminèrent le général en chef à faire répondre : «*Que quoique cette ouverture fût prématu-rée, il se réservait de traiter de son objet, quand il s'en serait suffisamment occupé.* »

Derniers jours du blocus de Gênes.

11 Prairial.

Avant une heure du matin, le bombardement de Gênes était recommencé; mais il fut encore moins vif et moins long que le dernier. Le général en chef qui, aux premiers coups de canon, se rendait toujours à la batterie de la Cave, et de là, à celle de la Lanterne, pour observer par lui-même tout ce qui se passait tant en dedans qu'en dehors de la place et même sur mer, se porta également au fort de l'Éperon pour juger du bruit du canon que, de nouveau, l'on croyait entendre; mais peu d'instants lui suffirent pour s'assurer que c'é-tait encore l'effet d'une erreur, ce que confirmèrent d'ailleurs les rapports portant que, pendant la nuit,

l'ennemi n'avait fait aucun mouvement, et, par-dessus
tout, ce fait, que les coups de canon et la fusillade que
quelques personnes voulaient obstinément avoir entendus, et qu'un profond silence suivait, n'auraient pu
être que le feu d'un corps battu; or, une défaite ou
même un insuccès éprouvé par l'armée ou par une
fraction de l'armée de réserve, aurait été, et avec
fureur, célébré par les troupes et les flottes qui nous
bloquaient, comme un présage de notre reddition prochaine, et loin de là, l'offre de la capitulation *la plus
honorable*, renouvelée le 10, achevait de prouver que
rien n'était changé à ce que leur position avait de critique et devait fortifier notre espoir. Quant aux retards
qu'éprouvait notre délivrance, nous l'expliquions encore par les évènements, les obstacles imprévus qui
peuvent retarder les opérations et la marche d'une
armée; de même que nous attribuions la non-venue
d'espions aux difficultés que les paysans révoltés appor-
taient à leur passage. En effet, on échappe à des soldats
étrangers qui souvent ne savent pas même la langue du
pays dans lequel ils font la guerre, tandis qu'on ne
trompe pas des habitants qui savent les moindres sentiers, connaissent souvent les figures et ne se trompent
pas plus sur l'accent que sur le reste. Ainsi, variant nos
interprétations et nos conjectures, cherchant à fixer ou
à reposer nos idées d'une manière supportable, nou
devenions plus ingénieux à nous créer des consolations
à mesure que nous en avions plus besoin, et dans la
pensée que chaque instant pouvait mettre fin à l'hor-

reur de notre position, nous cherchions des côtés favorables aux indices les plus alarmants.

Ces réflexions échappent cependant à la masse des troupes, parmi lesquelles le désespoir produit de nouveaux désordres et multiplie les désertions.

Informé de ces faits, le général en chef rassemble chez lui les chefs des corps, il se fait rendre compte de leur état, et, comme moyen de ramener l'ordre, d'y resserrer les liens de la discipline que l'excès des souffrances tendaient sans cesse à relâcher, il fait des promotions, il charge les chefs de l'avancement des sous-officiers, et les autorise à casser ceux qui, dans ces circonstances terribles, ne justifiaient pas leurs promotions antérieures; enfin il leur demande sur quoi il pourrait compter, s'il se déterminait à tenter une trouée. Et à l'unanimité, ils lui déclarèrent qu'il ne pourrait être suivi que par des officiers, et seulement par une partie des officiers, car plusieurs d'entre eux n'étaient, pas plus que les soldats, en état de soutenir les fatigues d'un combat ou même d'une simple marche.

Son désespoir lui avait suggéré un projet extraordinaire. Défendre Gênes jusqu'à la dernière extrémité, avait toujours été chez lui une idée fixe; mais enfin, contraint d'aborder la supposition d'une évacuation ou même d'une reddition inévitable, il avait résolu de laisser à Gênes le général Miollis avec les blessés et les malades, et seulement pour capituler; de former un corps d'expédition de tous les hommes en état de marcher, de joindre à eux les patriotes génois et les Italiens réfugiés, les Polonais et les déserteurs formés en ba-

taillons; d'attaquer et d'abîmer la division autrichienne
qui occupait la rivière du Levant ; de se rendre en Toscane; de s'emparer de Livourne, d'y séjourner le
temps nécessaire pour achever de s'organiser, pour
se procurer quelques batteries de canons, pour solder
et refaire ses troupes, pour en augmenter le nombre
en enrôlant tout ce qui voudrait se joindre à lui, et
dans cette situation, où il ne pouvait manquer de faire
une nouvelle diversion indépendante de celle que la
garnison de Gênes nécessitait, d'attendre le résultat de
la campagne de l'armée de réserve pour la flanquer,
s'il était heureux, et dans le cas contraire, pour se
rendre dans la ville de l'Italie où il aurait eu l'espoir de
trouver le plus de partisans et d'hommes disposés à une
révolution nouvelle. Tous les ordres pour cette opération étaient rédigés et signés ; des instructions détaillées étaient jointes à chacun de ces ordres, lorsque ce
rêve s'évanouit ! Par suite de ce nouvel acte de la plus
douloureuse résignation, il fallut en revenir aux moyens
de gagner encore quelques jours ; et, d'après cela, pour
rendre un peu d'énergie, de confiance aux troupes, le
général Masséna leur adressa la proclamation suivante :

« SOLDATS,

« Les rapports que je reçois m'annoncent que votre
patience et votre courage s'épuisent, que des plaintes,
des murmures s'élèvent de vos rangs. On parle même
de désertions à l'ennemi, et l'on ajoute qu'il se forme
des complots pour exécuter de si lâches desseins.

« Oubliez-vous la gloire de votre défense de Gênes,
et ce que vous devez à l'accomplissement de vos devoirs,
à votre honneur, à votre délivrance qui ne tient plus
qu'à quelques jours!

« Que la conduite des généraux et de vos chefs vous
serve d'exemple! Ils partagent vos fatigues et vos privations, ils mangent le même pain et les mêmes aliments que vous (*); et songez que pour vous procurer
quelques subsistances, il faut travailler et le jour et la
nuit! Vous souffrez par l'effet des besoins : ils souffrent
ainsi que vous, et ont de plus les inquiétudes de votre
position. N'auriez-vous fait tant de sacrifices et d'efforts
que pour vous abandonner à tant de faiblesse! Cette
idée doit vous révolter.

« Soldats! Une armée, commandée par Bonaparte,
marche à nous; il ne faut plus qu'un instant pour nous
délivrer, et cet instant perdu, nous perdrions avec lui
l'honneur, le premier prix de vos travaux, et un avenir de captivité et de privations bien plus amères s'ou-
vrirait devant nous.

_____

(*) Dans les derniers temps de ce blocus, on ne servait à la table
du général en chef que ce qui composait les rations des soldats.
Le repas du 15 prairial consista en une soupe de bouillon de
cheval et d'herbes, en un bouilli de viande de cheval et en un
plat de haricots cuits à l'eau. De beurre, ou même de graisse, il
n'en était pas plus question que de pain. Deux ou trois officiers,
et j'étais du nombre, s'étaient à temps prémunis de quelques biscuits de mer, et le repas fini, ils remettaient soigneusement dans
leur poche ce qu'il leur avait été possible de n'en pas manger.

« Je charge vos chefs de vous rassembler et de vous lire cette proclamation. J'espère que vous ne donnerez pas à ces braves si respectables par leur dévouement, et dont le sang a coulé si souvent en combattant à votre tête, à ces braves qui ont toute mon estime, qui méritent toute votre confiance, la douleur de m'entretenir de nouvelles plaintes, et à moi, celle de punir.

« L'honneur et la gloire furent toujours les plus puissants aiguillons des soldats français, et vous prouverez que vous êtes encore dignes de ce beau nom!

« Cette proclamation sera mise à l'ordre du jour et lue trois jours de suite à la tête des troupes.

« *Signé* MASSÉNA. »

12 Prairial.

Jamais besoin de nouvelles ne fut plus grand, jamais silence ne fut plus complet, plus accablant.

Des bruits vagues portent, cependant, que six espions de Bonaparte ont été arrêtés autour de Gênes et fusillés, et que la crue du Pô retarde la marche et les opérations de l'armée de réserve qui, le 3, était rassemblée à Ivrea. Mais, si sur le fait de notre délivrance, il n'y avait qu'incertitude, il n'en restait pas sur l'accroissement de maux insupportables, sur l'augmentation des malades, le nombre effrayant des morts dont la famine et les épidémies jonchaient même les rues, et sur la misère la plus affreuse (*) ; enfin, le découragement, la douleur, le désespoir, la rage, se peignaient également sur les visages décomposés des habitants et des militaires.

Au milieu de tant d'horreurs, des crimes abominables se commettent. Deux prêtres, connus pour nous être dévoués, sont assassinés chez eux, à dix heures du matin, à côté de la demeure du général en chef, et dans toute la ville les assassinats se multiplient.

Il n'était plus possible de s'abuser : tout était dit ; la mesure des tortures qui pouvaient être endurées était comble ; les forces, comme l'espoir, étaient anéanties ; il ne restait plus rien à demander, plus rien à obtenir ; et par une abnégation totale de ce qui le concernait, par un acte de courage plus grand que tous ceux qui avaient illustré sa noble existence, enfin par nécessité, par pitié, par devoir, le général Masséna ordonna à l'adjudant-général Andrieux de se rendre à Rivarolo, et, sous le prétexte d'une entrevue relative aux prisonniers

---

(*) J'ai vu des personnes si frappées de ce qu'elles avaient souffert et vu souffrir, que, même hors de Gênes, le mot *pain* leur faisait mal à entendre. J'ai vu, à Antibes et à Nice, des personnes revenant de Gênes s'arrêter stupéfaites devant des boutiques où l'on vendait du pain ; j'en ai vu se récrier en voyant émietter du pain à table ; enfin j'ai vu des officiers qui, débarquant à Nice, y ont tenu table *sept heures*, mangeant, à la stupéfaction des gens de l'auberge, tout ce que l'on put leur servir. Faut-il ajouter que ce brusque passage, de la famine à l'intempérance, a causé une nouvelle mortalité.

qui, dans le fait, mouraient par centaines, de recevoir les propositions de l'ennemi et d'entrer en négociation.

Le premier mot de l'ennemi fut que la capitulation porterait que *l'armée rentrerait en France, mais* (par un magnifique hommage) *que le général Masséna resterait prisonnier de guerre.* « Vous valez seul 20,000 « hommes, » écrivait l'amiral Keith au général Masséna. »

Informé de ce fait quelques personnes lui proposèrent de partir sur l'esperonade maltaise qui venait d'amener l'adjudant-général Ortigoni, et, par la vitesse de la marche de ce bâtiment, d'échapper à l'ennemi. L'exemple de Charles XII à Stralsund, et de Stanislas à Dantzick, aurait peut-être déterminé un autre homme que lui à recourir à ce moyen; mais le général Masséna rejeta cette idée avec indignation, et décidé à mourir plutôt les armes à la main (*) qu'à consentir à rien qui fût indigne de lui, et surtout à séparer son sort de celui de ses troupes, il trancha sur toutes les difficultés ou chicanes, en répondant à cette première pro-

---

(*) L'armée était si convaincue de la résistance que ferait le général Masséna, que deux grenadiers, voyant filer sur Livourne quelques barques que l'on disait transporter la garnison de Savone, et l'un d'eux s'étant écrié : *Voilà des camarades que nous ne tarderons pas à suivre!* l'autre reprit : *A suivre!... avant de se rendre, le général en chef nous aura fait manger jusqu'à ses bottes!*

position qu'*aucune négociation ne serait ouverte, si le mot* CAPITULATION *devait y être employé.*

13 Prairial.

Cette déclaration fut portée par l'adjudant-général Andrieux aux plénipotentiaires autrichiens et anglais, et cette condition, sans laquelle il ne pouvait y avoir même de conférence, fut admise. Du reste, et quelque précieux que fussent les moments, cette journée se passa en discussions orageuses. Avaient-elles pour motif de nous faire croire que ces Messieurs avaient plus de temps à perdre que nous? Je l'ignore; toujours est-il qu'on ne put leur faire admettre l'*ultimatum* du général en chef, portant *que l'armée conserverait ses armes et bagages, et qu'on lui fournirait, indépendamment des vivres, et par terre comme par mer, tous les moyens d'évacuation dont elle pourrait avoir besoin.* Quant au général Masséna, pour n'avoir rien à se reprocher, pour n'avoir négligé aucun moyen, perdu aucun moment, pour être à tout évènement autant en mesure que cela avait pu dépendre de lui, il fit encore partir, à la nuit tombante, deux barques dont les patrons avaient ordre de se rendre en Corse, au besoin en Sardaigne, et, en toute hâte, d'en rapporter du grain à tout prix (*).

(*) Il en avait fait partir continuellement; mais, quoique tous chèrement payés, deux seulement étaient revenus.

Telle était notre situation. Aussi, malgré 58 jours de
blocus et 90 combats, malgré des fatigues aussi longues,
aussi écrasantes, et les atroces privations qui les avaient
accompagnées, malgré le besoin de repos qui résultait
de tant de tourments et de travaux, une agitation
cruelle écarta le sommeil pendant cette terrible nuit du
13 au 14.

Et en effet, qui n'eût été bouleversé de l'extrémité
à laquelle nous étions réduits et de l'idée que nous nous
trouvions à *discrétion!* Après tant de constance, d'efforts, de prodiges, quelle perspective que celle de céder
à un ennemi qui si souvent avait fui devant nous, et
qui n'était fort que de notre dénûment; de lui rendre
des armes qui, tant de fois, l'avaient forcé de déposer
les siennes; d'acheter la vie aux dépens de la liberté;
de voir un ennemi orgueilleux chanter une victoire que
la faim seule nous arrachait, et de renoncer à l'honneur de contribuer à sauver ou à venger la patrie, à
reconquérir l'Italie et la paix, sans parler d'une désap-
probation dont l'idée ne put nous venir, qui seule, cependant, se réalisa, mais dont l'admiration du monde
fit une justice que l'histoire sanctionnera!

14 Prairial.

Le 14, au matin, les négociations reprirent; mais,
vers quatre heures du soir, l'adjudant-général Andrieux
fit prévenir le général en chef que, loin de s'aplanir,

les difficultés semblaient se multiplier. Il n'était pas, en effet, de force à les lever, c'est-à-dire, à faire changer la résolution que l'ennemi avait prise de ne pas consentir que l'armée, évacuant Gênes, emportât ou emmenât plus de 3,000 fusils et 6 pièces de canon.

Il fallait cependant se hâter de prendre un parti, car le 15, à midi, il n'y avait plus aucune distribution à faire; et c'est dans cette extrémité que, le 14, vers six heures du soir, le général Masséna donna à M. Morin les pouvoirs extraordinaires d'après lesquels il se réunit aux conférences, et, pour instructions écrites, ce qui suit : *L'armée évacuera Gênes avec armes et bagages, ou bien, elle se fera jour demain par la force des baïonnettes. Signé* MASSÉNA. Instructions qui prouvent assez le rôle et la prééminence du général Masséna jusqu'au dernier instant du blocus.

Pendant toute cette journée, la ville resta calme. La publicité des négociations causa seule cette morne tranquillité, car les souffrances étaient indicibles et leurs effets effrayants. Les figures décomposées des habitants portaient, en effet, l'empreinte d'insupportables tortures ou du plus sombre désespoir; l'air retentissait de cris déchirants, et les rues et les places publiques ne présentaient plus que d'effroyables tableaux : ici, des vieillards expirants; là, des mères ayant sur leur sein desséché leurs enfants morts comme elles; plus loin, des malheureux achevant leur déplorable existence par une agonie hideusement convulsive; partout la mort multipliant ses victimes, et l'épidémie dévastatrice et la faim dévorante, continuant leurs ravages, ajoutaient

sans cesse à tant d'horreurs (*); enfin, dans ces moments où la prolongation de maux intolérables avait
isolé tous les êtres, où le malheur commun et l'appréhension de l'avenir n'étaient plus même un lien, où il
n'y avait plus de crime qui n'eût sa justification, tout,
absolument tout, semblait tomber en dissolution, et
l'armée et le peuple.

On ne peut trop le proclamer, les habitants de Gênes
donnèrent, dans cette occasion, un mémorable exemple
de résignation, commandèrent un grand hommage et
acquittèrent avec usure la dette contractée par eux sous
M. de Bouflers. Qui pourra jamais concevoir qu'une
population nombreuse, réduite à vivre d'herbes, de
racines et d'animaux immondes ou morts de maladies,
qu'une population dont les pertes croissaient dans une
proportion que chaque instant rendait plus désespérante, ait pu, et à ce point, prolonger de telles calamités, plutôt que de se révolter contre une troupe faible
par son nombre, bien plus faible par son état physique;
et cela lorsque, de tous côtés, on excitait ce même
peuple à profiter de l'anéantissement des soldats *pour
terminer*, disait-on, *les souffrances de tous;* lorsque
des Français eux-mêmes poussaient la scélératesse, la
lâcheté, jusqu'à provoquer le massacre des troupes,

(*) Des tombereaux couverts parcouraient la ville et, sans aucune formalité, enlevaient les cadavres qui, au jour naissant surtout, encombraient les rues, où, sans vêtements pour la plupart,
ils avaient été portés pendant la nuit.

jusqu'à peindre sous les couleurs les plus odieuses la conduite héroïque du général en chef; lorsqu'une armée, dite *libératrice*, était à ses portes; lorsque d'immenses convois étaient en vue et que, prêts à entrer dans le port, ils n'en étaient empêchés que par la flotte anglaise; enfin lorsque notre destruction devait être immédiatement suivie de l'abondance! Effet à jamais remarquable de l'influence d'un grand caractère, de l'ascendant d'un grand exemple et de ce que peuvent sur un peuple les inimitiés nationales! Au reste, ce qui peut-être est plus étonnant encore, c'est qu'aucun individu de ce même peuple, sans aliment à cause du prix excessif du peu de denrées que l'on mettait en vente, réduit à toutes les calamités que peut engendrer la famine, n'a jamais cherché à dérober du pain aux marchands qui en vendaient encore dans quelques rues, et que plus de 20,000 personnes ont ainsi expiré de besoin en trois semaines, à côté d'un aliment qui, momentanément du moins, aurait pu arracher quelques malheureux à la mort.

Cependant l'heure de la délivrance avait sonné; mais ce ne fut qu'en voilant, sous une contenance froide et assurée, le sentiment profond et douloureux que l'état où se trouvaient la ville et l'armée ne pouvait manquer de faire naître en lui; ce ne fut qu'en opposant une énergie soutenue et un sang-froid imperturbable à l'attitude arrogante et à la politique astucieuse des négociateurs ennemis (*), qu'après neuf heures de discus-

(*) Dans la première conférence, et même dans celle du 14, les négociateurs ennemis semblèrent s'être partagé les rôles. M. le

sion, **M. Morin**, qui de suite avait distingué chaque rôle, parvint à annuler leurs efforts et à remplir les intentions du général en chef. Il justifia, de cette manière, la haute idée que l'armée avait de son caractère et de sa capacité, et obtint ce que le général en chef avait vainement fait demander, et ce que, sans lui, on n'eût pas obtenu.

Cette conférence se termina le 15 à trois heures du matin, et l'adjudant-général Andrieux, ainsi que M. Morin, portèrent au général Masséna, qui les attendait avec l'anxiété inséparable de sa position, ces conventions qui, au plus haut degré, honoraient et l'armée et son chef.

15 Prairial.

Dans les conférences dont nous venons de parler, l'on était convenu que les chefs des armées se réuniraient le 15 au matin, pour la clôture des négociations, la signature des articles, et l'échange des traités et des otages. Cette disposition fut maintenue, et à neuf heures l'en-

---

général comte de Saint-Julien paraissait ne devoir entendre à aucun accommodement ; M. le colonel de Best, chef de l'état-major de l'armée du blocus, mettait en avant, dans les moments les plus animés, des propositions propres à amener des rapprochements ; M. de Biverne, capitaine de vaisseau anglais, disait *Non* à tout ce que l'on proposait de favorable aux Français.

trevue eut lieu dans la petite chapelle qui, située au milieu du pont de Cornigliano, séparait les deux armées.

C'est là que se rendirent le général Masséna, commandant en chef l'armée française en Italie, milord Keith, commandant dans la Méditerranée les forces navales combinées, le général baron Ott, commandant les troupes du blocus de Gênes, et le lieutenant-général comte de Saint-Julien, chargé de la partie politique; chacun d'eux suivi de deux ou trois personnes, et le général Masséna, accompagné par l'adjudant-général Reille et M. Corvetto.

Pendant cette entrevue, qui allait décider du sort de tant de braves, et dont le résultat intéressait si puissamment sa propre gloire, le général Masséna conserva une fraîcheur d'idées et une gaîté qui le rendirent également fécond et heureux en saillies. Jamais négociateur ne couvrit plus d'adresse par des formes plus franches et plus naturelles. Cette aisance, qui contrastait d'une manière si frappante avec la gravité des généraux autrichiens, et surtout avec celle de sa position, eut de plus, pour l'armée française, l'immense avantage de persuader que sa situation n'était pas aussi désespérée, et pour le général Masséna la possibilité d'obtenir tout ce qu'il demanda, en même-temps qu'elle lui fit jouer le premier rôle avec des hommes auxquels, momentanément, il semblait dévolu.

Un des moyens qu'il employa avec le plus de bonheur, fut d'alimenter la mésintelligence qu'il savait exister (quant aux individus) entre les Anglais et les Autrichiens, auxquels ces premiers reprochaient et les lenteurs du siége et leurs nombreuses défaites autour de Gênes ; et c'est ainsi que, flattant à propos l'orgueil des uns aux dépens de l'amour-propre des autres, il se fortifia des faiblesses de tous (*).

Un autre moyen dont il tira parti, consista à faire sentir qu'il était le maître de traiter avec le général Ott et avec l'amiral Keith. Or, le représentant de l'Autriche ne pouvait courir la chance de voir tomber Gênes dans les mains de l'amiral, qui, de suite, pouvait le faire occuper par les 15,000 hommes qu'il avait à Mahon ; et l'amiral, encore qu'il pût désirer voir rompre la négociation, et quoiqu'il fût seul cause de notre reddition, n'osa cependant pas enlever à cette puissance une possession concédée par des traités, une possession déjà si chèrement payée par elle, et qui allait l'être davantage ! Intérêts opposés, dispositions réciproquement fâcheuses, et qui, grâce à l'habileté du général Masséna, nous servirent également (**).

(*) C'est ainsi qu'en souriant à demi, il disait à l'amiral Keith : *Milord, laissez arriver un peu de blé à Gênes, et je vous donne ma parole d'honneur que ces Messieurs* (les Autrichiens) *n'y mettront jamais les pieds. — Milord,* disait-il encore, *si la France et l'Angleterre pouvaient s'entendre, elles gouverneraient le monde.*

(**) Nous ne conservâmes Gênes, en 1799, que parce que Suwarow voulut l'occuper au nom de l'empereur de Russie ; et en 1800, nous ne l'évacuâmes que momentanément, parce que les Autrichiens consentirent à tout, pour empêcher que Gênes ne tombât au pouvoir de l'Angleterre. Et pourtant, si l'armée de Ma-

Quant au peuple de Gênes, s'il avait soutenu d'une
manière héroïque les privations et toutes les horreurs
auxquelles la longueur et plus encore la rigueur du
blocus l'avaient réduit, l'histoire n'omettra pas sans
doute de faire mention de la chaleur, de la ténacité
avec lesquelles le général Masséna traita des intérêts de
la Ligurie dans cette conférence. Il fit pour ce peuple
tout ce qui fut en son pouvoir, et dans l'intention de
faire plaider plus efficacement sa cause, il avait conduit
avec lui M. Corvetto, jurisconsulte, ex-ministre de l'intérieur de la république ligurienne, et qui, pendant le
blocus, avait rempli auprès de lui les fonctions de commissaire du gouvernement gênois; du reste homme
d'esprit et d'une véritable capacité (*).

Relativement à l'armée, une seule clause manqua
faire rompre des négociations dont le résultat dépassait
nos espérances; et cette clause fut celle de faire partir
par terre 8,000 hommes de nos troupes, c'est-à-dire

---

hon l'avait occupé, nous perdions la bataille de Marengo, et l'eus-
sions-nous gagnée, nous ne rentrions pas à Gênes comme
nous y sommes rentrés.

(*) Comme le général Masséna insistait vivement sur un point
relatif au gouvernement de la Ligurie, le général Saint-Julien lui
objecta *les intentions de l'empereur sur les changemens à y opérer.* — *Eh bien, Monsieur,* lui dit alors le général Masséna, *je
vous le prédis : vos organisations seront aussi peu solides que de
tels projets ont été prématurés ; et je vous donne ma parole d'honneur qu'avant vingt jours je serai devant Gênes.* — *Vous y
trouverez,* reprit avec esprit et grâce cet officier-général, *des hommes à qui vous avez appris à le défendre.*

Imp Thierry freres

MASSENA

près du double de tout ce qui n'était pas dans les hôpitaux. Le général Ott voulut en effet soutenir le refus d'y adhérer... Quant au général Masséna, reprenant la fierté qui convenait à son rôle, à son nom, il se leva aussitôt et partit en s'écriant : *Vous ne le voulez pas... Eh ! bien, Messieurs, à demain...* Cette fermeté, la manière dont il prit son parti, trompèrent encore sur sa position, et imposèrent au point qu'il fut rappelé et que l'article passa (*).

Dans cette conférence, le général Masséna eut infiniment à se louer de l'amiral Keith, qui, ne demandant pas mieux que de rendre le traité moins glorieux pour les Autrichiens, insistait toujours pour qu'on lui accordât ce qu'il demandait, et ne cessait de répéter : *Votre défense est trop héroïque, monsieur le général, pour que l'on puisse rien vous refuser* (**). Il lui donna même des marques toutes particulières d'estime, de considération, de déférence. (***).

(*) *Nous étions bien prévenus que le général Masséna était vif,* dit alors un général autrichien, *mais nous ne pensions pas qu'il le fût à ce point.*

(**) Et il se trouverait des Français qui voudraient lui disputer une gloire que lui décernèrent les plus acharnés ennemis de la France !...

(***) Le général Masséna voulait emmener les cinq corsaires français qui se trouvaient à Gênes, et, contre cette demande, le vice-amiral Keith alléguait les dispositions d'un bill, *que vous n'êtes pas tenu de connaître,* disait-il au général Masséna, *mais que je dois respecter. D'ailleurs, Monsieur le général,* ajouta-t-il,

Malgré ce que ce traité d'évacuation avait d'honorable, et par le fond, et par les formes que les généraux y
mirent, malgré ce qu'il avait d'heureux pour l'armée,
il révoltait le général en chef. Aussi la possibilité de
recevoir dans la journée quelques vivres ou quelques
nouvelles qui changeassent la situation, le détermina-
t-elle à ne le signer que vers sept heures du soir, et après
avoir dix fois répété aux Gênois qui remplissaient ses
appartements : *Malheureux ! sauvez donc encore votre
patrie... donnez-moi ou assurez-moi des vivres pour
quatre jours seulement, et je déchire le traité...* Mais
tout était dit : les ressources publiques et particulières
étaient épuisées, le courage éteint, les forces anéanties,
et ce traité d'évacuation était le seul et dernier moyen
qui restât au monde pour ne pas perdre avec Gênes,
que rien ne pouvait plus sauver, les débris des braves
qui l'avaient si vaillamment défendue.

Enfin, à sept heures du soir, le général Masséna signa le traité, tel qu'il avait été arrêté le matin, et l'on
se donna réciproquement des otages (DD).

---

*nous avons, vous le savez, un parlement et deux partis en An-
gleterre.* Ces raisons étaient trop bonnes pour être combattues par
des raisons, et le général Masséna le sentit ; mais, reprenant le ton
de la plaisanterie : *Monsieur l'amiral*, lui dit-il, *quelle satisfaction la prise de quelques chétifs corsaires peut-elle ajouter pour
vous à la prise de Gênes, qui est votre ouvrage !.. Allons milord, après nous avoir enlevé tous les gros, c'est bien le moins
que vous nous en laissiez quelques petits !.. — Eh bien, monsieur le général*, reprit l'amiral en riant, *n'en parlons plus.*

De suite, la porte de la lanterne fut occupée par deux bataillons hongrois ; immédiatement après, un convoi de subsistances entra dans le port de Gênes, et avant minuit une distribution avait été faite aux troupes.

Dans la même soirée, le chef d'escadron Burthe, aide-de-camp du général en chef, alors convalescent de sa blessure, qu'il avait reçue à Varaggio, fut chargé de porter au Premier Consul les 14 drapeaux successivement pris à l'ennemi.

Une partie de la nuit du 15 au 16 fut employée à délivrer des passeports à tous les réfugiés et patriotes Italiens.

Le 16, avant le jour, le chef de bataillon Graziani, chargé par le général en chef de porter au Premier Consul copie du traité d'évacuation, partit de Gênes, muni de passeports au moyen desquels, pour arriver plus vite, il devait traverser le Piémont.

Le 16, à la pointe du jour, le général Masséna et ses officiers s'embarquèrent pour Antibes.

La réunion de tout ce qui pouvait encore être mis en marche, même avec des distributions de vivres, put être portée à 4,500 hommes, et se rendit le même jour à Voltri (*) sous les ordres du général Gazan.

(*) Les Autrichiens évacuaient la rivière du Ponant pendant que les Français évacuaient Gênes ; la division Gazan passa au milieu d'un ennemi en déroute. Jamais armées ne furent plus mêlées et leur fortune plus bizarre : de tous côtés l'on fut battu et battant jusqu'au moment où Marengo acheva de ramener la victoire sous nos drapeaux.

Le général Miollis resta chargé de tout ce qui tenait à l'évacuation de Gênes et notamment des hôpitaux, et ne quitta que le 28 prairial cette place, où le général Suchet, accomplissant la prophétie de Masséna, rentra le 24 juin.

RÉSUMÉ

Ainsi se termina une lutte de soixante jours de tortures, pendant laquelle nous opposâmes un courage invincible, une fermeté inébranlable, et les ressources du génie, à des moyens immenses, à des forces écrasantes et à tous les avantages d'une position décisive ; lutte qui, sous ces rapports, est d'autant plus glorieuse qu'elle fût plus disproportionnée. C'est une de ces vérités aussi consolantes à proclamer que faciles à établir. Reconnue et avouée par les amis et les ennemis de la gloire française, par ceux qu'elle console et qu'elle honore comme par ceux qui peuvent en être irrités ou jaloux, elle est également évidente, soit que l'on rappelle la situation des deux armées belligérantes avant le blocus, soit que l'on considère les faits relatifs au blocus même, soit que l'on présente les résultats de ce grand évènement, soit que l'on s'arrête aux motifs auxquels le général Masséna a cédé.

En effet, la droite et le centre de l'armée d'Italie occupaient et défendaient quarante lieues d'une langue de terre, resserrée entre la mer, dont l'ennemi était enèrement le maître, et les hautes montagnes sur les

sommets desquels nos troupes bivouaquaient au milieu
des neiges. La gauche de l'armée couvrait la Savoie et ne
se liait au centre que par des postes placés à d'immenses
distances les uns des autres, et, de cette sorte, l'armée
française, réduite au tiers, au quart des forces dont elle
aurait dû se composer, formait un arc renversé de quatre-vingts lieues, à chaque pas coupé par des torrents
et que sillonnent à peine quelques sentiers; et telle était
la situation de notre armée, alors que l'ennemi, non
moins formidable par le nombre que par l'état de ses
troupes, se trouvait parfaitement concentré. Il était de
plus appuyé à des positions qui nous manquaient et
aux nombreuses places de guerre que nous avions perdues; enfin, toutes ses communications étaient sûres,
rapides et faciles. Une victoire, remportée par nous, ne
pouvait avoir, relativement à lui, d'autre effet que de
réunir ses masses, lorsque le moindre revers ne pouvait manquer d'achever de nous morceler, sans laisser
aux corps coupés un seul moyen de jonction ou de retraite, sans même leur laisser la possibilité de concerter
leurs opérations, circonstance qui à elle seule rendait
notre position tellement critique, qu'on ne conçoit pas
une autre hypothèse dans laquelle une armée puisse
jamais la prendre et s'y arrêter (FF).

Sous les autres rapports, nos désavantages étaient les
mêmes :

Nos soldats étaient nus au milieu des âpres frimas,
et sans chaussures au milieu des rochers et des glaces;
tandis que, dans des localités bien plus tempérées, les
soldats autrichiens étaient abondamment pourvus de tout.

Nos troupes ne recevaient jamais, et souvent à la nuit, qu'une partie de leurs rations, et ne touchaient que de loin en loin des à-comptes sur leur arriéré de solde, quand celles de l'ennemi recevaient exactement et leur paye et leurs vivres.

Nous manquions d'officiers de santé ; nous fûmes même réduits à prendre des soldats pour en faire des infirmiers, et nous n'avions ni hôpitaux qui en méritassent le nom, ni médicaments ou effets de pansement, ni moyens de transports pour les blessés et les malades, pour les subsistances ou les munitions, tandis que, sous ces rapports, l'ennemi ne manquait de rien.

Défiants par un inévitable résultat de notre faiblesse, de nos pertes de toute nature, de tout ce que notre position avait de menaçant, nous avions passé l'hiver pour ainsi dire en campagne et achevant de nous détruire, alors que l'ennemi, tranquille en raison de sa force, de ses succès et de ses positions, et se bornant à nous faire observer par un faible cordon de ses troupes, ou même par des paysans formés en bataillons, avait fait cantonner toute son armée et l'avait entièrement refaite.

Par suite de nos malheurs et de notre misère, de ses conquêtes et de son abondance, nos soldats étaient usés et découragés, les siens frais, reposés, et tous prêts pour la guerre.

Nous ne pouvions voir dans la Ligurie que d'arides rochers à défendre et un sol étranger à conserver, tandis que l'ennemi, maître de la Lombardie et du Piémont, voyait Gênes et la Provence à conquérir.

Payant largement les rapports qui lui étaient faits, il était aussi bien servi que nous l'étions mal ; il connaissait parfaitement nos embarras, notre faiblesse, **alors** que, n'ayant pas de quoi solder un espion, nous ignorions presque toujours ou trop longtemps ses forces, ses moyens et ses mouvements.

Indépendamment de cela, de nombreuses recrues avaient recomplété ses corps, et les maladies avaient presque achevé d'anéantir les nôtres.

Nous étions sans crédit, souvent sans fonds, et l'ennemi ne manquait jamais d'argent, encore moins de crédit.

Il attaquait et nous étions prévenus.

Enfin, nous n'avions guère que 22,000 combattants, depuis Nervi jusqu'au Mont-Cenis ; et sans compter les garnisons des vaisseaux de guerre anglais, sans compter l'armée anglaise qui se trouvait à Mahon, et dont il était impossible que nous ne nous occupassions pas sérieusement, sans compter les Calabrois et les troupes sardes, ainsi que les insurgés du Piémont et des principales vallées de la Ligurie, M. de Mélas, je le répète, entra contre nous en campagne avec 135,000 hommes de troupes autrichiennes.

Maintenant, si après ce résumé de faits, tous de notoriété, nous portons nos regards sur la situation respective des armées pendant le blocus de Gênes, nous verrons, d'un côté, l'ennemi conserver sur nous toute la supériorité que peuvent donner le nombre des troupes, leur meilleur état et la connaissance de notre déplorable situation, et de l'autre, une poignée de braves, exténués

par de trop longues souffrances, succombant sous d'insupportables privations, sous des maux au-dessus des forces
humaines, ne pouvant, à la fin, s'arrêter à aucun espoir
consolateur, et ne possédant plus, pour agir ou résister
encore, que le sentiment de leur ancienne énergie, le
dévouement que commandait la conduite de leurs chefs
et les exemples qu'ils en recevaient sans cesse.

Quant au général en chef, son rôle est également mémorable sous quelque rapport qu'on le considère.

Certain d'être assailli par des forces totalement supérieures. et après avoir prévenu le gouvernement de
tout, après avoir demandé à être remplacé, après avoir
même menacé de quitter l'armée (*), il ose, par l'abnégation de tout ce qui le concerne, attendre l'ennemi
dans les positions les plus menaçantes.

Il est attaqué et, ainsi que cela ne pouvait manquer
d'arriver, forcé sur tous les points et séparé de son centre et par conséquent de sa gauche.

Dans cette grave situation, il reprend l'offensive, et
non content d'avoir battu l'ennemi sous les murs de
Gênes, il va, avec 9,000 hommes débiles, aux portes
de Savone et sous les formidables positions de Monte-
Notte, disputer la victoire à 25,000 hommes, l'élite
d'une armée superbe, et tient campagne pendant onze
jours. Les braves qui prennent part à cette audacieuse
expédition, tuent, blessent ou prennent plus de 8,000

(*) Voir, sous la date du 9 ventôse an vm, la lettre du général
Masséna au Premier Consul (t. 2, pièce n° 2, 15e lettre).

hommes à l'ennemi. Faute d'un ensemble si difficile entre des corps séparés par de fortes distances ou de hautes montagnes, et par suite d'une trop grande supériorité numérique de l'ennemi et de la non exécution d'une partie des ordres du général Masséna, le but qui était de réunir les troupes du centre à celles de la droite de l'armée n'est pas atteint, et les corps de la droite se reploient sur Gênes sans que M. de Mélas parvienne à les couper, y ramènent plus de 5,000 prisonniers et y rapportent, entre autres trophées, sept drapeaux et cinq pièces de canon.

Pendant que des détails d'administration absorbent le général en chef, et que, par des efforts toujours croissants, il parvient à se créer des ressources, l'ennemi regarde son inaction comme une preuve de la faiblesse de ses troupes et l'attaque presque chaque jour ; mais, semblable à l'irruption du volcan, il repousse l'ennemi partout où il se présente, l'attaque à son tour, et le force à chercher son salut derrière des retranchements construits sur des cimes presque inaccessibles ou à des distances faites pour épuiser les dernières forces, le bat, ou du moins lui fait éprouver de grandes pertes, remporte des victoires quand il semble n'être plus en état de se défendre, favorise les opérations de l'armée de réserve, qui descendait les Alpes, et celles du centre de l'armée d'Italie, qui se reportait en avant, et force à l'étonnement et à l'admiration les ennemis les plus acharnés du nom Français et de la gloire de nos armes.

Et qui pouvait jamais rien attendre de semblable de la puissance d'un homme et de ces tristes débris de l'armée d'Italie !

Qui ne sera frappé de ces faits : que, malgré l'extrême disproportion des moyens et des forces, nos malheureux soldats, à la fin presque sans chefs, aient pu exécuter des marches qui paraissaient devoir leur être impossibles, soutenir ou livrer quatre-vingt-dix combats en moins de soixante jours, et détruire à l'ennemi deux fois plus d'hommes qu'on n'avait pu lui en opposer ; qu'ils aient préservé Gênes d'une attaque de vive-force, et fini par défendre cette ville avec le quart de la garnison qu'elle requiert ; qu'ils aient vécu d'une nourriture que les chiens vomissaient, parfois du pain qu'ils arrachaient à un ennemi qu'ils avaient battu avec ses propres munitions (*) ; enfin que quelques uns de nos soldats

---

(*) Nous étions, en proportion, aussi pauvres en munitions qu'en subsistances. Au moment où nous fûmes bloqués, la crainte de manquer de poudre fut une de celles qui occupèrent le plus le général en chef ; le général Lamartillière, commandant l'artillerie, s'occupa de suite à en faire fabriquer ; mais, pendant tout le blocus, on ne put en confectionner que *douze milliers* ; lors de l'évacuation, il n'en restait plus que *quatre milliers* (y compris la poudre avariée) pour le service de l'artillerie de campagne et des ouvrages. pour celui de l'infanterie et celui des pièces de côtes, les plus approvisionnées de toutes, et qui pourtant ne l'étaient pas à dix coups. Si l'on considère maintenant que chaque nuit de bombardement nous avait coûté *deux milliers* de poudre, on sentira qu'en peu d'heures l'ennemi pouvait épuiser toutes nos munitions.

n'aient échappé à la mort qu'en mangeant de la chair humaine ! Et tout cela, en ajoutant à la famine dévastatrice la misère hideuse et des épidémies (*) qui mettaient le comble à tant d'horreurs, à tant d'héroïsme !

Mais aussi que d'efforts, et de quel prix fut payée tant de gloire (**) !

Le lieutenant-général Soult fut blessé et pris.

De trois généraux de division, un mourut de l'épidémie (le général Marbot), et un autre fut blessé (Gazan).

De six généraux de brigade, cinq furent blessés (Gardanne, Pétitot, Fressinet (deux fois), Darnaud, plus Spital, qui, ayant eu son cheval tué sous lui, tomba et se blessa dans sa chute).

De douze adjudants-généraux, six furent blessés (Gau-

(*) Gênes avait une population d'environ 50,000 âmes ; les opinions, ou la crainte, y avaient fait jeter 20 à 25,000 habitants des campagnes ; c'était donc 70 à 75,000 personnes à la fois au désespoir, et qu'il fallait contenir, mais qui alors étaient tellement affaiblies qu'il ne leur restait aucune force pour la révolte.

(**) Sous le rapport des maux endurés, les ravages ne se sont pas plus bornés, pour les habitans, aux personnes mortes pendant le blocus, qu'ils ne se sont réduits, pour les troupes, aux braves que nous avons perdus à Gênes même. Pendant plusieurs mois, chaque jour a ajouté de nouvelles victimes à celles que les maladies nous avaient déjà enlevées. Ainsi, et quant aux soldats, les moindres fatigues ou l'intempérance conduisaient dans les hôpitaux un nombre considérable d'hommes ; quant aux habitants, et pendant plusieurs mois, il en est mort à Gênes 50 à 60 par jour.

thier (*), Reille, Hector, Cerisa, Mathis et Noël Huard),
et un fut tué (Fantucci).

Quant aux officiers d'état-major et aux aides-de-camp,
deux d'entre eux furent tués, sept pris, quatorze blessés,
parmi lesquels plusieurs le furent deux fois; le capitaine Marceau, frère de l'illustre général de ce nom, le
fut à trois affaires différentes, trois fois en trente-un
jours! L'adjoint à l'état-major-général Hatri fut pris
le 21 germinal, après avoir été blessé cinq fois. Le chef
de bataillon Dupeliet, de la 106ᵉ, fut successivement
blessé de cinq coups de feu, le 16 germinal, à l'attaque
de Nervi; le chef de bataillon Lavillette, employé
près le général Miollis, fut en un seul jour blessé trois
fois, outre deux autres fois pendant le même blocus.
Enfin, sur dix-sept chefs de corps, onze furent blessés,
tués ou pris; les trois quarts des officiers des corps le
furent également (**), ainsi que 8 à 9,000 combattants sur

(*) Sa blessure, produite par une balle qui, entrée par l'épaule
droite, se logea dans les ossements de l'épaule gauche, fut horrible : pendant quatorze jours l'hémorragie continua, quoique nuit
et jour des hommes appuyassent avec leurs mains des tampons sur
les plaies ; le sang qu'il perdit fut évalué à un nombre incroyable
de pintes ; son sang, à la fin, ne tachait plus le linge ; ce qui servait à laver ses plaies coulait dans les reins.

(**) Rien n'est plus digne d'admiration que la conduite des officiers des corps pendant ce blocus. Pénétrés de la nécessité de
commander, par leur exemple, les sacrifices et les efforts que les
circonstances rendraient indispensables, ils se dévouèrent de la
manière la plus honorable. Un fait suffira pour établir cette vérité.
Sur **quatre-vingt-dix-sept** officiers qui, au commencement du blo-

14,000!... En ce qui concerne le général en chef, si le bonheur le préserva sur les champs de bataille, si la force de sa constitution le sauva des maladies, ses cheveux, blanchis pendant ce blocus, achevèrent d'attester tout ce que ses tortures avaient eu d'atroce.

Maintenant, si l'on défalque encore 2,000 hommes qui, par leur faiblesse et leur dépérissement, n'étaient plus en état de faire aucun service et que l'on fut obligé d'évacuer par mer, on ne trouvera plus, dans 17 demi-brigades, que 4,500 hommes sous les armes la veille du jour où fut signé le traité d'évacuation (*), et nous di-

---

cus, se trouvaient dans la 2me de ligne, il n'y en eut que *deux* qui ne furent pas tués ou blessés, et la plupart, quoique blessés, ne quittèrent pas leurs compagnies ou leurs bataillons; plusieurs ne quittèrent pas même le combat pour se faire panser. La cause première de cet héroïsme fut sans doute l'honneur de ces braves; mais, ce qui ne put manquer d'y contribuer, ce fut le rare mérite et le noble exemple que donnèrent des chefs au nombre desquels il est impossible de ne pas citer les chefs de brigade Mouton (3me de ligne), Wouillemont (73me), Cassagne (3me légère), Godinot (25me légère), Perrin (2me de ligne), Brun (8me légère), etc.

(*) De ces 4 à 5,000 hommes, un grand nombre avaient reçu, pour cause de faiblesse, l'autorisation de faire faction assis; ils avaient même besoin d'aide pour arriver au lieu de la faction, et j'en ai vu se trouver mal pendant sa durée. A quoi pouvait servir cette poignée d'hommes qui n'avaient plus pour eux que le respect dû à leur héroïsme? Rappelons à cet égard que, sous le commandement de M. de Boufflers, 18,000 hommes dans le meilleur état et ne manquant de rien, n'ayant pas paru suffire à la défense des seuls ouvrages de la place de Gênes, le Sénat rendit un

sons *la veille*, parce que, le jour même, les troupes n'ayant reçu, dans la distribution qui ne laissa *rien* dans aucun magasin et dans aucun four, que *deux onces* de la pâte infecte que l'on donnait au lieu de pain, il est facile de comprendre qu'elles étaient hors d'état de suffire au moindre mouvement, et que si le lendemain on put mettre ces 4,500 hommes en route sous les ordres du général de division Gazan, ce ne fut qu'après que le général prince Hohenzollern, nous le répétons, leur eut fait faire deux distributions complètes.

Après tant de prodiges, que pouvait-il manquer à la gloire de cette armée et de son chef? Rien, sinon de forcer l'ennemi à accepter des conditions dignes du général Masséna et de ses troupes, et c'est ce qui fut en-

---

arrêt portant que la totalité des porteurs de chaises et des domestiques en âge de servir prendrait aussitôt les armes. Il n'y eut pas, dit Bonamici, un seul maître qui n'offrît ses gens, un seul domestique qui refusât d'obéir.

Pour en revenir au 15 prairial an VIII, les rues et les places étaient, ce jour-là, remplies de soldats couchés et qui n'avaient pas la force de se relever. Nous étions donc perdus, si l'ennemi, ainsi qu'il en avait reçu l'ordre, avait ce jour-là levé le blocus. Notre détresse était telle, que, dans cette même supposition, nous aurions été obligés de nous rendre aux Anglais, et de nous rendre à discrétion. En effet, les environs de Gênes n'offraient aucune ressource, et nous ne pouvions plus être sauvés, c'est-à-dire nourris, que par l'ennemi. Débloquer Gênes n'était plus rien, si en même temps on ne pouvait sustenter les soldats qui respiraient encore...

core dû à sa fermeté, lorsqu'il ne lui restait plus pour
la soutenir que la puissance de son caractère.

C'est par cette puissance, par sa haute réputation de
guerre, qu'il lutta d'une manière si brillante contre un
ennemi qui, d'après les seules lois de la gravité, devait
l'écraser, et qu'il vainquit sur des points où sa perte
semblait écrite! C'est par elle qu'il prolongea sa résistance autant qu'elle pouvait être possible, que cette
résistance fut utile à l'armée de réserve, qui lui dut la
victoire, et qu'il en imposa au point de ne pas permettre
que le mot de *capitulation* fût employé dans la rédaction du *traité d'évacuation de Gênes*; enfin, c'est grâce
à elle qu'il obtint des conditions tellement belles
qu'elles sont sans exemple (art. 10 et 12 de la négociation); qu'il changea une défaite en un triomphe; qu'il
rendit éternellement glorieux ce qui semblait pouvoir
être à peine honorable; que, comme l'observa un officier
autrichien avec toute la ville de Gênes, *ce fut l'ennemi
qui eut l'air de capituler avec lui*. Enfin, si en Suisse il
sauva sa patrie en même temps que le pays qu'il occupait, à Gênes il contribua de la manière la plus extraordinaire aux résultats de cette campagne toute magique.

Ainsi les siége et blocus de Gênes formeraient un évènement colossal quand, par une résistance purement
passive et à l'abri des obstacles, ses défenseurs n'auraient
fait autre chose que de supporter la misère, la famine,
les épidémies auxquelles un si grand nombre d'entre eux
ont succombé.

Ils le formeraient également, quand, à l'abri de tous
ces maux, ses défenseurs n'auraient fait autre chose que

livrer les combats qui les ont illustrés, que tenir la
campagne contre des forces triples, que détruire à l'ennemi le double des hommes qu'on a pu lui présenter.

Ils le formeraient enfin, quand, à l'abri de la famine
et des épidémies, vêtus et soldés, ne manquant ni de
cavalerie, ni d'artillerie, ni de munitions, n'ayant
que des fatigues ordinaires à supporter, ils auraient
soutenu cette terrible lutte en France, contre des hor-
des sans lois, sans garanties, et non, en proie à de
mortelles souffrances, en terre étrangère et contre les
armées des peuples les plus policés.

Mais s'être signalé à la fois par ces trois genres de
gloire; avoir fait en nombre si inférieur ce qu'il eût été
si beau de faire en nombre proportionné; avoir fait
avec des hommes épuisés de faim et de maladies, et
contre des troupes superbes, ce qui eût été si glorieux
avec des soldats pleins de santé; ne l'avoir fait que par
le sentiment du devoir et par honneur, quand il eût
été magnifique de le faire par l'influence de toutes les
considérations humaines; voilà ce qui est hors de toutes
les comparaisons, et ce qui, je le répète, place les siége
et blocus de Gênes au-dessus des siéges et blocus les
plus célèbres de l'histoire ancienne et moderne, et le
général Masséna au-dessus de tous les chefs qui ont
défendu des places.

On peut donc conclure, sans crainte d'être démenti,
que rien n'est à la fois plus remarquable, plus héroïque,
que ce qui tient à ce fait d'armes; qu'en aucun temps
on ne le citera sans que l'orgueil national n'en soit
flatté; qu'on ne se rappellera pas, sans une noble satis-

faction, avoir partagé les travaux, les dangers, les souffrances des héros qu'il immortalise; que quels que soient
son opinion, son pays, sa position, nul homme susceptible de sentiments généreux, ou seulement honorables,
ne pensera à ce blocus sans étonnement, sans admiration, sans respect!

FIN.

NOTES

INDIQUÉES DANS LE COURS DE L'OUVRAGE

PAR DES LETTRES ALPHABÉTIQUES.

————— ❦ —————

Quarante-six années écoulées ne permettent plus de s'en tenir à des phrases pour établir les faits principaux relatifs au blocus de Gênes. C'est ce qui me fait recourir à des pièces officielles et à des citations authentiques, comme à d'irrécusables témoins que je fais comparaître au tribunal de la Postérité !

NOTE A. (Page 45.)

LE GÉNÉRAL DE DIVISION MARBOT, AU GÉNÉRAL SOULT LIEUTENANT DU GÉNÉRAL EN CHEF.

« Notre situation est affreuse, mon Général !

« Le soldat recevra aujourd'hui :

« 3 onces de pain,

« 3 onces de légumes secs,

« 3 onces de fèves.

« Ces distributions faites, il ne restera pas une livre de grain,
« ni de riz, ni de haricots en magasin. Il restera peut-être 20
« livres de fèves.

« J'ai envoyé, pendant la nuit dernière, douze mulets chercher
« du blé à Finale ; je n'ai pu en réunir davantage, quoique j'en
« aie demandé le sabre d'une main et l'argent de l'autre.

« La distribution manquera totalement demain : 1° parce que
« 20 quintaux, qui est tout ce que ces mulets peuvent rapporter,
« sont insuffisants même pour la demi-ration ; 2° parce qu'ils
« n'arriveront que demain dans la matinée ; 3° parce qu'il faudra
« encore convertir ce blé en farine, etc.

« Je crains que la division ne se débande.

« Comptez sur ma fermeté et sur mon zèle ; mais ne comptez
« pas sur autre chose.

« Savone, ce 4 Ventôse an viii » (23 février 1800).

Signé, MARBOT.

En transmettant cette pièce au général en chef, le lieutenant-
général Soult lui exprimait son regret de lui adresser une lettre
qui ne pouvait que *l'affliger davantage*, et l'affliger inutilement,
attendu *qu'il était sans moyens.* « J'écris au général Marbot,
ajoutait-il, « de donner une double ration de viande et du vin
« quand le pain manquera... A moins d'une levée extraordinaire
« de tous les mulets du pays, nous allons nous trouver dans une
« position affreuse.» Il finissait par lui dire : «Je ne vous parle
« pas des 1re et 2e divisions; leur situation est aussi déplorable
« que celle de la 3e. »

Au reste, si l'on pouvait douter de la désastreuse continuité
d'une situation aussi déplorable, si l'on pouvait penser qu'elle
n'ait été que locale, on trouverait les preuves du contraire dans
les passages suivants, extraits de la correspondance des trois lieutenants-généraux de l'armée.

LETTRES DU LIEUTENANT-GÉNÉRAL THUREAU

(23 pluviose.) « La solde est le sujet de réclamations continuel-
« les... Vous m'annoncez 150,000 francs ; c'est le 12ᵉ de ce qu'il
« faudrait pour l'aligner. »

(1ᵉʳ ventôse.) « L'aile gauche touchait à sa dissolution quand
« vous m'en avez remis le commandement. J'ai suspendu les
« effets de la misère ; mais je n'ai rien fait, si je ne puis l'arrê-
« ter... La misère est encore plus cruelle chez les officiers que
« chez les soldats. La détresse de l'aile gauche est alarmante, et
« il ne reste pas un moment à perdre. »

LETTRES DU LIEUTENANT-GÉNÉRAL SUCHET.

(1ᵉʳ ventôse.) « L'épidémie recommence ses ravages avec plus de
« fureur que jamais. »

(6 ventôse.) « Je vous ai envoyé tous les grains qu'il m'a été
« possible de tirer des magasins de Finale. »

(13 ventôse.) « Les soldats bivouaquent, en partie dans la neige,
« et ils sont sans capotes.

« Je vous soumets l'idée de faire faire des distributions de vin
« pour arrêter l'épidémie. »

(18 ventôse.) « Que devenir et que faire sans transports ? »

(23 ventôse.) « J'ai fait passer dix louis au général Jablonoski
« pour frais d'espionnage; c'est tout ce qu'il m'a été possible de
« lui envoyer.

« Je vais faire faire la reconnaissance dont je vous ai parlé ;
« mais le manque de chaussures m'empêchera de la pousser jus-
« qu'à Monte-Molo. »

(24 ventôse.) « Je ne vois plus de moyens de continuer à don-
« ner à la 99ᵉ de ligne, 50 francs par mois pour l'entretien de

« son dépôt de convalescents, qui sauvait la vie à beaucoup
« d'hommes.

« Le chef de bataillon d'artillerie Constantin a déserté à l'en-
« nemi, emportant tous ses papiers

« La légion Polonaise est si misérable, par le manque de che-
« mises et de souliers, qu'elle ne peut presque plus rendre de ser-
« vices. »

(27 ventôse.) « Je ne vous parle plus de notre misère, elle ne
« fait que croître.

« Il n'y a, à la 5ᵉ division, qu'un détachement d'artillerie, et
« il est hors d'état de faire la guerre : il manque de tout. »

(30 ventôse.) « Le chef de bataillon Constantin a été vu dans
« un des cafés de Modène ; il publie les motifs de sa désertion, et
« révèle ainsi tous les secrets de notre misère.

« Les Polonais désertent par bandes, faute d'habillements, de
« vivres, de solde, et de chaussures.

« La 4ᵉ division ne reçoit plus qu'une demi-ration de pain, et
« sous peu le pain manquera. »

(14 germinal.) « Il ne me reste que six demi-brigades sur les-
« quelles je puisse compter, et elles donnent à peine 5,000 com-
« battants. »

(15 germinal.) « Le pain et les transports, voilà nos plus cruels
« ennemis. »

LETTRES DU LIEUTENANT-GÉNÉRAL SOULT.

(7 ventôse.) « La faim jette les habitants dans les rangs des re-
« belles. »

(11 ventôse.) Faute des 150 mulets que vous m'avez annoncés,
« on ne sait comment faire parvenir aux troupes les munitions et
« les subsistances. »

(22 ventôse) « Les chevaux de correspondance de la 2ᵉ division
« (Gazan) sont hors de service, faute d'argent pour les ferrer.

« Il ne nous restera bientôt que des squelettes chancelants. »

(24 ventôse.) « La moitié de la 1ʳᵉ division (Miollis) est sans
« souliers. »

(26 ventôse.) « La 3ᵉ division (Marbot) a reçu hier une demi-
« ration, mais pour aujourd'hui, il n'y a ni légumes, ni pain, ni
« viande, ni liquide, enfin il n'y a rien, absolument rien ! Que de
« vertu et quel courage !.. Mais aussi que d'infamie !.. Votre ar-
« mée est-elle donc destinée à être le jouet et la victime d'une
« horde de scélérats ?.. Approuvez l'ordre que je donne aux com-
« missaires, chefs de service, etc, de se rendre auprès de moi. Il
« faudra qu'ils marchent, et droit : leurs têtes m'en répondront.
« Ils ne sont dignes d'aucun ménagement. »

(27 ventôse.) « Les soldats de la 3ᵉ division font trois et quatre
« lieues pour transporter leurs vivres sur leurs épaules. »

(28 ventôse.) « Le pain est chaud quand on le transporte ; il se
« brise et s'avarie ; de sorte que les soldats ne reçoivent guère
« que la moitié du pain qu'on distribue pour eux. Toujours
« point de transports, point de fourrages... L'énumération serait
« trop longue. Quand cessera donc tant de misère ?..

« Les maladies font des ravages terribles.

« Une maladie horrible règne parmi les troupes de la 1ʳᵉ divi-
« sion : c'est un abattement avec délire. Les soldats qui en sont
« atteints tombent sur les routes même, et succombent aussitôt. »

(30 ventôse.) « La faim et le désespoir causent des désertions ;
« un caporal et deux soldats de la 24ᵉ de ligne, et sept hommes
« de la 8ᵉ légère, viennent de passer à l'ennemi avec armes et
« bagages. »

(2 germinal.) « La 3ᵉ division doit avoir en ce moment du pain
« pour deux jours ; mais les autres services, et la viande sur-
« tout, manquent absolument : les troupes murmurent.»

(3 germinal.) « Toujours misère, et de tous côtés ! Je n'ose plus
« en parler. »

(7 germinal.) « Les maladies augmentent par la misère et la fa-
« mine. »

(9 germinal) « Hier, à 8 heures du soir, la division Miollis n'a-
« vait pas encore reçu une once de pain.

« Nous avons toujours des déserteurs. »

(10 germinal.) Les progrès de la désertion deviennent plus ef-
« frayants.

« Les maladies font les plus grands ravages. Les 3ᵉ légère, 3ᵉ
« et 24ᵉ de ligne n'ont presque plus que des convalescents. Je
« reçois les rapports les plus alarmants. Le scorbut se mani-
« feste à Gavi. »

(14 germinal.) « Je remarque avec plaisir, dans votre lettre
« d'hier, que les troupes doivent se refaire pour entrer en campa-
« gne dans 15 jours. Je me sens renaître à cette idée. Sortons
« vite de ce pays ; l'armée ne peut y trouver que son tombeau ;
« elle perd chaque jour plus d'hommes qu'elle n'en perdrait
« dans un combat ; et si cela continuait, dans peu les cadres mê-
« mes seraient dans les hôpitaux. Mais, pour partir, il nous faut
« des moyens : or, nous n'avons pas de chevaux, et par consé-
« quent point d'artillerie ; les munitions existent en trop petite
« quantité, et, faute de moyens de transports, ce ne sera qu'avec
« des peines infinies qu'on pourra en faire parvenir aux divi-
« sions. Nous manquons d'armes : j'ai demandé 5,000 fusils en
« remplacement d'un pareil nombre de fusils à réparer, autant
« de gibernes, et d'autres effets du grand équipement ; je n'en ai
« reçu aucun, et chaque jour les corps sont obligés de remettre,
« à l'arsenal, des fusils en partie nécessaires. Nous n'avons pas
« d'effets de campement, et ils sont indispensables. L'habille-
« ment manque. Les 6,000 paires de souliers que vous m'avez
« accordées sont insuffisantes ; beaucoup de soldats resteront nu-
« pieds. Les officiers sont dans une pénurie extrême. Voyez l'im-
« mensité de nos besoins. Il en est d'autres purement militaires,
« et sur lesquels je dois garder le silence.

« Comptez sur mon zèle, etc... »

Signé, SOULT.

NOTE B. (Page 46.)

J'ai trouvé, dans les manuscrits de M. le maréchal Soult, le
passage suivant, remarquable par son exactitude, mais encore

par suite de l'identité des expressions avec celles dont je m'étais servi dans la rédaction de mon journal :

« Découragée et affaiblie par ses revers, abattue par les priva-
« tions sans nombre qu'elle avait éprouvées, sans habillement,
« sans chaussure, sans solde, ne recevant presque pas de sub-
« sistance, elle était encore dévorée par le fléau des épidémies
« qui, à Nice et dans tous les cantonnements, enleva tant de mil-
« liers de victimes ! Outre cela, la désertion était publique : des
« compagnies, des corps entiers quittaient l'armée, sans que le
« peu de généraux qui y restaient pussent les retenir ! A tous ces
« maux se joignait encore l'indiscipline, et une insouciance fu-
« neste pour le service. Tout, enfin, était capable de rebuter le
« chef le plus entreprenant ou le plus ambitieux : mais il y avait
« du bien à faire et de la gloire à acquérir ! »

En parlant de la Ligurie et de Gênes, où il commandait en l'an VII, M. le maréchal Saint-Cyr dit dans ses mémoires :

« La Ligurie et l'armée, après avoir épuisé toutes leurs res-
« sources, étaient également affamées ; la discipline se perdait
« tous les jours davantage, et l'on entrevoyait le moment ou l'ar-
« mée nue, sans solde et sans pain, serait forcée de se dissoudre. »

Et c'est cet homme supérieur, mais en même temps si froid, si impassible, qui, après vingt-cinq années de réflexions, confirme ainsi tout ce que l'on peut dire de l'excès et de l'irrécusable accroissement de ces maux !

Faute d'effets de casernement et de locaux convenables, les quartiers ajoutaient à la mortalité au lieu de procurer du repos aux troupes : presque tous étaient établis dans des églises malsaines ; nous leur dûmes la perte de beaucoup d'hommes. Je n'ai conservé aucune note à cet égard ; mais j'ai retrouvé une déclaration qui suffira pour jeter un fort triste jour sur cette partie du service. La voici :

« Les officiers de santé de la 34e demi-brigade de ligne, requis par le
« commandant du corps, de donner leurs idées sur les causes de
« la maladie qui a déjà fait et qui fait encore tous les jours
« tant de victimes, exposent qu'ils croient pouvoir l'attribuer,
« d'une part, à l'insuffisance de la nourriture, de l'autre, à l'in-

« salubrité des casernes. Les églises qui, à Finale, servent d'asile
« à la troupe, renferment des caveaux où des débris de cadavres
« non encore desséchés, sont une cause perpétuellement exis-
« tante de corruption. Le pavé de ces temples est un marbre
« dont la fraîcheur arrête la transpiration. La petite quantité de
« paille qui recouvre ces marbres est bientôt réduite en fumier;
« en sorte que la mauvaise odeur, produite par les émanations
« putrides des caveaux, le froid du local et le fumier qui sert de
« lit aux militaires, joints à l'inanition et au manque de vête-
« ments et de chaussure, suffisent pour expliquer ces maladies.

« Une de ces églises est de tous côtés exposée aux vents, et
« ne présente aucun abri ; une autre est une espèce de cachot
« où l'air ne peut circuler qu'avec peine ; une troisième présente,
« à côté du parterre du couvent, un fossé profond, où les eaux
« stagnantes, mêlées aux débris des substances animales (qu'on
« ne peut obtenir des soldats de rejeter loin d'eux), forment un
« véritable foyer de putréfaction.

« Telles sont les causes auxquelles les officiers de santé sous-
« signés pensent devoir attribuer cette maladie, qui menace d'em-
« porter toute la demi-brigade.

« A Finale, le 24 ventôse an VIII. »

Signé, les officiers de santé, LAVALLÉE, DUMAS, AUSSENCLON.

NOTE C. (Page 46.)

Le 23 du même mois, le lieutenant-général Thureau écrivait au
général en chef : « Les hôpitaux sont l'objet de réclamations con-
« tinuelles ; ils sont dépourvus de toute espèce de secours ; les
« maladies s'aggravent dans une effrayante proportion ; l'épidé-
« mie existe encore et multiplie ses ravages, etc. »

Le lieutenant-général Suchet mandait :

(Le 15 ventôse.) «Les hôpitaux ne reçoivent aucun secours. »

(Le 17 ventôse.) « Les hôpitaux sont sans secours et sans médi-
« caments. Les soldats y sont plus mal que dans les plus mau-
« vais quartiers. »

(Le 26 ventôse). « L'hôpital de Finale est toujours dans l'aban-
« don le plus absolu. Il n'existe pas seulement d'huile pour
« éclairer la nuit cet horrible local. Les malades sont sur des toiles
« à paillasses entièrement vides ; ils n'ont pas de couvertures ; on
« ne peut même leur procurer du bouillon : cette position est af-
« freuse. 37 hommes du 3ᵉ bataillon de la 20ᵉ légère sont entrés
« ce matin à l'hôpital. »

Pendant la même époque, le lieutenant-général Soult écrivait :
« La situation des hôpitaux de Gênes est affreuse. Souvent à
« 3 heures après midi la distribution du matin n'est pas faite, et
« à minuit, celle du soir n'est pas commencée. Le peu d'aliments
« que l'on distribue est mal préparé. On manque partout d'infir-
« miers. » (Et il pouvait ajouter : *ceux qui existent font un hor-*
rible métier.) « Dans le seul hôpital nᵒ 1, plus de 150 malades sont
« couchés par terre et entassés sur des paillasses pourries. A
« Savone, ajoutait-il, les hôpitaux sont également dans un état
« pitoyable. Les malades périssent victimes de l'insouciance et de
« la cupidité de ceux qui devraient les soigner et les secourir. Il
« n'y a rien pour les coucher, et, dans des églises malsaines,
« nos soldats sont entassés sur du fumier et couverts de vermi-
« ne... Il n'y a rien pour faire cuire leurs aliments. Ils n'ont
« pu avoir de viande hier, et ils ne pourront en avoir aujour-
« d'hui. Le bois manque toujours. Le général Marbot a été ré-
« duit à employer la force pour enlever quelques médicaments
« dans les pharmacies de la ville, quelques objets de couchage,
« quelques marmites chez les habitants ; il a été forcé de faire ar-
« racher les échalas des vignes pour faire cuire les aliments
« des malades comme pour faire cuire le pain. Malgré ces faits
« hideux, l'encombrement est général : 40 malades viennent d'ê-
« tre refusés, et le général Marbot n'a pu que les répartir chez
« les habitants. » (Et il aurait pu ajouter : *on fait un horrible*
trafic du peu de médicaments et d'aliments qu'on se procure.)
Mais il dit encore : « Chaque minute que nos soldats passent

« dans ces cloaques impurs aggrave leurs infirmités, et devient
« funeste à un grand nombre d'entre eux. Je vous en conjure,
« mon cher général, pressez l'exécution des ordres que vous avez
« donnés pour la réorganisation des hôpitaux, et que de prompts
« secours leur soient donnés. Vous perdez journellement dans les
« hôpitaux l'élite de votre armée. J'épargne à votre sensibilité le
« tableau de la plus grande partie de la misère qui y règne; mais, je
« dois vous le répèter, votre armée se fond.»

Ainsi que ces citations suffisent pour le prouver, les hôpitaux,
dans les lieux occupés par l'armée d'Italie, étaient de véritables
tombeaux, des cloaques où l'homme le mieux portant eût infailliblement péri. Dans ceux de Savone et de Gênes surtout, la peste et
la famine exerçaient à l'envi leurs ravages, et les souffrances, la mort
même, y devenaient les objets d'effroyables spéculations. Nous
n'examinerons pas de quelles tortures il serait juste de punir des
délits de cette nature, et combien à cet égard des lois cruelles même seraient humaines : nous nous bornerons à rappeler que la
juste horreur que les hôpitaux inspiraient était telle à l'époque dont
nous parlons, que beaucoup de militaires restèrent malades à leurs
corps et aimèrent mieux y mourir que d'aller à l'hôpital ; qu'il y
en eut qui, malgré la neige et les frimas, moururent à la porte
des hôpitaux plutôt que d'y entrer ; que d'autres, pour terminer
les insupportables privations que l'on souffrait dans les hôpitaux
et échapper aux horreurs qui s'y commettaient, se jetèrent par la
fenêtre, etc. etc.

Une anecdote achèvera de jeter un jour hideux sur les désordres
auxquels cette partie des services de l'armée était en proie.

Un officier de santé ne recevant rien de sa solde, pria l'économe d'un des hôpitaux de Gênes de lui donner, pour subsister, et
en attendant que l'on payât quelque chose sur son arriéré, une ration de vivres par jour. L'économe la lui promit, *à condition
qu'il mettrait au quart de la ration que l'on donnait, des malheureux qui, pour se rétablir, n'avaient besoin que de nourriture.*
L'officier de santé, révolté, refusa avec indignation d'acheter à ce
prix le soulagement que le besoin le plus pressant l'avait porté à
solliciter ! »

NOTE D. (Page 56.)

Le général Masséna, qui jugea de la force de cette armée par les états qu'il reçut à Paris, ne put manquer d'être trompé. Lorsqu'un mois après il eut la possibilité d'en vérifier les situations, il la trouva affaiblie *d'un tiers*.

Aussi, le 28 nivôse, écrivait-il au ministre de la guerre : — *La force de cette armée ne vous est pas connue, mon cher général; elle est bien loin d'être telle qu'elle est portée sur les états que vous avez reçus jusqu'à présent!* Et en effet, ses pertes journalières étaient si prodigieuses, que jamais le gouvernement ne pouvait connaître sa situation. Les états destinés à la donner étaient faux, avant même d'avoir pu partir pour le Ministre, avant d'être signés par les chefs de corps.

On peut citer, à cet égard, les faits suivants : — en un mois de séjour dans la Ligurie, la 2e de ligne perdit, sur 2,600 hommes, 960 combattants; en trois mois, la 73e de ligne, sur 320 grenadiers, en perdit 314 ; la 87e perdit en quatre mois, sans désertion ni combat, 2,300 hommes sur 2,750 ; et ainsi de presque tous les autres corps. On se tromperait même, si l'on jugeait la force des corps par le nombre d'hommes portés dans la colonne des combattants. Les 17 et 24 ventôse, le lieutenant général Suchet écrivait en effet au général en chef : *que les 33e et 39e de ligne, qui avaient 950 présents sous les armes, ne pouvaient fournir 400 combattants; qu'elles excitaient la compassion et devaient être considérées comme hors d'état de rendre aucun service. Il mandait, le 23, que la 87e ayant 468 présents sous les armes, n'avait pas 150 hommes en état de combattre, etc.*

Enfin cette armée, qui, deux mois avant la reprise des hostilités, et depuis le Mont Cenis jusqu'à Gênes, était encore de 50,000 hommes, qui, dans ces deux mois, avait reçu 10,000 hommes de renfort, offrait le 15 germinal un total de 38,000 hommes présents, dont 16,000, hors d'état de faire aucun service, n'étaient retenus à **leurs** corps que par l'effet de la trop juste terreur inspirée par les hôpitaux, et devenaient une charge et un embarras de plus.

Ces faits et tous ceux de cette nature rapportés dans cet ouvrage achèvent, au surplus, de constater l'état de désordre et le chaos dans lesquels se trouvaient, à cette époque, et la France et l'armée.

NOTE E. (Page 57.)

La 24e de ligne fut désarmée à Draguignan ; la 21e, forte d'un bataillon, fut incorporée dans les demi-brigades les plus faibles de l'armée ; six compagnies de la 28e légère subirent le même châtiment. Les deux hommes reconnus les plus coupables furent fusillés dans chacun de ces corps ; les drapeaux de la 24e et de plusieurs autres demi-brigades furent portés chez le commandant de la place d'Antibes (*); la 68e, moins coupable, obtint comme grâce de retourner aux avant-postes ; les deux compagnies de carabiniers de la 5e légère, le 2e bataillon du même corps et le 2e de la 74e de ligne, qui avaient quitté leur poste pour rentrer en France, furent dissous et les hommes disséminés dans d'autres corps ; tous les sous-officiers qui avaient suivi ces déserteurs furent condamnés à mort, de même que deux hommes pris dans chacun de ces bataillons, et deux dans les carabiniers. Quant à ce qui restait de ces troupes, il fut reconduit au poste qu'elles avaient quitté.

Le général en chef fit, pour une simple désobéissance, fusiller quelques hommes des 25e légère et 106e de ligne. Au surplus, quelques chefs ou moteurs de ces insurrections furent arrêtés, et livrés à un conseil de guerre ou à une commission militaire, suivant la nature des faits qui leur étaient imputés ; les officiers qui,

---

(*) La conduite de cette demi-brigade, pendant le blocus de Gênes, les lui fit rendre.

sans avoir pris une part directe à l'insurrection, l'avaient secrète‑
ment favorisée, ou ne s'y étaient pas vigoureusement opposés, furent
dégradés et chassés à mesure qu'ils furent connus; les comman‑
dants de place qui, lors du passage de ces déserteurs, leur avaient
donné des certificats de bonne conduite, furent remplacés et ren‑
voyés de l'armée.

NOTE F. (Page 60.)

Tout concourut à fournir à l'ennemi les plus exacts rensei‑
gnements sur notre position :

1º Une partie des Génois riches, qui, perdant par notre pré‑
sence leur commerce, leurs titres, leur rang, favorisaient de tous
leurs moyens notre expulsion de leur territoire ;

2ºLa démoralisation d'une partie de nos troupes, triste fruit de
leur extrême misère, et qui leur faisait vendre jusqu'aux consi‑
gnes les plus importantes;

3º Les intelligences de l'ennemi dans notre armée, intelligen‑
ces qui, par le moyen de faux réfugiés italiens, étaient aussi fré‑
quentes qu'ils le voulaient.

Voici une anecdote qui prouve qu'il avait des agents jusque
dans tous les rangs de l'armée :

Une Italienne nommée Pénalis, épouse d'un M. Leroux, em‑
ployé à la trésorerie de l'armée, se rendait, d'après un passeport
du ministre d'Espagne, de Gênes à Milan, où des affaires de fa‑
mille l'appelaient, lorsqu'à Novi elle rencontra le chef de batail‑
lon La Potterie, aide-de-camp du général Assareto, portant un
casque autrichien, et venant de parcourir, avec le général de
Bussi, toute la ligne des avant-postes. Ce *chevalier de la Potterie*,
ainsi qu'on l'appelait à l'armée autrichienne, connaissant cette
dame Leroux comme il en était connu, et se voyant découvert,
sollicita sur-le-champ, du général de Bussi, l'arrestation de ma‑
dame Leroux qui, en effet, fut gardée à vue en attendant l'ordre

que ce général se hâta de demander au général Mélas pour l'envoyer dans la citadelle de Ceva, afin de la mettre hors d'état de révéler le secret que le hasard venait de lui faire découvrir. Le deuxième jour de son arrestation, le temps fut affreux, et la nuit qui suivit, noire et pluvieuse. Cette circonstance rendit ses gardiens moins surveillants et lui fournit l'idée de leur échapper : sa croisée fut le passage qu'elle choisit à cet effet ; ses rideaux et ses draps, transformés en cordages, la descendirent dans la rue. Là, un malheureux lui fournit, pour de l'argent, le travestissement nécessaire à son entreprise et un guide avec lequel elle se rendit, à travers les montagnes, à Gênes, où elle arriva le 9 ventôse au soir.

Sur son rapport, le général en chef adressa immédiatement au général Marbot, à Savone, l'ordre d'y faire arrêter le général Assareto et toutes les personnes employées auprès de lui. Cet ordre fut exécuté le 10. On ne trouva que le général Assareto et son secrétaire. Ce dernier fut relâché au bout de quelques jours ; le premier, sous le prétexte d'un besoin et à la faveur de l'obscurité, s'échappa le 29 ventôse, à Alassio, pendant que, d'après un nouvel ordre du général Masséna, on le transférait au château carré d'Antibes. Il fut jugé et condamné à mort par contumace. Après la Restauration, il purgea cette contumace et fut acquitté, si ce n'est récompensé.

NOTE G. (Page 62.)

On avait adopté comme moyen de faire arriver plus promptement et plus sûrement les recrues à l'armée, de les y envoyer organisés en bataillons auxiliaires formés par départements.

Cette mesure eut les plus déplorables résultats :

1° Elle coûta des sommes énormes, tout homme placé dans ces bataillons étant armé, équipé, habillé à neuf, et soldé jour par jour.

2° Elle n'empêcha pas la désertion ou plutôt le débandement de ces bataillons ; et ce qui le prouve, c'est que le bataillon destiné, par exemple, à recruter la 99ᵉ, lui amena 13 hommes, ses sous-officiers compris ; que cinq compagnies de 830 hommes destinés au recrutement de la 20ᵉ légère, arrivèrent fortes de 10 hommes, dont 4 nus, et que le bataillon de la Lozère arriva à Nice fort d'*un homme.*

3° Elle recruta les bandes qui alors infestaient toutes les routes du Midi.

4° Elle inonda l'armée d'une foule de mauvais officiers qui, après avoir été chassés de leurs corps à différentes époques, venaient, leurs vieux brevets à la main, réclamer, suivant la loi, des postes qu'ils prétendaient enlever à la valeur, à la persévérance et à la bonne conduite.

Le général en chef, pour prévenir ce dernier mal, renvoya ces officiers à Aix pour y attendre les ordres du ministre de la guerre.

Un de ces corps d'officiers essaya de réclamer contre l'exécution de cet ordre : « Malheureux, leur dit le général Masséna, si chacun de vous avait du moins amené deux hommes, un de chaque main, je comprendrais que vous avez pu chercher à faire votre devoir ; mais 27 officiers, dont aucun ne s'est fait tuer, et qui, des 1,000 hommes qui leur ont été confiés, osent en présenter sept, sont frappés d'une honte éternelle, et doivent se retirer et se taire ! »

NOTE H. (Page 64.)

Si par des soins infinis, par le zèle des chefs, par une juste sévérité, et par la surveillance la plus active, l'on parvint à contenir les troupes et à resserrer les liens de la discipline, il ne fut pas possible de leur rendre aussi vite cette moralité que la pénurie, que l'excès et la durée de leurs souffrances leur avaient en partie fait perdre, et qu'à la suite d'un changement total dans leur situation, le temps pouvait seul rétablir.

Quels que soient les détails que l'on donne sur l'état physique et moral de cette armée, on ne pourra le faire comprendre à ceux qui n'ont pas été témoins oculaires des faits dont nous parlons.

Au reste, la cause qui, avec la famine, a le plus puissamment contribué à ces déplorables résultats, c'est le défaut de régularité dans le payement de la solde.

Le premier mal vient, dans ce cas, du défaut de payement, le deuxième, du payement de trop fortes sommes. Le manque total d'argent nuit autant dans une armée que sa trop grande abondance ; la misère y fait commettre autant d'excès que la facilité d'être prodigue ; l'un et l'autre concourent, au même degré, à détruire la discipline : ce fait est incontestable. Le défaut de solde autorise l'insubordination et le pillage, sous le prétexte des privations. Le trop d'argent est dans les mains des soldats plus dangereux que des armes dans celles d'un enfant ou d'un insensé : ils l'emploient toujours à faire du mal. Si, chaque jour, on pouvait remettre son prêt à chaque homme, et faire qu'il n'eût jamais que son prêt, il le consacrerait à ses besoins, parce qu'il n'aurait jamais assez d'argent pour faire des sottises ; mais si, après une attente pendant laquelle il s'est familiarisé avec tous les moyens de s'en passer et d'y suppléer, vous lui donnez le salaire de plusieurs mois, vous le mettez évidemment à même de se livrer à toutes les débauches auxquelles ses gains illicites l'ont accoutumé, et cela quand ce ne serait que pour dépenser avec profusion, et pour des objets condamnables, un argent auquel il tient d'autant moins qu'il sait l'attendre et le remplacer. La conclusion de tout ceci est donc : Malheur à l'armée dans laquelle les troupes ne recevront pas leur solde d'une manière régulière !

NOTE I. (Page 65.)

Pour achever de faire connaître le motif de cet embrasement, nous croyons devoir observer que Gênes n'est pas pour les Liguriens ce qu'une autre capitale est pour un autre peuple, et ce fait résulte : 1° de l'autorité presque sans bornes que les grandes familles de Gênes ont sur le peuple de ce pays; 2° de l'idée que ne peut manquer de donner d'elle cette ville superbe qui est, pour ainsi dire, la seule ville de la Ligurie, et pour laquelle, par conséquent, il n'existe, aux yeux des habitants des monts qui l'environnent, aucun point de comparaison; et 3° de l'effet que ne peuvent manquer de produire sur un peuple ignorant les ouvrages qui la défendent. Aussi Gênes est-elle encore pour les Liguriens l'objet de leur ancien culte pour leur gouvernement détruit, l'objet de leur orgueil national, leur refuge dans les calamités, et comme leur palladium. C'est pour toutes ces raisons qu'afin de la sauver des attaques des Autrichiens, les prêtres et les nobles eurent, en 1746, si peu de peine à faire, pour ainsi dire, croiser tous les paysans de la Ligurie contre l'armée de M. de Schulenbourg, et qu'en 1800 ils parvinrent si facilement à présenter, à ces mêmes paysans, notre destruction comme le seul moyen de délivrance pour Gênes, qu'ils les soulevèrent presque généralement, et leur firent à ce point oublier leur haine la plus invétérée qu'ils les allièrent aux Autrichiens et aux Piémontais.

NOTE J. (Page 85.)

La mort était sur toutes les figures, l'abattement dans toutes les âmes, le découragement dans tous les esprits! La détresse de l'armée ne pouvait plus être comparée qu'à la sollicitude de son chef, qui prévint sa dissolution en faisant, de sa propre fortune et en lettres de change, les avances nécessaires à MM. La Flèche et Guyot de la Pommeraye, négociants, et les détermina ainsi à se charger d'une opération à laquelle le salut de Gênes et la conservation de l'armée étaient liés.

Voici la lettre qu'à cette occasion l'adjudant-général Thiébault écrivit à son père.

(Gênes, le 1er germinal an VIII.) « Je ne puis résister au besoin de vous apprendre le changement qui vient de se faire dans notre position.

« En proie à des besoins de toute espèce, à des maux de toute
nature, nous étions dans une détresse dont rien ne peut donner
l'idée. Les soldats, épuisés par les maux soufferts et la continuation
de privations atroces, recevaient à peine les vivres nécessaires pour
prolonger leur agonie, situation épouvantable et ne permettant
de comparer à l'état de l'armée que la sollicitude de son chef. Tout
ce qu'il était possible de faire il le faisait; mais le Premier Consul
et lui avaient été trompés de la manière la plus criminelle, la plus
indigne, de sorte que, malgré les mesures prises par le Gouvernement et les sacrifices qu'il faisait, malgré les efforts du général
Masséna, la mort était partout. Dans cette lutte continuelle et accablante du zèle contre l'impuissance, ses traits étaient altérés et
tout faisait craindre que la force de son tempérament ne le pré-
servât plus longtemps d'une maladie sérieuse. C'était là la dernière
calamité que pouvait craindre cette malheureuse armée !... Enfin,
ce matin, après une longue conférence avec les plus riches négociants de Gênes, le général Masséna, rentré chez lui où se trouvaient, avec son chef d'état-major (le général Oudinot), son lieutenant (le général Soult), l'ordonnateur et quelques officiers de
son état-major, au nombre desquels j'étais : *Mes amis*, nous dit-
il d'une voix altérée, *félicitez-moi: je viens d'engager l'existence
de mes enfants, mais j'ai donné pour quarante jours de pain à
l'armée.*

« *Si quelque chose*, s'écria le lieutenant-général Soult, *pouvait
encore manquer à votre gloire, ce jour y mettrait le comble!*

« Que vous dirai-je ? le général en chef, le général Oudinot, le
général Soult, tout le monde était exalté, attendri, tout le monde
regrettait de ne pas avoir été appelé à partager ce dévouement,
chacun offrait d'y concourir ; on se regardait, on se serrait les
mains, on se félicitait de servir sous un tel chef! Et comment cet
acte de dévouement, en prouvant aux troupes qu'elles ont un père
dans leur général, ne ranimerait-il pas les hommes les plus abattus ! Comment ne serait-il pas plus décisif, pour la campagne,
qu'une victoire !»

NOTE K. (Page 86.)

Quelle qu'ait pu être l'issue du mouvement de M. de Mélas contre Gênes, quelles qu'aient été les fautes auxquelles il dut ses pertes et son désastre, on ne peut disconvenir que la manière dont il prépara sa rentrée en campagne ne soit digne d'éloges, et ne mérite d'être citée par les mesures au moyen desquelles il cacha les forces qu'il avait en Italie.

Toute cette armée autrichienne, rassurée par notre état et notre faiblesse, s'était bornée, pendant l'hiver, à nous faire observer par un simple cordon, et avait été répartie dans toutes les places du Piémont, de la Lombardie, du pays de Venise, du Bolonais, de la Marche d'Ancône et de la Toscane.

Ainsi divisée, elle avait paru faible partout ; mais elle avait reçu facilement tout ce qui avait pu être nécessaire à son entière restauration. Les recrues et les renforts qu'elle s'était procurés pendant son long repos, répartis d'après le même système , n'avaient presque pas été aperçus. Les rapports avaient fait mention de l'arrivée de si peu de troupes sur chaque point, que l'on regardait généralement cette armée comme très loin d'avoir réparé les pertes de la dernière campagne; on avait même répandu et accrédité le bruit que les maladies l'avaient considérablement réduite. Enfin, l'on croyait encore qu'elle rentrerait tard en campagne, ou même que l'on pourrait la prévenir, lorsque déjà les corps qui la composaient marchaient pour se rassembler.

Quand, par ce mouvement spontané, on vit toutes les villes fournir tout-à-coup de forts bataillons à l'armée active, et M. de Mélas ébranler, en peu de jours, 135,000 hommes de troupes autrichiennes, l'étonnement fut universel, et l'on ne put s'empêcher d'admirer le secret de ces préparatifs et la précision de l'exécution.

Mais un rapprochement qui sans doute n'échappera pas à l'histoire, c'est que, deux mois et dix jours après, M. de Mélas a été battu par l'effet d'une ruse en partie semblable à celle qu'il venait

d'employer, et bien plus étonnante par la hardiesse de sa conception, par les difficultés qui se rattachaient à son exécution, et par
des victoires que l'infériorité des forces acheva de rendre au dernier
point glorieuses.

NOTE L. (Page 97.)

Cornigliano, le 14 germinal an viii.

LE LIEUTENANT-GÉNÉRAL SOULT, COMMANDANT L'AILE DROITE, AU GÉNÉRAL EN CHEF MASSÉNA.

« Conformément à vos ordres, mon cher général, je viens d'é-
crire aux généraux de division de ne laisser en première ligne
que ce qui est indispensable pour fournir de petits postes, et de
placer le surplus de leurs troupes en réserve, et de manière à se
refaire et à pouvoir porter de prompts secours partout où ils seraient nécessaires.

« Je leur recommande également de passer une revue sévère
de l'armement et des munitions, et d'établir, sur les derrières de
chaque division, un dépôt de convalescence.

« Je leur annonce enfin que, d'après les mesures que vous
avez prises, les subsistances sont assurées, et que dans quinze jours
vous espérez que leurs troupes seront en état d'entrer en campagne.

« Vous sentirez que je ne puis faire plus avec des divisions aussi
faibles et qui gardent plus de 22 lieues d'étendue. Jusqu'à l'arrivée des troupes que vous attendez, la réserve de l'aile droite ne
peut donc être composée que de la 25e légère, de la 9e de ligne,
et de la garnison de Gênes. »

Signé, SOULT.

NOTE M. (Page 97.)

Trois principaux débouchés existent dans la rivière du Ponant, et servent de communication du Piémont à la mer : ces débouchés, tous praticables pour l'artillerie, sont le col de Tende, Cadibona et la Bochetta (*). En choisissant le premier, les Autrichiens réunissaient presque toute l'armée d'Italie sur leurs derrières, manquaient un des premiers buts qu'ils devaient se proposer, celui de nous diviser, multipliaient les obstacles et augmentaient leurs risques. En s'avançant par la Bochetta, ils réunissaient toute l'armée française sur leur front, et perdaient le principal avantage de leur position militaire.

Cadibona seule leur présentait toutes les chances favorables sans inconvénients. En s'avançant par là, ils coupaient notre ligne, bloquaient Savone, qui était sans vivres, se liaient à la flotte anglaise par la rade de Vado, seul point de cette rivière où les vaisseaux puissent sûrement mouiller, forçaient l'aile droite à faire, pour les attaquer, des mouvements extrêmement difficiles, pénibles et dangereux, et enfin ils trouvaient, contre ses efforts et ceux du centre, d'inexpugnables positions sur les hauteurs de Saint-Jacques, de Monte-Notte, etc. Mais la lenteur des mouvements de l'armée autrichienne annula pour elle la majeure partie des effets qu'elle devait attendre de son état, du nôtre, et de la supériorité totale de ses forces.

(*Extrait du rapport du chef d'escadron d'Aoust, chef de l'état-major de la 2ᵉ division.*)

(*) On pouvait y joindre le Mont-Saint-Bernardo.

NOTE N. (Page 111.)

MASSÉNA, GÉNÉRAL EN CHEF, AU GÉNÉRAL OUDINOT, CHEF DE L'ÉTAT-MAJOR-GÉNÉRAL.

« Que toute la garnison de Gênes se tienne prête à prendre les armes.

« Que la réserve qui est à Saint-Pierre-d'Arena et à Cornigliano, soit sous les armes et prête à marcher.

« Que la compagnie de l'artillerie fasse atteler les six bouches à feu disponibles dans Gênes.

« Que les commandants d'artillerie et du génie réunissent les officiers de leurs armes, et qu'ils soient prêts à se porter aux ouvrages extérieurs de la place.

« Que tous les officiers d'état-major se rendent près de vous, et soient employés à se succéder auprès des généraux Soult, Gazan et Miollis, et à m'informer d'heure en heure de tout ce qui se passe.

« Que tous les guides se tiennent prêts à monter à cheval.

« Que l'adjudant-général Degiovani fasse faire des patrouilles dans la ville ; que les patrouilles soient faites de concert avec la garde nationale.

« Ordre au commandant Sibille de tenir tous les bâtiments prêts à mettre à la voile, et de plus trois petits bateaux à ma disposition

« Invitation à l'ordonnateur en chef d'avoir de l'eau de vie et du vin à ma disposition, et prêts à être transportés suivant mes ordres.

« Invitation au même de faire préparer des ambulances, et des moyens d'évacuation par mer.

« Que tous ces ordres soient donnés, que toutes ces dispositions soient faites et exécutées avec calme et sans confusion.

« Au quartier général à Gênes, le 16 germinal an VIII. »

Signé, MASSÉNA.

NOTE O. (Page 125.)

MASSÉNA, GÉNÉRAL EN CHEF, AU GÉNÉRAL SOULT.

Au quartier-général, à Gênes, le 19 germinal an VIII.

« Je serai ce soir, à cinq heures, à Voltri, mon cher général, *c'est là où vous me donnerez de vos nouvelles*; je pense que la petite affaire que vous devez avoir aujourd'hui ne retardera pas celle qui doit avoir lieu demain, *et qui décidera du sort de l'armée et de la Ligurie.*

«Ainsi que nous en sommes convenus, vous marcherez de *Sassello* sur *Monte-Notte*, *j'attendrai votre attaque pour commencer la mienne.*

« Au lieu de manœuvrer, restez en masse et emparez-vous des crêtes ; que tout ce qui se trouvera dans les fonds reste en notre pouvoir. Quant à moi, une fois maître des hauteurs de Savone, je m'avancerai sur Cadibona, et j'enverrai une reconnaissance à votre rencontre; faites-en autant.

« Je donnerai ce soir à Puget l'ordre de faire, de son côté, une sortie. »

Au quartier-général, à Gênes, le 19 germinal an VIII.

MASSÉNA, GÉNÉRAL EN CHEF, AU COMMANDANT DE LA PLACE DE GÊNES.

« Je laisse le commandement des deux premières divisions au général Miollis : je l'investis de pouvoirs extraordinaires. Je compte sur la continuation de votre zèle et de votre activité pour le seconder dans les circonstances épineuses où il va infailliblement se trouver.

« Vous connaissez le peuple ligurien : plus que personne vous êtes à même de maintenir la paix qui doit régner dans les campagnes et dans la ville. Je vous recommande la plus grande activité. Entourez-vous des patriotes, et vous déjouerez les manœuvres des malveillants.

« Apportez la plus grande attention aux prisonniers de guerre. On me propose de les embarquer ; j'approuve assez cette mesure et je vous charge de tout combiner pour son exécution. »

Au quartier-général, à Gênes, le 19 germinal an VIII.

MASSÉNA, GÉNÉRAL EN CHEF, AU GÉNÉRAL MIOLLIS.

« Je vous laisse, mon cher général, le commandement des deux premières divisions et de Gênes. Vous trouverez ci-joint une instruction pour le cas où l'ennemi vous forcerait de vous jeter dans les fortins de l'enceinte extérieure de la ville. Vous devez tenir dans ces positions jusqu'à la dernière extrémité : aucune considération ne peut ni ne doit vous faire entrer en négociation.

« Je me rends à Voltri ; je marche de concert avec le général Soult pour attaquer l'ennemi sur tous les points ; mon absence ne peut être de plus de quatre jours. Si l'ennemi vous bloque, soyez certain que je viendrai vous dégager.

« Surveillez les habitants de la ville et des campagnes ; il faut, avec eux, de la sévérité.

« Je vous investis de pouvoirs extraordinaires.

« Je préviens le gouvernement ligurien du choix que j'ai fait de vous pour me remplacer, et encore des pouvoirs que je vous laisse.

« Vous trouverez dans le gouvernement une majorité bonne ; tracez la marche qu'il doit suivre et il vous secondera.

« Écrivez-moi souvent. »

NOTE P. (Page 123.)

NOTICE SUR LA DÉFENSE DE GÊNES,

APPROUVÉE PAR LE GÉNÉRAL EN CHEF MASSÉNA,

Et donnée au moment de son départ, le 19 germinal, au général Miollis ; Notice précédée de quelques détails topographiques, tirés, en majeure partie, d'un ouvrage ayant pour titre : Essai historique et politique de l'état de Gênes (p. 20 et 21).

DÉTAILS TOPOGRAPHIQUES.

La ville de Gênes, bâtie sur le penchant d'une montagne qui divise la Ligurie en deux parties à-peu-près égales, et qui couvre, sur le bord de la mer, une étendue d'environ quatre milles d'Italie, forme un amphithéâtre triangulaire et équilatéral.

Elle est située entre les torrents de la Polcevera et du Bisagno, qui donnent ou doivent leurs noms à deux vallées presque parallèles, par lesquelles on arrive à la haute crête des monts Liguriens.

Cette ville est fermée par deux enceintes de fortifications : l'une, intérieure et bastionnée, occupe la moitié de la montagne sur le penchant de laquelle Gênes est bâtie, et enveloppe cette ville ; l'autre, extérieure, renferme la totalité de la montagne qui complète le triangle équilatéral dont la mer est la base. Les deux autres côtés de ce même triangle s'élèvent sur des escarpements qui regardent les deux vallées dont je viens de parler, et forment un angle aigu sur la sommité de la montagne ; l'ouvrage qui le couvre se nomme l'Éperon, par suite de la figure que forme l'ensemble de cette enceinte extérieure. Il part de cette sommité une crête en dos d'âne, qui déverse par des escarpements très difficiles, situés à sa droite et à sa gauche sur les deux torrents. Du côté opposé à celui par lequel elle tient à la ville, elle déverse sur une espèce de col par lequel se fait la communication des deux vallées de la Polcevera et du Bisagno. C'est entre l'Éperon et ce col que se trouvent 1° la position des Deux-Frères, c'est-à-dire, deux monticules ou pains de sucre qui coupent cette crête et la commandent ; 2° le mont isolé sur lequel est bâti le fort Diamant. Au-delà de ce col, la crête recommence et se prolonge en s'élevant jusqu'à la sommité de cette partie des monts Liguriens. C'est sur la gauche du Bisagno que se trouvent les forts de Quezzi, de Sainte-Tècle et de Richelieu, qui défendent les approches de la Madona del Monte et d'Albaro.

Les accidents du terrain sur lequel les fortifications de Gênes se trouvent construites ont été parfaitement saisis ; les flancs et les vues y sont multipliés avec une connaissance exacte des sites bizarres qui l'environnent. Le rempart est d'une largeur prodigieuse, ce qui le rend susceptible de toutes les sortes d'ouvrages qui peuvent ajouter à sa défense ; 300 pièces de canons pourraient y être manœuvrées et placées, alors que quelques points à peine pourraient servir à l'établissement des batteries de l'ennemi attaquant Gênes qui, à un haut degré, réunit tous les avantages offensifs et défensifs qu'une place peut offrir.

NOTICE.

La défense de Gênes doit varier suivant la force des troupes qui en sont chargées, la nature des positions respectives occupées par les armées opposées, les probabilités de secours plus ou moins prochains.

Dans la circonstance présente, les troupes employées à couvrir cette place reçoivent une augmentation de force morale par l'effet de la victoire du 17 de ce mois : on peut donc se dispenser, pendant la durée de cet effet moral, d'employer contre la population de la ville et de la campagne une partie des forces ; on doit les utiliser presque toutes pour les opérations tendantes à tenir l'ennemi éloigné du corps de la place.

Les circonstances de l'attaque des positions de l'ennemi par le gros de l'armée, et son prochain retour, déterminent la nature de la résistance que doit opposer en ce moment la place de Gênes. Ce n'est plus une place bloquée, livrée à elle-même, et qu'il faut défendre sans espoir de secours : c'est la droite de l'armée parfaitement retranchée, qui, conservant tout sans rien compromettre, donne le temps à sa gauche et à son centre de se mouvoir et de se livrer avec sécurité à toute l'énergie d'une entreprise décisive.

Le terme de huit à dix jours, qui est à-peu-près le maximum du temps nécessaire à cette opération, est bien au-dessous de celui de la résistance que la place peut opposer, quand même l'ennemi serait en mesure de faire les opérations d'un siége. Quelle progression n'apporte pas, d'ailleurs, à la durée de la défense présumée, la certitude que l'on aura affaire ici qu'à une très petite partie de l'armée autrichienne, à une armée dépourvue de moyens de siége, moyens qui, malgré la possibilité de tirer de la flotte anglaise une certaine quantité d'artillerie, seraient trop longs à réunir et plus difficiles encore à employer? Ces considérations, propres à inspirer la plus grande sécurité au corps de troupes qui défendra Gênes, doivent servir à régler toutes les parties de la défense.

La nature du terrain divise cette défense en deux parties distinctes et séparées par le cours du Bisagno.

La gauche s'étend depuis le fort de l'Éperon jusqu'à l'extrémité du contre-fort détaché des Deux-Frères, et qui va se perdre près de Tegglia, vers la Polcevera; elle passe par la crête des Deux-Frères et est couverte par la pointe isolée du fort du Diamant.

Si le nombre des troupes disponibles pour la défense ne permettait pas d'appuyer cette gauche sur Tegglia, on pourrait prendre le contre-fort en arrière. Il a moins de développement, il est d'un accès plus difficile, tient à la même position et la concentre davantage.

Le fort du Diamant doit être défendu avec énergie, et pour cela il faut une garnison exercée, un bon commandant, et toujours des vivres et des munitions pour cinq jours.

Le fort de l'Éperon, qui est la clef de la place de ce côté, doit, dans tous les cas, et surtout dans celui de l'abandon momentané de la position des Deux-Frères, être couvert par un corps de troupes qui puisse défendre avec facilité, et sous la protection du fort de l'Éperon, cette crête longue et étroite.

Si l'ennemi arrivait à portée de nos dernières positions, il faudrait, pour éviter toute surprise, fermer et condamner la plus grande partie des portes de la ville, n'en laisser ouvertes que le moins possible, et les garder en force et avec de grandes précautions (la poterne du fort de l'Éperon est mauvaise, mal défendue et aisée à forcer); il faudrait appliquer à la défense des remparts, et surtout des points les plus accessibles, les soldats les mieux exercés, et réserver les autres pour les manœuvres et les sorties.

Si l'ennemi venait à isoler le fort du Diamant du fort de l'Éperon, il faudrait le repousser et rétablir la communication à tout prix.

La droite de la position de Gênes consiste dans les hauteurs *del Rati*, sur le prolongement desquelles se trouve le fort de Richelieu et d'où se détachent cinq contre-forts. Le premier, partant de ce fort, est parallèle à la Sturla, la longe et se prolonge vers la mer. Si le fort était armé de pièces d'un plus gros calibre, ce contre-fort ne pourrait pas être occupé par l'ennemi tant que nous serions maîtres de ce fort. Il est donc essentiel de rectifier sans délai son armement, et il l'est également de le munir d'une bonne garnison, de la faire bien commander, et d'approvisionner ce fort pour plusieurs jours en munitions de guerre et de bouche.

Le second contre-fort est celui sur lequel se trouve le fort Sainte-Tècle, dont la construction n'est pas achevée, mais qui, avec un grand effort, peut être mis en peu d'instants à l'abri d'insultes, et faire le plus grand effet sur toutes les parties de la position de la Sturla et d'Albaro. Ce fort voit tous les revers de la Madona-del-Monte, qu'il serait si dangereux de laisser occuper par l'ennemi ; enfin, il assure la communication de la place avec le fort Richelieu.

Le troisième contre-fort est celui de la Madona-del-Monte. Si le fort Sainte-Tècle nous est conservé, et que le fort Quezzi, ou la position qui y tient, puisse l'être de même, il sera impossible à l'ennemi de s'établir sur la Madona-del-Monte, d'où l'on ne peut pas se dissimuler qu'il pourrait, avec de l'artillerie, fortement incommoder la place de Gênes. Il est vrai, cependant, que l'occupation du fort de Richelieu et de celui de Sainte-Tècle rendrait l'établissement de ces batteries fort difficile.

Le quatrième contre-fort est celui de Quezzi. On y a commencé la construction d'un fort qui aurait été infiniment utile ; il aurait vu le deuxième revers du contre-fort de la Madona del Monte, et en aurait empêché l'occupation. S'il était possible d'occuper ce contre-fort avec sûreté, au moyen de ces commencements de construction, cela établirait, par le village de Molini et le contre-fort qui y aboutit, la communication entre la droite et la gauche de la position.

Enfin, le cinquième contre-fort (on ne comprend pas dans ce contre-fort la grande hauteur qui est détachée de la masse principale et tournée par le Bisagno) est celui qui se détache de la montagne *del Rati*, et qui aboutit à la serra *di Bavari* ; c'est un col qui sépare les sources de la Sturla des versants du Bisagno. Il est essentiel de remarquer que, malgré l'occupation du Monte-Faccio d'un côté, et de Campanardigo de l'autre, l'ennemi peut, par le point de la serra di Bavari, se porter sur les hauteurs *del Rati*, dominer tous les contre-forts qui s'en détachent, et se diriger sur Gênes : cela une fois su, il est facile de prévenir les surprises et les entreprises que l'ennemi pourrait faire pour couper le corps qui occuperait le Monte-Faccio.

En résumant les moyens de défendre Gênes, on peut donc prendre pour principes : de ne laisser couper par l'ennemi aucun corps ou partie de corps des troupes qui en défendent les positions avancées ; d'empêcher l'isolement des forts détachés, et de rétablir les communications entre eux et la place toutes les fois qu'elle pourra être interrompue ; de se tenir en garde contre les surprises qu'un grand développement de fortifications peut favoriser, soit par terre, soit par mer, et enfin d'empêcher, ou au moins de retarder le plus possible, tout débarquement d'artillerie de la part des Anglais. Toutes ces précautions doivent porter la durée de la résistance de la place de Gênes bien au-delà du terme de l'opération qui va s'exécuter.

Signé, le chef de brigade commandant en chef le génie, MARÈS.

NOTE Q. (Page 152.)

Ce mouvement, auquel M. de Mélas ne s'attendait pas, dérangea l'exécution de ses projets, au point de l'arrêter, et retarda ses opérations : circonstance extraordinaire, si l'on compte ses forces, mais facile à expliquer, si l'on considère l'incertitude dans laquelle une attaque imprévue jette souvent une armée autrichienne, et les tâtonnements qui en résultent.

La circonstance la plus heureuse contre une armée autrichienne est de pouvoir en effet changer l'espèce de guerre qu'elle s'est préparée à soutenir ou à faire, et de l'attaquer dans ses mouvements, alors surtout qu'elle croit avoir et pouvoir conserver l'offensive.

Quoique les considérations que nous allons présenter n'aient aucun rapport direct avec ce fait, ni même avec le blocus de Gênes, nous croyons néanmoins devoir les conserver comme document historique. Elles serviront, en effet, de parallèle entre la manière dont les armées autrichiennes et les nôtres faisaient la guerre à l'époque que cet ouvrage rappelle, et d'examen de ce qui tenait réciproquement à la conception et à la rédaction des plans de campagne, à leur exécution, à la composition des armées, et à la manière de se préparer à la guerre ou même à une simple campagne.

Quant aux plans de campagne, ils étaient généralement faits avec beaucoup de maturité. Remarquables par leurs développements, toutes les chances prévues étaient détaillées avec soin dans ces plans, et les opérations ordonnées, toujours proportionnées aux moyens et aux forces.

Quant aux préparatifs, tout ce qui pouvait être nécessaire à une armée était assuré aux armées autrichiennes, de sorte que l'on pouvait compter sur tout ce dont les hommes qui composaient ces armées étaient capables.

Nous étions loin d'être aussi prévoyants, et nous chargions toujours l'avenir de tant d'espérances, que ce genre de prudence ne différait guère à nos yeux de la faiblesse. On pouvait en dire autant de tout ce qui tenait aux besoins présents ou futurs des troupes, en un mot, à tout ce qui pouvait se régler dans le silence du cabinet.

Mais, en ce qui tenait à l'exécution, les Autrichiens étaient loin d'avoir vis-à-vis de nous les mêmes avantages ; le caractère des deux peuples servira à expliquer en partie ce que nous aurons à dire à cet égard.

Les peuples du Nord ont, en général, l'esprit juste et droit, mais moins vif que les peuples des régions plus tempérées. Ce manque de rapidité, si funeste à la guerre, où tout doit être prompt comme la foudre et caché comme elle, est peut-être ce qui détermina le gouvernement autrichien à chercher à diminuer les inconvénients de cette infériorité par le secours des méthodes, et le porta à tout employer pour prémunir ses généraux d'idées et de résolutions pour le besoin. Ainsi armés, ils entraient en campagne avec de vastes matériaux. Tant que, par les routes tracées, on les laissait marcher à l'exécution de leurs desseins, ou que l'on restait devant eux dans le cercle de leurs hypothèses, on était sûr de trouver en eux une grande force d'ensemble : mais quand on était assez heureux ou assez habile pour tromper leurs calculs; quand on dépassait les bornes de la théorie de celui qui avait rédigé et fait adopter le plan suivi ; quand on échappait à ses combinaisons, et que, de cette manière, on pouvait attaquer les armées autrichiennes dans leurs mouvements, éviter leurs masses, les forcer à se diviser, harceler leurs divisions, et les battre séparément pour les ruiner en détail, changer surtout les théâtres qui semblaient devoir servir pour les actions décisives ou l'espèce de guerre que ces armées devaient faire, enfin déranger le système adopté, il en résultait presque toujours pour elles des conséquences fâcheuses. En effet, trop de méthode embarrasse et ralentit les mouvements, et une théorie rigoureusement suivie fait ordinairement perdre les occasions que n'offre jamais qu'à l'improviste, et par moment, la Fortune, cette divinité qui ne semble avoir de faveurs que pour ceux qui les lui arrachent.

Les Français se contentaient d'arrêter, dans leurs plans de campagne, les principales bases, et abandonnaient le reste à la fortune et aux talents de leurs généraux. Libres dans l'application de leurs calculs et du résultat de leurs méditations, ces derniers étaient guidés et non gênés par les ordres et les instructions qui leur étaient donnés; ils y trouvaient des lumières plutôt que des préceptes, et, maîtres de leurs opérations, ils étaient beaucoup plus occupés à justifier une grande confiance par les élans de leur génie que par la servilité de leur obéissance.

Ce qui précède établit, ce me semble, pourquoi notre supériorité a toujours été si marquée, dans les guerres de montagnes surtout, où la célérité des mouvements, la multiplicité des opérations et la variété dans les moyens d'exécution, décident presque toujours du succès des opérations d'une campagne ; pourquoi et comment les généraux autrichiens ne changeaient pas assez rapidement de plans avec les circonstances, et exécutaient quelquefois hors de propos des projets fort beaux au moment de leur conception, mais devenus impossibles; pourquoi enfin ils ne tiraient pas ordinairement un parti plus complet de leurs victoires.

Notre avantage vint encore en cela de ce que nos grands généraux, s'élevant par là au-dessus de leurs prédécesseurs, substituèrent à la stricte observance des théories, les lumières d'une pratique éclairée, et profitèrent des ressources que leur offrait le caractère de nos soldats, au point de changer, même pour l'ennemi, la théorie des combats : aussi ont-ils moins cherché les autorités qui pouvaient, en cas de non réussite, justifier l'entreprise, que des probabilités de succès, et ont-ils, d'après cela, presque entièrement renoncé à ces conseils de guerre, si fort en usage dans les armées autrichiennes, et qui, outre tant d'autres inconvénients, ont celui de divulguer tous les secrets, de ralentir tous les mouvements, et souvent de faire manquer une opération à cause du peu de zèle qu'apporte, dans l'exécution, tel chef dont l'avis n'aura pas prévalu.

On pourrait ajouter, relativement à l'objet de cette note, que ce qui a nui encore aux opérations des armées autrichiennes, pendant les premières guerres de la Révolution surtout, c'est que le cabinet de Vienne, suivant les anciennes méthodes, semble dans ses plans s'être trop occupé de la prise des places. Cet objet, qui ne doit être qu'un résultat, a été pour lui un but, et de cette manière l'accessoire a tué le principal.

On dirait que ses armées n'ont souvent envahi des pays que pour s'emparer des places qui s'y trouvaient, tandis que nous n'avons cherché à prendre les places que pour conserver les pays que nous avions conquis. De là nos vastes plans, les grands mouvements de nos armées, et l'élan que nous donnait une victoire ; de là les stagnations et les incertitudes des armées autrichiennes, leurs opérations rétrécies, et les petits avantages qui ont résulté pour elles des batailles qu'elles ont gagnées.

Si l'on désire des exemples, je dirai que c'est ainsi qu'en se serrant autour de Maubeuge, et en laissant au général Jourdan le temps de rassembler l'armée avec laquelle il gagna la bataille de Watignies, les Autrichiens, commandés par le prince Cobourg, perdirent le fruit de leurs avantages pendant cette campagne et de leur passage de la Sambre. Je dirai que c'est en s'opiniâtrant à la reprise de Kehl que les Autrichiens, sous les ordres du prince Charles, firent détruire la plus grande de leurs armées, et s'ôtèrent les moyens de secourir plus efficacement les six armées que Bonaparte défit successivement en Italie! Je dirai que c'est en morcelant son armée pour faire des siéges et d'autres opérations partielles, que Suwarow manqua l'occasion de couper toute retraite à l'armée de Naples, risqua d'être battu à la Trébia et à Novi, de perdre ainsi en un seul jour le fruit de toute une série de victoires, et ne contribua qu'à enlever momentanément aux armées françaises les parties de l'Italie qu'il avait si chèrement conquises. (*)

Enfin, je citerai le blocus de Gênes, de cette place pour laquelle le général Mélas a inutilement sacrifié les meilleures troupes de son armée, et le fruit d'une année de succès et de six mois de préparatifs, en dégarnissant les débouchés des Alpes, et en rendant ainsi possible cette bataille de Marengo, qui, en Italie, a détruit tout équilibre entre la fortune des armées françaises et celle des armées autrichiennes.

Quant à la composition des armées, nos soldats sont sans contredit les seuls soldats du monde chez qui l'honneur multiplie les moyens moraux dans une proportion telle, qu'avec une cause et des chefs dignes d'eux, on les trouvera capables de braver tous les climats, de supporter les plus grandes fatigues, de souffrir la faim et la soif, de marcher pieds nus, de bivouaquer dans la neige sans capotes, de combattre sans cartouches, de servir sans solde, de vivre sans rations, de lutter contre des forces disproportionnées, et enfin de vaincre souvent des masses avec de simples détachements.

(*) Encore une victoire comme celles de la Trébia et de Novi, disait Suwarow après cette dernière journée, et je suis chassé d'Italie.

En ce qui tient à la différence qui existe entre nos troupes et celles des autres nations, mes observations m'ont prouvé que, sur 100 hommes pris au hasard dans un régiment français, on trouvera toujours au moins 60 hommes naturellement braves et intelligents, tandis que dans d'autres armées, que je m'abstiens de désigner, on sera heureux, sur 100, d'en trouver de 30 à 40, de 20 à 30, de 10 à 20, de 8 à 10.

Sauf les modifications que l'éducation établit, on pourrait en dire autant des officiers; et ajouter que c'est ce qui nous a toujours assuré une supériorité si marquée, notamment dans les guerres de montagnes, où chaque homme est presque toujours maître de sa conduite, où il n'est commandé que par lui-même, et où les qualités individuelles décident nécessairement de la victoire.

Concluons que toutes les fois que chez nous les plans du gouvernement et le mode d'exécution dû aux généraux équivaudront à l'excellence des troupes, que du moment où le chef qu'on leur aura donné aura leur confiance et la justifiera, où la cause pour laquelle ils serviront leur sera chère, nos troupes combattront, avec un avantage certain, des armées égales et même supérieures en nombre, pourvu cependant que cette supériorité ne rompe pas toute espèce d'équilibre; et citons, à l'appui de cette assertion, les immortelles campagnes qui ont fait de la gloire militaire l'apanage des armées de la France (1800).

NOTE R. (Page 160.)

DE LA MANIÈRE D'OPÉRER LA JONCTION DE DIVISIONS OU DE CORPS D'ARMÉES SÉPARÉS PAR UN ENNEMI RÉUNI, ET D'EMPÊCHER DE TELLES JONCTIONS.

Encore que l'on soit égal en forces, ce qu'il y a de plus difficile, de plus menaçant à la guerre, c'est incontestablement d'opérer, en présence d'un ennemi réuni, la jonction de corps séparés par lui. Et en effet, le but que chacun se propose est connu, les rôles sont tracés, les routes à suivre, généralement trop peu nombreuses pour qu'on puisse s'y tromper : on ne peut donc ni donner ni prendre le change ; les cartes sont sur table, et il est évident que l'un fera tout au monde pour effectuer le plus rapidement, et avec le moins de pertes possibles, une jonction que l'autre fera les plus grands efforts pour empêcher, retarder, ou faire chèrement payer. Le projet de la réunion de nos forces actives à Monte-Notte en a été une première preuve ; le désaccord dans nos mouvements, ce désaccord qui a achevé de rendre cette jonction impossible, en a été une seconde, et c'est pour guider, autant qu'ils peuvent l'être, ceux qui auraient à exécuter une de ces deux opérations, que je vais indiquer quelques-uns des préceptes à suivre : 1° pour effectuer, en présence d'un ennemi réuni, la jonction de corps séparés par lui ; 2° pour s'opposer efficacement à de telles réunions.

Première hypothèse.

Ayant à réunir, dans une position dont l'ennemi défend les approches, des divisions ou corps d'armée séparés par lui, et indépendamment de tout ce que les circonstances et les localités pourraient prescrire ou rendre possible, on mettra les moyens suivants au nombre de ceux auxquels on devra recourir.

1° A part ce que les localités commanderont, ce que des circonstances extraordinaires pourront nécessiter, on n'admettra jamais d'intermédiaire entre les mouvements les plus rapprochés et les plus éloignés : entre les plus rapprochés, pour que la jonction soit plus prompte, et parce qu'à de faibles distances, il est plus facile de se concerter, de se seconder ; entre les plus éloignés, pour forcer l'ennemi lui-même à partager les inconvénients et les dangers de la dispersion, et parce que de tels mouvements, ne s'effectuant que sur les flancs de l'ennemi, mettent toujours à même de menacer ses derrières et sa ligne d'opérations ; bien entendu, cependant, que les corps que l'on fera agir à de grandes distances seront toujours assez forts pour pouvoir se suffire à eux-mêmes et pour contraindre l'ennemi à s'occuper d'eux, ce qui, le forçant à se diviser dans des proportions égales, établira l'équilibre, hors le cas où l'ennemi se porterait en masse sur l'un de ces corps, cas où on devrait le suivre l'épée dans les reins et à la tête de toutes les forces disponibles.

2° On donnera à chacun des commandants des corps devant agir séparément et simultanément, l'itinéraire des autres corps de l'armée ayant à effectuer ou à faciliter de telles jonctions, c'est-à-dire leurs couchers ou bivouacs, afin que ces commandants sachent chaque jour, et pour ainsi-dire à chaque heure, où chacun des autres corps se trouve ; pièce qu'un chef ne communiquera à personne, et que, fût-elle chiffrée, il sera toujours en mesure et aura l'ordre de détruire au besoin.

3° On déterminera des jours de combats, afin que ces jours-là l'ennemi soit attaqué sur tous les points, et cela parce que, ne pouvant être en mesure partout, il éprouvera des défaites dont on sera prêt à tirer tout le parti possible. Toujours est-il que, dans de telles occurrences, aucun des officiers chargés d'attaquer l'ennemi ne se dispenserait de le faire, quelle que pût être la disproportion des forces ; bien entendu que, dans ce cas, il manœuvrerait de manière à éviter un désastre, de même que s'il s'agissait de s'emparer d'une position importante, l'officier forcerait de marches pour y arriver plus tôt, et, au besoin, combattrait à toute outrance pour s'en rendre maître. Mais encore, si le commandant d'un de ces corps était informé que l'ennemi se dégarnit devant lui, ou bien se trouve le plus faible, il l'attaquerait immédiatement, observant néanmoins que quelque avantage qu'il obtienne, et à moins qu'il ne soit à même de provoquer et de recevoir de nouveaux ordres, il ne changerait rien à son itinéraire, et cela, autant pour éviter de donner dans un piège, que pour ne pas rompre de nuit, et à plus forte raison dans les montagnes, l'harmonie d'un mouvement général.

4° On prescrira aux commandants des corps détachés : 1° de ne s'arrêter à portée de l'ennemi, et surtout à mesure qu'ils approcheront de ses masses, qu'en se couvrant d'ouvrages et d'obstacles pour être en mesure contre les brusques attaques qui seraient faites de jour et de nuit, c'est-à-dire, pour compenser les inconvénients du morcellement quant à soi, du nombre quant à l'ennemi ; 2° de ne pas moins s'occuper de ses moyens de retraite que de ceux d'attaque.

On donnera toujours, pour une opération de guerre dont une jonction importante devra être la conséquence, *plus de temps qu'il n'en faudra rigoureusement pour son exécution :* d'une part, pour être en mesure contre des retards impossibles à prévoir et à éviter ; de l'autre, pour échapper à un désaccord qui ne laisserait de chance à aucune réussite. Mais si à de fortes distances cette lenteur est nécessaire, encore faut-il presser les opérations à mesure que les corps qui devront se rejoindre se rapprocheront les uns des autres.

6° On donnera parfois plus d'un itinéraire pour mettre à même, ou bien d'éviter des positions que l'ennemi aurait retranchées, ou bien, et dans des cas prévus, d'échapper brusquement au corps ennemi en face duquel on se trouverait, et renforcer un corps à portée duquel on serait arrivé et qui, doublé de cette sorte, battrait le corps qui lui ferait face.

7° On conviendra des moyens de correspondance que, à l'aide d'inventions ingénieuses, on variera à l'infini. Ainsi, et comme je le faisais et le faisais faire en Espagne (1809, 1810, 1811, 1812), on formera, des dépêches (écrites sur le papier le plus fin), des petits rouleaux de douze à quinze lignes de long et de deux lignes de diamètre ; on les fermera avec de la colle à bouche, et on les cachera dans des œufs durs, dans des mottes de beurre, dans des sacs de farine, de charbon ou de légumes secs, dans les coutures d'un vêtement grossier ; ou bien encore, et à l'aide d'une vrille, on les fourrera dans le charronnage d'une charrette, dans le bât d'une bête de somme, etc., etc.; enfin, et en formant, de ces dépêches, de petites olives enduites de cire à cacheter, on pourra même faire qu'au besoin elles puissent être avalées.

8° On donnera à chaque commandant de colonne ou corps détaché deux chiffres : l'un pour les simples avis, l'autre pour les ordres ou communications importantes. Près de chacun de ces chefs sera un officier sûr, intelligent, et qui sera chargé de chiffrer et de déchiffrer les dépêches à recevoir ou à expédier ; officier qui sera tenu de savoir ces chiffres par cœur, et de ne jamais les écrire qu'en les employant.

9° On ne sera arrêté, quant aux frais d'espionnage, par aucun sacrifice.

10° On prononcera d'avance des châtiments proportionnés contre quiconque n'aura pas exactement suivi son itinéraire, n'aura pas exécuté ses attaques aux jours dits, ou les aura mal exécutées, n'aura pas donné sans retard ou aura incomplètement donné un avis important, aura brisé cet accord, cet ensemble, sans lesquels il n'est pas en pareil cas de réussite possible; mais en même temps, on accordera d'avance des récompenses à ceux qui auront exactement suivi et exécuté les ordres et instructions reçus, et de plus grandes à ceux qui, par quelque heureuse idée, par quelque beau fait d'armes, auront vaincu de grands obstacles et brillamment accompli la mission dont ils étaient chargés ; à qui aura le mieux fait dans des opérations hérissées de difficultés menaçantes, mais assez rares pour qu'on puisse, sans inconvénient, proportionner les récompenses à l'importance du service rendu.

11° Enfin, n'épargnant rien pour qu'aucune prévision essentielle n'échappe, on ne négligera aucun moyen de garantir une ponctuelle obéissance, de provoquer d'heureuses inspirations, et de joindre à la puissance du devoir celle de l'intérêt personnel et de la crainte, de la honte et de la gloire, c'est-à-dire la totalité des véhicules qui peuvent agir sur le cœur de l'homme.

Deuxième hypothèse.

Encore que le rôle du général chargé d'empêcher de telles jonctions soit plus facile que le rôle de qui doit les exécuter, il n'en est pas moins nécessaire de compléter cette ébauche par l'indication de quelques-unes des règles relatives à cette seconde situation.

1° L'avantage étant, en pareil cas, dans la réunion des forces, on fera tout pour le conserver et pour empêcher que l'ennemi ne le partage.

2° Dans ce but, on occupera la position qui mettra le mieux en état de barrer aux différents corps de l'ennemi les routes qu'ils seraient le plus intéressés à suivre, de résister à des forces supérieures, d'assurer ses derrières, et de prendre l'offensive dans le plus de directions possible.

3° Si plusieurs corps de l'ennemi marchaient pour opérer leur jonction, on jugera quel est celui ou quels sont ceux qu'il est le plus important d'arrêter, de retarder ou de détruire ; et de deux choses l'une, ou bien on coupera, fût-ce par quelques redoutes, les routes par lesquelles ils s'avanceront, et cela, afin d'avoir plus de chances pour les battre ; ou bien, on se portera sur eux avec des forces brusquement rendues irrésistibles, parce que le corps principal ou les corps principaux abîmés, les autres seront sans importance, et qu'indépendamment du reste, il résultera de leur défaite, ou de l'impossibilité d'opérer leur jonction, un désaccord toujours fatal.

4° Indépendamment des moyens d'espionnage auxquels on aura recours pour connaître la force et la composition de chacun de ces corps, on éclairera leur marche par des détachements de cavalerie, et on les laissera approcher le plus près possible de ses masses.

5° Dès qu'ils seront à la distance où l'on aura jugé devoir les attaquer, on se portera brusquement sur eux, soit par une marche de nuit, soit par une double marche, et on ne négligera rien pour rendre le combat aussi rapide qu'il devra être décisif, et cela, pour pouvoir, et à temps, faire face aux troupes qui marcheraient à leur secours, se porter sur un autre des corps de l'ennemi, etc.

6° Enfin, et pour terminer ces suppositions, si un de ces corps détachés se dirigeait sur les derrières de l'armée, s'il y jetait le désordre de manière à mériter une attention sérieuse, et, à plus forte raison, s'il pouvait être rejoint par d'autres corps, on n'hésiterait pas à se porter sur lui, à marches forcées, avec la totalité de ses troupes s'il était nécessaire, et on ferait tout au monde pour l'envelopper et le détruire, ce qui devrait être d'autant plus possible que *qui tourne est tourné*, ce qui serait même certain, si on le faisait avec assez de rapidité pour qu'il ne pût être renforcé à temps par aucun autre corps, ce qui enfin serait d'autant plus décisif pour la campagne entière, que détruire un corps d'armée, c'est mettre généralement le reste de l'armée à discrétion.

NOTE S. (Page 165.)

On ne peut concevoir tout ce que firent le général en chef et le général Soult pour approvisionner les troupes de cette colonne. De tous côtés, et par tous les moyens possibles, l'un demandait et l'autre envoyait sans cesse. Les convois étaient escortés, et les demandes étaient faites par des officiers de tout grade. L'adjudant-général Gauthrin fut chargé d'une de ces missions auxquelles les circonstances donnaient la plus haute importance. Ce qui contribuait à multiplier les obstacles, c'était le manque de mulets et la difficulté ainsi que les dangers des routes dans lesquelles, à cause de leur longueur, la nuit trouvait toujours les convois. A défaut de mulets, on fut obligé d'employer, pour ces transports, des hommes et des femmes; mais comme nous les prenions dans un pays difficile et où nous étions peu aimés, on conçoit combien d'embarras résultaient de la mauvaise volonté de ces porteurs, qui tantôt mangeaient, tantôt avariaient ou perdaient une partie de leurs charges, et souvent même profitaient de l'obscurité des ténèbres pour échapper, avec tout ce qu'ils portaient, à la surveillance de l'escorte et des conducteurs.

NOTE T. (Page 212.)

Au quartier-général, à Gênes, le 3 floréal an 8 de la République française.

LE LIEUTENANT-GÉNÉRAL SOULT, COMMANDANT L'AILE DROITE, AU GÉNÉRAL DE DIVISION GAZAN.

Je vous préviens, Général, que je donne ordre à la 62ᵉ demi-brigade d'infanterie de ligne de se rendre à *Albaro*, où elle sera à la disposition du général Miollis et fera partie de sa division. Veuillez la faire remplacer à la *Tenaille* par un autre corps des troupes à vos ordres.

L'affaire qui a eu lieu ce matin doit vous servir de leçon pour l'avenir. L'ennemi aurait éprouvé une plus grande perte, et la nôtre aurait été moins forte, si chacun avait su ce qu'il avait à faire. Pour éviter désormais cette confusion, vous ordonnerez au général Cassagne, commandant les troupes que vous avez à Saint-Pierre-d'Arena, de faire dorénavant, et dans le cas où il y serait forcé par l'ennemi, sa retraite sur la Tenaille, en prenant pour cet effet le chemin qui y conduit directement de Saint-Pierre-d'Arena ; le revers de la côte, que par ce moyen il aurait à défendre, lui offrirait la facilité de pouvoir réattaquer l'ennemi avec avantage, et de reprendre les postes qu'il aurait perdus.

La barrière de la Lanterne doit être constamment fermée pendant la nuit, et le pont-levis levé ; mais, dans aucun cas, les troupes qui sont à Saint-Pierre-d'Arena ne devraient prendre ce chemin pour faire leur retraite ; elles devraient, au contraire, l'opérer, comme je vous l'ai dit ci-dessus, sur la Tenaille, et sous la protection du feu des troupes qui y sont établies pour la défense du port.

La garde de la barrière et du pont-levis doit être fournie par les troupes qui sont à Saint-Pierre-d'Arena. Elles seront commandées par un officier, et toutes les nuits un officier de votre état-major y restera pour s'assurer que les ordres que vous avez donnés, et qui seront conformes à ces instructions, sont exécutés.

Vous ferez établir des barricades et des traverses dans toutes les rues et avenues qui aboutissent à Saint-Pierre-d'Arena, venant du côté de l'ennemi, ne conservant que le débouché du pont et celui de la marine, et encore y mettrez-vous des obstacles de nature à arrêter l'ennemi, mais à laisser à vos postes avancés la facilité de se retirer en arrière de ces traverses s'ils étaient forcés.

La position des *Deux-Frères*, soutenue par les forts l'*Éperon* et *Diamant*, peut être aisément défendue par une demi-brigade. Vous y laisserez la 97e, et vous porterez la 106e en réserve, en arrière du fort de l'*Éperon*, de manière à ce qu'elle puisse au besoin porter du secours à la *Tenaille* et au fort l'*Éperon*, pour protéger la retraite de la 97e et garder tous les ouvrages de droite qui donnent sur le *Bisagno*, entre le fort l'*Éperon* et la ville.

Tous les jours, à nuit close, vous ferez retirer sur la barrière de la Lanterne les deux pièces de canon que vous avez à la tête du faubourg de *Saint-Pierre-d'Arena*, où elles seront remises en batterie à la pointe du jour.

Tous les matins, vous ferez partir des reconnaissances pour éclairer les mouvements de l'ennemi sur tout notre front, mais en changeant journellement l'heure du départ et la direction de ces reconnaissances. A leur rentrée, un officier de votre état-major viendra me rendre compte de ce que vous aurez appris par elles.

Vous emploierez le même moyen pour me prévenir en cas d'alerte, soit de jour, soit de nuit.

J'indique au général Poinsot, commandant la réserve de l'aile droite, à Gênes, les points où il doit se porter en cas d'alerte, et où il doit être en bataille pendant la nuit. Sa troupe ne rentrera jamais qu'après vos rapports et ceux du général Miollis.

L'ordre du jour vous instruira des autres dispositions que, d'après les ordres du général en chef, j'ai cru devoir prendre pour exercer la plus active surveillance, faire faire le service avec exactitude, et être assuré que chacun est à son poste. Je vous prie de tenir la main à son exécution.

Toutes les nuits un officier de mon état-major se rendra au fort l'*Éperon*, pour m'informer directement de ce qui pourrait survenir de nouveau sur ce point. Cette mesure n'empêchera pas que vous n'y envoyiez un autre officier de votre état-major, afin d'être instruit également, et sans perte de temps, de ce qui s'y passe, et de pouvoir prendre de suite les mesures que les mouvements de l'ennemi pourraient rendre nécessaires.

Signé, SOULT.

NOTE V. (Page 213.)

RÉGLEMENT DE POLICE, FAIT PAR ORDRE DU GÉNÉRAL EN CHEF.

Le chef d'état-major général de l'armée, considérant que dans une ville en état de siége, et environnée par l'ennemi, il importe de prendre des mesures de police et de surveillance militaire, capables de déjouer les projets de la malveillance, de régulariser les

mouvements de la force armée, et d'assurer la tranquillité des citoyens ;

Ordonne ce qui suit :

Art. 1er. A compter de ce jour, et jusqu'à nouvel ordre, les
portes de la ville de Gênes seront ouvertes à 5 heures du matin,
et fermées à 7 heures du soir.

Art. 2. Personne ne pourra entrer dans la ville, ni en sortir,
sans une autorisation du commandant de la place, qui demeure
tenu de n'accorder cette autorisation que pour des motifs très
plausibles et après un mûr examen (*).

Il tiendra note des permissions accordées.

Art. 3. Les habitants de Gênes et les militaires n'étant pas de
service rentreront dans leurs maisons à dix heures du soir. Les
cafés et lieux publics seront fermés à la même heure. Les patrouilles arrêteront ceux qui contreviendront au présent ordre.

Le moment de la retraite sera annoncé par un coup de canon.

Art. 4. Tous les étrangers qui sont en ce moment à Gênes se
rendront, dans les 24 heures, chez le commandant de la place pour
s'y faire inscrire. Il sera ouvert, à cet effet, un registre indicatif de
leurs noms et prénoms, âge, professions, lieux de naissance, motifs
qui les ont appelés à Gênes, quartiers et maisons où ils habitent. Les
étrangers qui seront autorisés à demeurer à Gênes recevront, du
commandant de la place, une carte de sûreté où se trouveront
ces différents détails ; les autres en sortiront de suite.

Art. 5. Les aubergistes et autres habitants de Gênes ne pourront loger, sous aucun prétexte, les étrangers qui, dans le jour,
n'auraient pas donné leurs noms chez le commandant de la place,
et ils seront tenus de les dénoncer, sous peine de 8 jours de
prison.

Art. 6. Lorsque la générale battra, la garde nationale prendra
les armes ; les chefs des légions conduiront leurs bataillons res-

---

(*) On aurait pu ajouter.. .. *Et sous la caution écrite d'un habitant
notable.*

pectifs aux portes et quartiers qui leur seront indiqués par le commandant de la place ; ce dernier ordonnera aussitôt des patrouilles pour maintenir la tranquillité publique et assurer le respect des personnes et des propriétés.

ART. 7. Dans le même moment, les commandants de la place, français et liguriens, monteront à cheval, et s'assureront eux-mêmes si les légions sont rendues à leurs postes, si les patrouilles se font, si la ville est calme et tranquille.

Dès le même instant, un officier de l'état-major de la place se rendra, d'heure en heure, auprès du général en chef, pour recevoir ses ordres.

ART. 8. En cas d'attaque, tous les habitants de Gênes qui ne font pas partie de la garde nationale, seront tenus de se retirer dans leurs maisons.

Ceux qui seront trouvés dans les rues, sur les remparts, ou sur les ponts, seront arrêtés et punis militairement. Le moment où ces dispositions devront s'exécuter sera indiqué par la générale.

ART. 9. Tout attroupement armé ou non armé sera dissipé sur-le-champ par la force.

ART. 10. Tous les employés attachés à l'armée se rendront, en cas d'attaque, chez le commandant de la place, qui les réunira en compagnie, les armera, et les emploiera au maintien de l'ordre.

ART. 11. Le présent réglement sera imprimé dans les deux langues, publié et affiché dans les lieux les plus fréquentés de Gênes, et mis à l'ordre de l'armée.

ART. 12. Le commandant de la place est particulièrement chargé d'en surveiller l'exécution.

> En l'absence du général de division Oudinot,
> chef d'état-major général,
> L'adjudant-général en faisant les fonctions,
>
> Signé, ANDRIEUX.

Vu le présent réglement, le général en chef ordonne qu'il soit exécuté dans tout son contenu.

Gênes, le 4 Floréal, an VIII.

> Signé, MASSÉNA.

NOTE X. (Page 218.)

Au quartier-général, à Gênes, le 9 floréal an VIII.

MASSÉNA, GÉNÉRAL EN CHEF, AU GÉNÉRAL SOULT.

Faites vos dispositions, général, pour attaquer l'ennemi demain à deux heures du matin. Vous vous servirez, à cet effet, des 3e, 5e et 25e légères, des 2e, 3e, 62e et 106e de ligne. Vous pouvez encore disposer de tous les grenadiers de la division Gazan.

Les 5e et 25e légères, 2e et 78e de ligne, seront chargées de la principale attaque, qui sera dirigée sur la Coronata; deux bataillons de la 62e et la 106e de ligne serviront de réserve à ces troupes, et seront placés à la Chartreuse de Rivarolo.

Cette colonne d'attaque passera la Polcevera, entre Rivarolo et Busena. Elle tâchera de s'emparer des hauteurs de la Coronata, et de prendre à revers tout ce qui pourra se trouver dans Sestri. Par ce mouvement, les pièces de l'ennemi sur la 1re ligne tomberont en notre pouvoir.

La 3e légère, disposée en tirailleurs, attaquera l'ennemi sur tout son front; et à mesure que la colonne chargée de la principale attaque s'emparera des hauteurs de la Coronata, les tirailleurs de la 3e légère s'efforceront de gagner les hauteurs qui commandent le fort Saint-André.

Les grenadiers de la division Gazan et un bataillon de la 62e seront en réserve sur le bord de la mer et à Saint-Pierre d'Arena. Vous placerez sur ce point quelques pièces d'artillerie.

Indépendamment de ces troupes, 2 bataillons de la 97e descendront des Deux-Frères et iront prendre position sur la rive gauche de la Polcevera, en face du camp ennemi placé sur les hauteurs de Busena; ces deux bataillons seront chargés d'observer les troupes de ce camp et de couvrir votre flanc droit.

Sans former de véritable attaque, le général Miollis fera faire demain, à la pointe du jour, plusieurs mouvements à ses troupes. Il ne doit avoir qu'un but : de donner dans le levant assez d'inquiétude à l'ennemi pour empêcher qu'il ne renforce sa droite. Vous lui donnerez vos ordres.

Je crois inutile de vous dire, mon cher général, qu'il faut éviter de vous compromettre.

Je désire, au reste, que vous conduisiez vous-même la principale attaque ; vous aurez sous vos ordres immédiats les généraux Gazan et Poinsot. Je ferai commander la réserve, placée à Saint-Pierre d'Arena, par l'adjudant général Hector ; le général Cassagne commandera l'attaque de gauche. Je me trouverai à Saint-Pierre d'Arena.

Que les troupes soient en mouvement à deux heures du matin.

NOTE Y. (Page 221.)

Les deux premières sommations furent faites par le comte de Palfi, et les deux dernières par le prince de Hohenzollern ; la fermeté du commandant Bertrand et la confiance que ne pouvait manquer de lui donner la valeur si souvent éprouvée de la 41e de ligne, qui composait la garnison de ce fort, rendirent toutes ces sommations inutiles.

Nous ne rapporterons ici que la dernière et la réponse qui y fut faite.

COPIE DE LA DEUXIÈME SOMMATION FAITE PAR LE LIEUTENANT-GÉNÉRAL PRINCE DE HOHENZOLLERN, AU COMMANDANT DU FORT DU DIAMANT.

« Je vous somme, commandant, de rendre votre fort dans l'instant ; sans cela, tout est prêt, je vous prends d'assaut et

« vous passe au fil de l'épée. Vous pouvez encore obtenir une
« capitulation honorable. »

Le prince de HOHENZOLLERN.

Devant le Diamant, à 4 heures du soir.

RÉPONSE DU COMMANDANT DU FORT.

« Monsieur le général, l'honneur, le bien le plus cher aux vrais
« soldats, défend trop impérieusement à la brave garnison que
« je commande de rendre le fort confié à sa valeur, pour céder
« à une telle sommation ; et j'ai votre estime assez à cœur pour
« vous déclarer que la force des armes et l'impossibilité de tenir
« plus longtemps pourront seules me forcer à capituler. »

« Signé BERTRAND. »

NOTE Z. (Page 233.)

MASSÉNA, GÉNÉRAL EN CHEF, AUX HABITANTS DE LA LIGURIE.

« Je m'empresse de vous faire connaître le résultat de la mé-
« morable journée d'hier.

« L'ennemi avait préparé une attaque générale ; il avait réuni
« toutes ses forces et les avait dirigées principalement sur le fort

« du *Diamant*, sur les *Deux-Frères*, sur *Albaro*, et sur les forts
« *Quezzi*, *Richelieu* et *Sainte-Tècle*.

« Il s'était d'abord emparé du fort de Quezzi et avait coupé
« toute communication avec celui de Richelieu ; il s'était encore
« emparé du poste des Deux-Frères ; enfin, il avait fini par blo-
« quer le fort du Diamant, auquel il a donné plusieurs fois l'as-
« saut.

« Dans cette position, j'ai résolu de l'attaquer successivement
« sur tous les points de sa ligne.

« Vers trois heures, Albaro a été repris.

« A quatre heures, le point important de Quezzi a été enlevé à
« la baïonnette, et l'ennemi, culbuté, a été poursuivi jusqu'à la
« nuit.

« A cinq heures, l'ennemi a été chassé des Deux-Frères après
« avoir essuyé des pertes énormes, et sa déroute a été de même
« complète.

« Le soir, l'armée française était rentrée dans toutes ses posi-
« tions, tous les forts étaient libres, et l'armée autrichienne
« fuyait par débris.

« Nous avons fait à l'ennemi 1,500 prisonniers ; parmi eux se
« trouvent beaucoup d'officiers supérieurs ; 1.500 morts sont
« restés sur le champ de bataille ; le nombre de ses blessés ne
« peut se calculer ; enfin nous avons pris un drapeau et quelques
« canons.

« L'ennemi regardant la prise de Gênes comme assurée, avait
« réuni à lui beaucoup de paysans ; il avait promis à chacun de
« ses soldats une gratification de cinq florins sur le produit des
« contributions militaires que vous deviez payer, et aux uns et
« aux autres le pillage de la ville pendant deux jours : ce sont
« là les rapports des déserteurs et des prisonniers.

« Tel est le précis des évènements de la mémorable journée
« d'hier ; c'est à vous, qui en avez été les témoins oculaires, qu'il
« appartient de citer avec reconnaissance et admiration la con-
« duite héroïque des braves que j'ai l'honneur de commander,
« et après vous, la postérité redira tant de traits de dévouement
« et de bravoure.

« Quant à moi, je dois rendre justice à votre zèle et à votre
« confiance ferme et constante. Vous avez maintenu dans votre
« cité l'ordre le plus sévère et une parfaite tranquillité ; vous avez
« suivi avec le sentiment de l'inquiétude et de l'espérance, avec
« l'ivresse de la joie, les mouvements et les succès des Français ;
« enfin, le soir de ce jour, si fatal à l'ennemi, a été attendrissant
« par les secours et les soins généreux que vous avez prodigués à
« nos blessés, consolant pour moi, et rassurant pour l'avenir,
« en présentant le peuple de Gênes et les soldats français réunis
« d'intérêts et d'affection, et ne formant qu'une même famille
« dans un danger commun.

« Ce tableau que l'ennemi connaît déjà, fait son désespoir,
« double la force de l'armée française, et est l'augure certain de
« votre prochaine délivrance.

« Cette proclamation sera imprimée dans les deux langues,
« mise à l'ordre, transmise officiellement au gouvernement ligu-
« rien, publiée et affichée. »

Gênes, le 11 floréal an 8.

Signé : MASSÉNA.

NOTE AA. (Page 239.)

L'affaire du 10 floréal avait démontré la nécessité d'avoir un
point d'appui dans le fort de Quezzi, dont le rétablissement avait
paru jusque-là impossible, tant par le manque de matériaux et
d'argent que par la durée présumée des travaux. Il y avait en
effet tant à faire, que plusieurs officiers regardèrent l'ordre de sa
reconstruction comme inexécutable ; il y eut même des *paris* que
de trois mois ce fort ne serait susceptible d'aucune défense, quelque
activité qu'on pût y mettre. Mais, dans ce cas, le pouvoir de la
nécessité fut miraculeux ! A défaut d'autres moyens, et en creu-

sant les fossés, 600 tonneaux qu'on remplissait de terre, tinrent
lieu de gabions et de saucissons. On en fit des escarpes de 20 à
25 pieds de haut ; on en forma des merlons pour les embrasures ;
on en fit des parapets ; et pour éviter que l'ennemi, dans une attaque de vive force, ne brisât à coups de hâches le tonneau inférieur et ne fit crouler toute l'escarpe, il fut construit, en avant de
cette escarpe et en forme de revêtement, un mur en pierre sèche
de la même hauteur. Ces deux genres de construction se soutenaient réciproquement et suffisaient pour parer à tous les inconvénients, puisque ce fort ne pouvait point être attaqué avec du
gros canon. Ces travaux furent l'affaire de trois jours et de trois
nuits. Les généraux, les officiers et les soldats de la 73ᵉ, à l'exemple de leur chef, le commandant Coutard, y travaillèrent avec
un dévouement inconcevable. Le chef de brigade Marès, commandant en chef le génie, secondé par plusieurs officiers de ce
corps, dirigea lui-même les travaux, et il ne quitta le fort que
lorsque la construction en fut assez avancée pour ne pouvoir en
descendre qu'avec une échelle. Comme cette construction avait
lieu à un avant-poste et en présence de l'ennemi, les travaux en
furent poussés de manière que chaque tonneau posé pouvait être,
dès l'instant même, utilisé pour la défense.

NOTE BB. (Page 241.)

Les prisonniers que l'armée avait faits étaient à Gênes des objets d'embarras et de pitié. Ces considérations avaient déterminé
le général en chef à en rendre quelques centaines à M. de Mélas,
et surtout à renvoyer sur parole tous les officiers que nous avions
pris ; mais trois circonstances firent cesser ces renvois : 1º l'o-
pinion que l'ennemi faisait *resservir* ces prisonniers contre nous ;
2º le refus de M. de Mélas de rendre au général Thureau un

nombre de prisonniers égal à celui que nous lui remettions ; 3° le renvoi que M. de Mélas nous fit de 30 employés que nous avions pris près de Finale.

Pour ne pas avoir à craindre les prisonniers dans Gênes, le général en chef les fit embarquer sur des bâtiments ; pour ne pas avoir à les nourrir, il chargea le gouvernement ligurien de les comprendre dans les distributions qu'il faisait au peuple. Mais qu'étaient, pour des hommes forts et robustes, quelques cuillerées d'une mauvaise soupe aux herbes !

On aura une idée de la faim dévorante à laquelle ils furent en proie, quand on saura qu'ils mangèrent leurs souliers, leurs havre-sacs et leurs gibernes, et que l'on n'osait envoyer personne à leur bord de peur qu'il ne fût dévoré. On entendait leurs cris dans tout le port. Pour terminer leurs souffrances, le général en chef avait vainement fait demander à M. le général Ott qu'il leur fît porter chaque jour, par mer, les vivres qu'on n'était pas en état de leur faire donner. Or, pour que cette demande fût mieux appuyée, il avait autorisé les prisonniers à envoyer à leur général des députés pris parmi eux, et avait de plus rendu plusieurs officiers autrichiens pour achever de constater la déplorable situation des prisonniers. Cette proposition n'ayant pas été agréée, leurs maux empirèrent tous les jours ; aussi beaucoup se jetèrent à la mer et se noyèrent de désespoir, ou faute des forces sur lesquelles ils avaient compté pour se sauver.

Tout cela était sans doute affreux ; mais il fallait avoir tout fait pour la prolongation de ce terrible blocus.

NOTE CC (Page 286.)

Le territoire de Gênes étant entièrement nul sous le rapport des productions, cette ville ne pouvait s'approvisionner que par le commerce

Le gouvernement de Gênes, frappé de l'idée que cette circonstance pouvait exposer le peuple à la famine ou le mettre à la merci des spéculateurs, forma des greniers d'aboudance, se chargea de vendre le pain au peuple, et le fit à un prix si modique, que la vente de ce pain ne produisit pas à beaucoup près ce qu'il coûtait. Quant à la classe riche, en partie commerçante à Gênes, elle pourvoyait elle-même à ses approvisionnements.

Tel était, sous ce rapport, l'état habituel des choses ; mais la difficulté des arrivages, les besoins extraordinaires ou plutôt continuels des troupes, avaient souvent forcé de prendre au gouvernement génois, comme à tant de particuliers, les grains qu'il parvenait à se procurer, et il en était résulté que tous les magasins étaient vides.

De leur côté, les riches, sur qui pesaient les impositions et réquisitions de toute espèce, et à qui la voie de la mer paraissait trop peu sûre, espérant un temps plus heureux, avaient épuisé leurs provisions sans chercher à les renouveler.

Les négociants, dans la stagnation générale qui résultait de l'incertitude des évènements, s'abstenaient de tout commerce ; ils osaient encore moins se livrer à celui des grains qui, en effet, fut si funeste pour tous ceux qui le tentèrent, et ils n'en avaient presque point en magasin lorsque le blocus fut formé.

De là toutes les souffrances, tous les désastres dont nous avons parlé ; de là, enfin, et malgré la reddition de Gênes, la gloire de tant de braves et celle du général en chef.

NOTE DD. (Page 322.)

NÉGOCIATION

POUR

L'ÉVACUATION DE GÊNES, PAR L'AILE DROITE DE L'ARMÉE FRANÇAISE,

ENTRE

**LE VICE-AMIRAL LORD KEITH, COMMANDANT EN CHEF
LA FLOTTE ANGLAISE, LE LIEUTENANT-GÉNÉRAL
BARON OTT, COMMANDANT LE BLOCUS,
ET LE GÉNÉRAL EN CHEF FRANÇAIS MASSÉNA.**

Art. 1er. L'aile droite de l'armée française, chargée de la défense de Gênes, le général en chef et son état-major, sortiront avec armes et bagages, pour aller rejoindre le centre de ladite armée.

Réponse. L'aile droite, chargée de la défense de Gênes, sortira au nombre de huit mille cent dix hommes, et prendra la route de terre pour aller par Nice en France; le reste sera transporté par mer à Antibes. — L'amiral Keith s'engage à fournir à cette troupe la subsistance en biscuits, sur le pied de la troupe anglaise. Par contre, tous les prisonniers autrichiens faits dans la rivière de Gênes par l'armée du général Masséna dans la présente année, seront rendus en masse. Se trouvent exceptés ceux déjà échangés au terme d'à-présent; au surplus, l'art. 1er sera exécuté en entier.

Art. 2. Tout ce qui appartient à ladite aile droite, comme artillerie et munitions en tous genres, sera transporté, par la flotte anglaise, à Antibes ou au golfe Juan.

RÉPONSE. Accordé.

Art. 3. Les convalescents et ceux qui ne sont pas en état de marcher, seront transportés par mer jusqu'à Antibes, et nourris ainsi qu'il est dit dans l'art. 1er.

RÉPONSE. Ils seront transportés par la flotte anglaise et nourris.

Art. 4. Les soldats français restés dans les hôpitaux de Gênes, y seront traités comme les Autrichiens. A mesure qu'ils seront en état de sortir, ils seront transportés ainsi qu'il est dit dans l'art. 1er.

RÉPONSE. Accordé.

Art. 5. La ville de Gênes ainsi que son port seront déclarés neutres. La ligne qui déterminera cette neutralité sera fixée par les parties contractantes.

RÉPONSE. Cet article roulant sur des objets purement politiques, il n'est pas au pouvoir des généraux des troupes alliées d'y donner un assentiment quelconque. Cependant les soussignés sont autorisés à déclarer que Sa Majesté l'Empereur s'étant déterminée à accorder aux habitants de Gênes son auguste protection, la ville de Gênes peut être assurée que tous les établissements provisoires que les circonstances exigeront, n'auront d'autre but que la félicité et la tranquillité publiques.

Art. 6. L'indépendance du peuple ligurien sera respectée ; aucune puissance actuellement en guerre avec la République ligurienne, ne pourra opérer aucun changement dans son gouvernement.

RÉPONSE. Comme à l'article précédent.

Art. 7. Aucun Ligurien ayant exercé ou exerçant encore des

fonctions publiques, ne pourra être recherché pour ses opinions politiques.

RÉPONSE. Personne ne sera molesté pour ses opinions, ni pour avoir pris part au gouvernement *précédent à l'époque actuelle.*

Les perturbateurs du repos public, après l'entrée des Autrichiens dans Gênes, seront punis conformément aux lois.

Art. 8. Il sera libre aux Français, aux Génois, et aux Italiens domiciliés ou réfugiés à Gênes, de se retirer avec ce qui leur appartient, soit argent, marchandises, meubles ou tels autres effets, soit par la voie de mer ou par celle de terre, partout où ils le jugeront convenable; il leur sera délivré à cet effet des passeports, lesquels seront valables pour six mois.

RÉPONSE. Accordé.

Art. 9. Les habitants de la ville de Gênes seront libres de communiquer avec les deux rivières, et de continuer de commercer librement.

RÉPONSE. D'après la réponse à l'art. 5.

Art. 10. Aucun paysan armé ne pourra entrer ni individuellement ni en corps à Gênes.

RÉPONSE. Accordé.

Art. 11. La population de Gênes sera approvisionnée dans le plus court délai.

RÉPONSE. Accordé.

Art. 12. Les mouvements de l'évacuation de la troupe française qui doivent avoir lieu conformément à l'art. 1er, seront réglés, dans la journée, entre les chefs de l'état-major des armées respectives.

Réponse. Accordé.

Art. 13. Le général autrichien commandant à Gênes, accordera toutes les gardes et escortes nécessaires pour la sûreté des embarcations des effets appartenant à l'armée française.

Réponse. Accordé.

Art. 14. Il sera laissé un commissaire français pour le soin des blessés et malades, et pour surveiller leur évacuation. Il sera nommé un autre commissaire des guerres pour assurer, recevoir et distribuer les subsistances de la troupe française, soit à Gênes, soit en marche.

Réponse. Accordé.

Art. 15. Le général Masséna enverra en Piémont, ou partout ailleurs, un officier au général Bonaparte pour le prévenir de l'évacuation de Gênes; il lui sera fourni passe-port et sauve-garde.

Réponse. Accordé.

Art. 16. Les officiers de tous grades de l'armée du général en chef Masséna, faits prisonniers de guerre depuis le commencement de la présente année, rentreront en France sur parole et ne pourront servir qu'après leur échange.

Réponse. Accordé (*).

ARTICLES ADDITIONNELS.

La porte de la Lanterne, où se trouve le pont-levis, et l'entrée du port, seront remis à un détachement de la troupe autrichienne

---

(*) Par des chicanes et des retards, dont le général Masséna se plaignit à différentes reprises, M. de Mélas a trouvé les moyens de différer de plusieurs mois l'exécution de cet article.

et à deux vaisseaux anglais, aujourd'hui 4 mai, à deux heures de l'après-midi.

Immédiatement après la signature, il sera donné des otages de part et d'autre.

L'artillerie, les munitions, plans et autres effets militaires, appartenant à la ville de Gênes et à son territoire, seront remis fidèlement par les commissaires français aux commissaires des armées alliées.

Fait double sur le pont de Cornigliano, le 4 juin 1800.

> *Signé* B. OTT, lieutenant-général.
> KEITH, vice-amiral, commandant en chef.
> MASSÉNA, général en chef.

NOTE EE. (Page 287.)

Nous avons cru devoir consigner ici l'opinion d'un étranger et d'un Génois sur ce grand évènement. Ces notes, au surplus, sont d'autant plus remarquables, que c'est deux mois et demi après le blocus qu'elles ont été écrites.

« Général,

« Voici les notes que je vous ai promises. Leur rédaction se ressent de l'état de ma santé, mais c'est la vérité qui les a dictées.

« C'est à vous, c'est à vos talents et surtout à votre sensibilité, de peindre et d'apprécier nos sacrifices et nos maux. Nous avons admiré l'héroïsme des Français ; nous n'avons pas démérité de leur estime.

« Si vous partez demain, je n'aurai pas le plaisir de vous voir. Je vous prie, dans ce cas, de vouloir bien emporter quelques souvenirs de Gênes et d'un homme qui aime la vertu, la République et la France.

« Je vous prie aussi de m'envoyer quelques exemplaires de votre rapport sur le blocus de Gênes : l'amour de ma patrie forme la plus grande partie de mon amour-propre.

« Salut, estime et attachement.

« L. CORVETTO.

« Gronan, le 28 août 1800 (an VIII). »

NOTE SUR LES DERNIERS JOURS DU BLOCUS DE GÊNES.

« La dernière période du blocus, en ne roulant presque plus sur des opérations militaires, n'en offre pas moins un spectacle très intéressant.

« L'ennemi, ne pouvant vaincre Gênes, l'avait affamée.

« Je ne me permettrai d'entrer que très légèrement dans le détail des fautes, des malheurs ou des crimes qui ont entravé l'approvisionnement de l'armée et de la ville, et compromis l'existence de tant de braves et de *cent vingt mille habitants*.

« Le gouvernement avait concentré dans ses mains tout le blé que la spéculation et le courage tiraient de la France en bravant la vigilance des Anglais. Il avait annoncé des primes et un prompt paiement; mais il lui était impossible de remplir ce second engagement, si le produit journalier de la vente ne lui fournissait pas le moyen de l'achat, n'ayant pu avancer lui-même pour une opération de cette importance que la somme de 1,250,000 francs environ, qu'il avait tirée des négociants de la place à titre d'emprunt usuraire.

« Pour soutenir l'équilibre, il fallait donc que le blé livré par le gouvernement pour la subsistance des troupes et du peuple fût payé avec exactitude. Les fournisseurs de l'armée manquèrent à leurs engagements; le général en chef en fit arrêter quelques-uns; mais les troupes demeurèrent à la charge du gouvernement, et les prix des grains et de toute espèce de comestibles augmentant tous les jours dans une progression effrayante, un vide de plusieurs millions se fit rapidement dans l'administration des subsistances, et il fut aisé de prévoir que le gouvernement n'étant pas en état de payer les nouveaux arrivages, le découragement se serait mis dans le commerce, que les spéculateurs auraient contremandé leurs commissions, et que la faim aurait servi l'ennemi bien mieux que ses attaques impuissantes et ses bombardements inutiles.

« Il est encore à observer que les besoins du centre de l'armée exigèrent assez souvent des mesures de vigueur et de force qui ne faisaient qu'aggraver les malheurs de cette pénible situation. Les bâtiments destinés pour Gênes ayant payé le prix de leurs cargaisons, et même des droits extraordinaires et très forts à Marseille, étaient arrêtés depuis Nice jusqu'à Savone, renvoyés sans paiement, et frustrés aussi bien de leurs avances que de l'appât de ce gain qui leur faisait affronter tous les dangers du blocus.

« Enfin, la famine commença ses horribles ravages. La classe la plus indigente du peuple en souffrit cruellement ; les gens les plus aisés furent réduits à des privations inconcevables. Des malheureux répandus dans les rues les remplissaient de leurs gémissements, et, tombant à chaque pas de pure défaillance, couraient la ville en jetant des cris affreux ; des enfants délaissés, des physionomies pâles et défigurées, où se peignaient à la fois les angoisses du présent et le désespoir de l'avenir ; des mourants et des morts dont la police faisait enlever bien vite les cadavres sans les formalités accoutumées ; voilà une faible esquisse du spectacle déchirant qu'offrait aux yeux de l'homme sensible une ville jadis si riche et si florissante !

« Il faut rendre justice aux Gênois : les secours des riches se prodiguaient aux pauvres. Il faut la rendre encore au gouvernement : exécutant avec le plus grand zèle les intentions du général en chef, il régularisa en effet ces secours et les rendit plus utiles. Il fut ordonné que chaque père de famille aurait seize sous (monnaie de Gênes) par jour ; ses enfants, sa femme, tout individu pauvre qui ne serait pas père de famille, dix sous chacun. Les curés donnèrent la liste des pauvres de leurs paroisses respectives, et la municipalité fit, sur les riches, la répartition proportionnelle du subside, en prenant pour base le rôle de l'imposition personnelle.

« Mais ce n'était pas assez que de donner aux pauvres de l'argent; il fallait leur donner de quoi manger avec cet argent. La municipalité fut chargée de faire distribuer journellement des soupes, à un prix très modique, à ces mêmes indigents auxquels on venait de fournir les moyens de les acheter. Quelques légumes, du fromage, du cheval, et surtout des herbages que les Français étaient obligés quelquefois de conquérir à la baïonnette aux environs de la place, composaient ces soupes, et leur prix laissait encore aux pauvres, sur leur subside journalier, de quoi acheter quelque autre chose, un peu de vin, par exemple, dont heureusement encore la ville abondait.

« Cependant le peuple était calme, et le soldat en partageait avec constance tous les malheurs... Ce fut dans ces circonstances pénibles que les Anglais bombardèrent les faubourgs et la ville, dans la vue d'y exciter un soulèvement contre les Français.

« Dans la dernière décade, l'amidon, qu'on employait depuis longtemps à la confection du pain, venant à manquer, on y substitua du *cacao*. Le pain, malgré cela, disparut bientôt tout-à-fait. Les troupes et les malades n'eurent plus que quelques confitures très dégoûtantes, dont il fallut défendre l'usage, et quelques onces de son.... Encore cette misérable ressource était-elle entièrement épuisée la veille du traité.

« Parmi tant de maux, il faut le redire, point d'insubordination dans l'armée, point de mouvement dans la ville. Un comité de surveillance générale inspectait les quartiers; des patrouilles françaises et civiques faisaient concurremment le service de la nuit; tout le monde se retirait très régulièrement chez soi à dix heures du soir... Dans un état de choses aussi violent, pas un vol, pas un meurtre (*), pas une rixe, même dans les nuits d'un bombardement qui répandit d'abord parmi les habitants une con-

---

(*) Ceci n'est pas exact.

sternation générale, mais qui finit par être regardé comme une barbarie, tout au moins inutile, de la part des Anglais... Et voilà sans doute des traits, peut-être uniques, qui appartiennent à l'histoire.

« L. Corvetto. »

NOTE FF. (Pages 186 et 325.)

EXAMEN DE LA CONDUITE MILITAIRE DU FELD-MARÉ-CHAL DE MÉLAS, COMMANDANT, EN 1800, L'ARMÉE AUTRICHIENNE EN ITALIE, CONTRE LES AR-MÉES D'ITALIE ET DE RÉSERVE.

Ouvrant la campagne avec une armée de 135,000 hommes, secondé par plusieurs corps sardes et par la masse des insurgés du Piémont et de la Ligurie, ayant même pour auxiliaires 15,000 hommes de troupes anglaises, réunis à Mahon, une flotte entière et deux flottilles, les seules forces qu'au 5 avril (15 germinal) M. de Mélas se trouvait avoir à attaquer (non compris les 3 à 4,000 hommes formant l'aile gauche de notre armée et opérant sur le mont Cenis) consistaient :

1° En 10,500 combattants, gardant Gênes et ses avancées ;
2° — 3,500, en position en avant de Savone ;
3° — 5,000 réunis autour de Finale.

Or, je le demande, marchant contre ces 18 à 19,000 combat-tants, morcelés sur un front aussi étendu, marchant contre eux avec 55,000 à 60,000 hommes réunis, comment, et sans que cela puisse mériter d'être cité, fût-ce de la part d'un général d'armée de troisième ordre, ne pas débuter par anéantir les 3,500 hom-mes qui, dans notre position, formaient notre centre, puis les

5,000 de notre gauche, sauf à revenir ensuite sur les 10,500 de notre droite et qui jamais ne pouvaient lui échapper?

En effet, et quant aux 3,500 hommes en position aux redoutes de Monte-Notte, dirait-on *qu'il leur restait une chance de salut?*... Ce serait une dérision... Jamais succès n'aurait été plus certain, plus facile, plus rapide, car c'est par 15 *fois* leur nombre que M. de Mélas pouvait les assaillir.

Dirait-on *qu'ils pouvaient être secourus à temps?*... Mais Savone est à dix lieues de Gênes, à huit lieues de Finale, et il ne fallait pas un jour pour détruire cette division (3e de l'aile droite de l'armée d'Italie), et elle eût été anéantie avant que l'on eût connu ses dangers!

Dirait-on *qu'elle pouvait se jeter dans Savone?* Mais, se dirigeant par la Stella, ne pouvait-on, au moyen d'une marche de nuit, porter dix mille hommes entre Savone et elle, et, au point du jour, l'attaquer à la fois de flanc, de revers et de front, afin de retarder son mouvement rétrograde? Et quand, ce qui est inadmissible, quelques débris de cette division seraient parvenus à se jeter dans Savone, ils y eussent, faute de vivres, été à discrétion, et d'ailleurs qu'eussent-ils signifié?

Dirait-on enfin, *que le pays n'était pas propre à de telles manœuvres?* Jamais localités n'y furent plus favorables. — *Que M. de Mélas ignorait la position et l'état de nos troupes?* Il les connaissait aussi bien que nous. — *Qu'il fut contraint d'agir inopinément.* Il avait eu six mois pour combiner ses plans; et ce qui prouve qu'il était prêt, c'est que c'est lui qui prit l'offensive.

Maintenant, ces 3,500 hommes détruits, était-il possible d'hésiter à se porter sur les 5,000 combattants couvrant Finale, auxquels d'avance un corps suffisant aurait dû couper la retraite, et qui, assaillis de toutes parts, auraient, en moins de trois jours, succombé en totalité? Non, sans doute; car exécuter ce plan, était exécuter ce à quoi nous nous attendions, du moins Gauthier et moi.

Cependant, et quant aux conséquences de ces désastres, que serait-il advenu, que pouvait-il advenir des 10,500 hommes qui eussent occupé Gênes? Restant seuls de l'aile droite de l'armée, ils n'eussent pas été moins ébranlés de la perte d'une division entière, de la disparition du centre de l'armée, de la masse des troupes qui se seraient reportées sur eux, des effets de la peste, de la famine, de la misère, que de cette conviction qu'il ne serait resté ni espoir de salut pour si peu de braves, ni chance de succès pour l'armée de réserve. Quant au feld-maréchal, faisant à la hâte retrancher la Coronata, le Monte-Creto et le Monte-Faccio, et plaçant 10,000 hommes dans le premier de ces camps, 8,000 dans le troisième et 12,000 dans le second (sans compter les Sardes et les insurgés), non-seulement c'en était fait de Gênes et de ses défenseurs, mais, les garnisons de la Haute-Italie défalquées, 80,000 Autrichiens devenaient disponibles contre l'armée de réserve, et cela un mois avant qu'elle ne pût déboucher en Lombardie, ce qui laissait plus que le temps nécessaire pour barrer ou achever de barrer les vallées du Saint-Bernard et du Saint-Gothard, et pour qu'aux principaux points de passage, on pût hérisser de batteries la rive droite du Pô, etc.; situation dans laquelle le Premier Consul aurait d'autant moins franchi les Alpes, que, d'une part, un début pour nous à ce point fatal, aurait pu faire entrer en scène les 15,000 Anglais en réserve à Mahon (et qui, le cas échéant, avaient été primitivement destinés à occuper Toulon), et que de l'autre, les Génois, indociles en raison du malheur de notre position et de notre faiblesse, auraient hâté la reddition de leur ville, ce qui, sur les 30,000 hommes laissés sous leurs murs, faisait, bien avant le 15 prairial (4 juin), renforcer M. de Mélas par 20,000 hommes de plus.

Au lieu de ces opérations, toutes infaillibles, toutes évidentes, et qui ne retardaient pas de douze jours l'arrivée de M. Mélas devant Gênes, où rien d'important ne l'appelait plus tôt, qu'a-t-il fait?

Alors qu'il ne devait paraître que pour frapper des coups décisifs, il charge le général Elsnitz d'observer avec 15,000 hommes d'abord, et plus tard avec une vingtaine de mille hommes, le centre de l'armée commandée par le lieutenant-général Suchet; tandis qu'avec 40,000 environ, et encore d'après un plan tracé pas le général Bonaparte, et que l'enlèvement d'une dépêche lui révèle, (*) il se porte sur Savone et sur les trois fronts de Gênes ; puis, à part le danger réel dans lequel se trouve la 3ᵉ division et la retraite à laquelle elle est forcée (heureusement pour son salut et le nôtre, car, sans les troupes de cette division, aucune opération stratégique ne restait possible au général Masséna), il consacre les 15 et 16 germinal à des attaques sans résultats dignes de ses forces, et même il se fait battre le 17, avec perte de 4,000 hommes en tués, blessés ou pris. Le morcellement de ses troupes, l'insignifiance de son début, ses tâtonnements font prendre au général Masséna une offensive qui, en douze jours, coûte 12 à 15,000 hommes à l'armée autrichienne, et, à dix lieues de Gênes, fait cueillir de nouveaux lauriers à nos malheureux soldats !... La fortune néanmoins offre à M. de Mélas le moyen d'*anéantir*, à Voltri, tout notre corps d'expédition, ce qui encore ne laissait d'espoir d'aucun succès ni au Premier Consul ni au général Masséna. *Il le comprend*, et commet, dans l'exécution, des fautes qui lui font manquer son but avec plus de troupes qu'il n'en fallait pour l'atteindre ; et pendant que le dernier corps de l'aile droite rentre à Gênes, le général Suchet ramène son corps d'armée sur le Var, où il le réorganise, le recrute, le renforce, et d'où il se reporte sur la Bormida du moment où il a réuni 11,000 baïonnettes, et cela en détruisant, pendant ce trajet, 14 à 16,000 hommes à l'ennemi. Quant au général Masséna, continuant à livrer et à soutenir autour de Gênes d'illusires combats, il abîme à l'ennemi des corps entiers, le force à accepter un traité qui est un triomphe, et pour couronner l'œuvre, rend la victoire de Marengo possible, car elle ne l'eût pas été sans les pertes qu'il a fait éprouver à M. de Mélas, sans le temps qu'il lui a fait user, sans l'absence des 10,000 hommes d'élite, que l'évacuation de Gênes a forcé de laisser comme garnison dans cette place !

Quatre ou cinq mille hommes de plus donnés au feld-maréchal de Mélas, et il ne faisait rien de plus que ce qu'il a fait : quatre à

(*) Voir au deuxième volume, pièce nᵒ 2 : lettre du Premier Consul.

cinq mille hommes de plus donnés au général en chef Masséna, pour qui chaque bataillon de renfort agrandissait le cercle des combinaisons d'une manière si remarquable, et indépendamment de ce qui tenait aux vivres, il ressaisissait la victoire. Nous eussions même été perdus, si M. de Mélas, appliquant les instructions données par le général Masséna, le 10 germinal, à ses lieutenants, n'avait agi qu'avec des masses ; mais, morcelé à la Suwarow, il manqua souvent de forces, quand partout il devait en avoir de surabondantes ; il laissa au Premier Consul la possibilité de couper sa ligne d'opération, quand il ne pouvait douter qu'il ne manœuvrât de manière à l'envelopper ; enfin, il perdit toute la Haute-Italie avec plus d'hommes qu'il n'en fallait pour la conquérir, à plus forte raison pour la conserver. S'il faut une haute transcendance, ou la circonstance de se trouver aux prises avec un ennemi digne de peu d'estime, pour compliquer impunément une grande opération de guerre, ne fallait-il pas de la turpitude pour rester éparpillé contre Bonaparte, et même contre Masséna ? En résumé, et à l'exception de quelques manœuvres de détail exécutées par les lieutenants de M. de Mélas, une seule idée et un seul mouvement peuvent, en souvenir du blocus de Gênes, être cités en l'honneur de ce général, savoir : le mouvement que, le 19 germinal, il faisait exécuter sur Voltri, mais qui fut fait avec trop peu de troupes et sans comprendre les conséquences qu'il aurait ; puis l'attaque de Voltri, le 28 germinal, attaque qui, par notre faute, aurait eu le plus désastreux résultat, si l'exécution n'avait pas annulé ce que l'on devait attendre de l'idée, ce qui prouve que M. de Mélas n'aurait pu se vanter ni de ce mouvement, ni de cette pensée, quand même ils auraient eu un succès qu'il a manqué le 19, faute de prévision, le 28 faute de calcul, et toujours faute de talent. Le bon général ne sera jamais celui qui ne devra des avantages qu'à la supériorité des forces ou au hasard, mais celui qui, en toute hypothèse, tirera de ses moyens le plus grand parti possible, c'est-à-dire qui, dans quelque situation que ce soit, fera, de 10,000 hommes, de 25,000, de 50,000, de 100,000, tout ce qu'il sera possible d'en faire. C'est ce qui, à Cadix, à la table d'un M. Moisan, banquier français, et l'un de mes amis (de qui je tiens ce fait), fit dire au général Moreau : *Il existe en Europe une vingtaine de généraux capables de commander 25, 30, et même 40,000 hommes, et je crois pouvoir me mettre au nombre de ces derniers ; mais il n'existe qu'un seul homme au monde qui puisse commander parfaitement une armée de 100,000 hommes, et cet homme est le général Bonaparte!* Ce mot, d'une profonde exactitude, est certainement un des plus honorables que l'on puisse citer sur le compte du général Moreau, venant d'être banni par le Premier Consul, un des plus honorables que, par rapport à la campagne de Gênes, l'on puisse appliquer au général Masséna, mais un des plus *condamnant* par rapport au feld-maréchal de Mélas qui, après avoir fait autour de Gênes, comme dans la rivière de ce nom, des pertes non moins gratuites qu'irréparables, alla se pelotonner sous Alexandrie, pour s'y faire bloquer et battre, et pour perdre, *en 30 heures*, le fruit *d'une année de victoires.*

Tout cela, sans doute, est *injustifiable*, incompréhensible même, mais le général Masséna en a-t-il acquis moins de gloire? Non, certes!... Lorsqu'on est dans une position désespérée à ce point que l'on n'a plus de salut à attendre que des fautes de son ennemi, le dernier effort humain est d'en profiter et surtout d'en faire profiter un autre que soi. Et en effet, battre son ennemi avec des forces supérieures, c'est-à-dire à la Wellington, c'est déjà acquérir une espèce de gloire ; le battre à égalité de forces, c'est donner à sa victoire un éclat relatif à l'habileté des dispositions, à la vigueur de l'exécution ; mais déjouer les projets d'un ennemi contre lequel aucune lutte régulière n'est possible, faire tourner contre lui ses propres entreprises, tromper ses espérances, c'est réaliser une gloire d'autant plus belle qu'elle est plus rare. Et n'est-ce donc pas par suite des fautes de son ennemi ou de sa trop grande confiance dans ses forces et dans sa position, que le général Bonaparte, paraissant le fuir, le tourna par une marche de nuit, le prit à dos et le battit, les 15, 16 et 17 novembre 1796, dans les marais en arrière de Vérone, où il rentra victorieux par la porte opposée à celle par laquelle il en était sorti en paraissant battre en retraite; qu'en 1,800, il déboucha des Alpes, passa le Pô, et gagna la ba-

taille de Marengo, parce que M. de Mélas, pendant sa campagne
de Gênes, avait sacrifié le principal à l'accessoire ; qu'à Ulm (1805)
le général Mack passa sous le joug, parce qu'il se laissa morceler,
tourner et bloquer ; enfin, qu'à Austerlitz, Napoléon remporta la
plus magnifique victoire des temps modernes, parce que les em-
pereurs d'Autriche et de Russie, n'ayant compris que les séductions mais non les dangers de ce champ de bataille, et alléchés par
l'infériorité de nos forces, voulurent nous prendre en totalité,
au lieu de se borner à nous battre ?... Ainsi, et par le parti qu'il
tira des fautes de M. de Mélas, le général Masséna obtint à Gênes
une gloire du même genre que celle résultant de ces glorieux
faits de guerre, et de cette sorte, comme au même titre, il partagea
avec le Premier Consul l'abondante moisson de lauriers que cette
campagne de 1,800 avait présagée aux ennemis de la France ; ce
qui, du reste, conduit à cette conclusion, qu'au lieu de chercher à
incriminer la magnifique conduite de celui à qui il devait une si
grande partie de sa victoire, le Premier Consul, qui allait en retirer de si gigantesques avantages, ne devait revoir et aborder le
général Masséna que pour lui dire : « *Allons au temple, et
rendons grâce aux dieux !* » Mais, descendant du héros à
l'homme, comment ne pas reconnaître que le Premier Consul
avait trop sacrifié Masséna pour le lui pardonner jamais !...

TABLEAUX.

TABLEAU N° 1.

—

SITUATION DU QUARTIER-GÉNÉRAL EN CHEF

ET DE

L'AILE DROITE DE L'ARMÉE D'ITALIE,

AU 15 GERMINAL AN VIII.

———— ▸▸▸▸▸◉◂◂◂◂◂ ————

ETAT-MAJOR-GÉNÉRAL.

Quartier-Général en chef (GÊNES).

MASSÉNA, Général en Chef de l'armée.

OUDINOT, Général de Division, Chef de l'État-Major-Général.

ANDRIEUX, Adjudant-Général, faisant fonctions de Sous-Chef en l'absence du Général de Brigade Franceschi.

THIÉBAULT,
REILLE,
GAUTHIER,
CAMPANA, } Adjudants-Généraux, employés près du Général en Chef.

CONTANT, Chef d'Escadron commandant les Guides du Général en Chef.

OTTAVI, Adjudant-Général,
HERVO, en faisant les fonctions, } Employés à l'État-Major-Général.

FRESSINET, Général de Brigade,
TRIVULSI, Adjudant-Général,
CERISA, Adjudant-Général, } Officiers sans destination.

ÉTAT-MAJOR DE L'AILE DROITE.

Quartier-Général (CORNIGLIANO).

SOULT, Lieutenant-Général-Commandant.
GAUTHRIN, Adjudant-Général, Chef de l'État-Major.

DIVISIONS.

1re Division.
- MIOLLIS, Général de Division, Commandant.
- DARNAUD, PETITOT, Généraux de Brigade.
- WOUILLEMONT, Chef de Brigade, faisant fonctions de Général de Brigade.
- HECTOR, Adjudant-Général, Chef d'État-Major.

2e Division.
- GAZAN, Général de Division, Commandant.
- POINSOT, SPITAL, Généraux de Brigade.
- NOEL HUART, Adjudant-Général, Chef d'État-Major.
- D'AOUST, Chef d'Escadron chargé de la partie active.

3e Division.
- MARBOT, Général de Division, Commandant.
- BUGET, GARDANNE, Généraux de Brigade.
- SAQUELEU, Adjudant-Général, Chef d'État-Major.

GÉNIE, ARTILLERIE, MARINE.

GÉNIE.

Marès, Chef de Brigade, Commandant.
Couche, Capitaine, Chef de l'État-Major.

ARTILLERIE.

Lamartillière, Général de Division, Commandant en Chef.
Sugny, Général de Division, Commandant en second.
Vaumorel, Chef de Bataillon, et Chef de l'État-Major.

MARINE.

Sibille, Chef de Division, commandant les forces navales de l'armée.

ADMINISTRATIONS.

AUBERNON, Commissaire-Ordonnateur en Chef.

Lefèvre, Élève ⎫
Burel, Adjoint ⎭ près l'Ordonnateur en Chef.

COMMISSAIRES DES GUERRES.

Lenoble, chargé de la police supérieure des Hôpitaux.
Gaillardon, chargé de la police supérieure de l'Artillerie.
Marchant (cadet), chargé de la police des Transports.
Guyon, chargé de la police de la Division Gazan.
Crouzet, chargé de la police de l'Aile Droite.
Brisse, chargé de la police de la Place.
Lombard, chargé de la police de la Division Marbot.
Vast.

FAISANT FONCTIONS.

Venard, chargé de la police de la Division Miollis.
Roussillon, chargé de la police des Hôpitaux de la Place.
Lemonier.

ADJOINTS.

Lehoreau.
Guillon.

AGENTS DES DIVERS SERVICES.

Boisy, Agent général des Vivres-pain, fourrages et liquides.
Valette, Agent général des Vivres-Viandes.
Simonis, Agent général des Hôpitaux.
Scétivaux, Payeur général.
Martinet, Payeur à Gênes.

DIVISION MIOLLIS.

Quartier-Général à Albaro.

	Hommes.
Cette division occupait Saint-Alberto et Recco, par la 8ᵉ demi-brigade d'infanterie légère, forte de	600
Torriglia et Scofera par la 24ᵉ de ligne, forte de . . .	800
Monte-Cornua, par la 74ᵉ de.	1100
Albaro et Nervi, par la 106ᵉ de.	1700
Total.	4200

DIVISION GAZAN.

Quartier-Général à Saint-Quirico.

	Hommes.
Cette Division occupait Cazella, Buzalla et Savignone, par la 3ᵉ de ligne, forte de	1300
Teggia, par des grenadiers Piémontais, de	90
Voltagio et Carosio, par la 5ᵉ légère de	500
Croce de Fiechi, Cazella, Savignone, Borgo di Fornari et Ronco, par la 2ᵉ de ligne, de	1600
La Bochetta, par une compagnie d'artillerie, de . . .	40
Campo Freddo, Masone, Marcarolo, Rossiglione et Monte-Calvo, par la 78ᵉ de.	1300
Saint-Quirico, par trois compagnies de sapeurs, de . .	90
Total.	4920

DIVISION MARBOT.

Quartier-Général à Savone.

Hommes.

Le Général de Division Marbot étant malade, cette Division était commandée par le Général de Brigade Gardanne.

Elle occupait Stella et Madona, par la 3ᵉ légère, forte de   900

La Vagnolla et Monte-Notte, par la 62ᵉ de.   1500

Santo-Bernardo et la Madona di Savona, par la 63ᵉ de   500

Vado et Cadibona, par la 97ᵉ de   1300

Total.   4200

RÉSERVE.

Hommes.

La Réserve occupait Saint-Pierre d'Arena, par la 92ᵉ de   500

Sestri du ponant, et Cornigliano, par la 25ᵉ légère, forte de   1700

Total.   2200

GARNISONS DE GÊNES, GAVI ET SAVONE.

Hommes.

L'Adjudant-Général Degiovani commandait à Gênes, qui avait pour garnison :

La 44ᵉ forte de.   350

La 55ᵉ de.   250

La 73ᵉ de.   500

La 45ᵉ, forte de 500 hommes, était à Gavi   500

La 93ᵉ, forte de 500 hommes était à Savone, où il y avait de plus 200 hommes des autres corps de la Division Marbot.   700

Total   2300

RÉCAPITULATION.

	Hommes.
Division Miollis	4200
Division Gazan.	4920
Division Marbot	4200
Réserve	2200
Garnisons de Gênes, Gavi et Savone . . . . . 2100 ⎫	
Hommes de différents corps de la Division ⎬	2300
Marbot dans Savone . . . . 200 ⎭	
Hommes formant les Gardes à pied et à cheval du Général en Chef, à-peu-près	100
Total.	17920
A déduire pour les garnisons de Gênes, Gavi et Savonne	2100
Reste à l'armée active	15820

TABLEAU Nº 2.

—

TABLEAU DES COMBATS

Soutenus ou livrés, pendant les siége et blocus de Gênes,

PAR L'AILE DROITE DE L'ARMÉE D'ITALIE (AN VIII-1800).

DATES.	Nᵒˢ d'ordre et désignation.	COMMANDANTS.	OBSERVATIONS.
Germinal.			
15	1 Monte-Notte et Ca-dibona.	Général de Division Marbot. Général Gardanne.	
	2 Monte-Calvo.		
	3 Borgo di Fornari.	Général Poinsot.	
	4 Recco.	Général Darnaud. Colonel Brun.	Gênes est bloquée.
16	5 Monte-Cornua et Monte-Faccio.	Général Darnaud.	

DATES.	Nos d'ordre et désignation.	COMMANDANTS.	OBSERVATIONS.
Germinal.			
	6 Scofera et Torriglia.	Général Petitot.	Ce Général fut blessé d'un coup de feu.
	7 Carozio.		Perte d'un convoi de sept mulets, destiné pour Gavi.
	8 Cazella, Savignone, Borgo di Fornari et Ronco.	Perrin, Chef de la 2ᵉ de ligne.	
	9 Castagno.		
	10 Monte-Calvo.		
	11 Rossiglione, premier combat.	Marchal, Chef de Bataillon de la 78ᵉ de ligne.	
	12 Deuxième combat de Rossiglione.		
	13 Cabanes de Marcarolo.		
	14 Monte-Notte, Torre, Cadibona et Monte-Moro.	Général Gardanne, plus tard le Lieutenant-Général Soult.	L'Adjudant-Général Mathis est blessé.
	15 Albisola.	Le Lieutenant-Général.	

DATES.	Nos d'ordre et désignation.	COMMANDANTS.	OBSERVATIONS.
Germinal.			
	16 Canonnade du quartier de Carignan par une frégate anglaise.		
	17 Monte - Faccio , Monte - Cornua, Panesi, S. Alberto, Scofera.	Le Général en Chef, le Général de division Miollis, le général Darnaud; Burthe , aide-de-camp du général en chef.	Prise du baron d'Aspres.
	18 Campanardigo.	Général Petitot.	
	19 Buzalla.	Perrin, chef de la 2e de ligne.	
	20 Monte-Calvo.	D'Aoust , chef-d'escadron.	Prise de 2,000 cartouches.
	21 La Stella.		Rentrée des 3 bataillons laissés dans les redoutes de Torre.
18	22 Borgo di Fornari.	Perrin, chef de la 2e de ligne.	
	23 Buzalla, cabanes de Marcarolo.		

DATES.	Nos d'ordre et désignation.	COMMANDANTS.	OBSERVATIONS.
Germinal.			
	24 Ciampani.	Général Gardanne.	Sommation, repoussée, de mettre bas les armes.
19	25 Sori.		

EXPÉDITION DU PONANT, PAR LE GÉNÉRAL EN CHEF.

	26 Campo - Freddo , Rossiglione - Alto.	Général Poinsot.	
	27 Cabanes de Marcarolo.	Général de division Gazan ; d'Aoust , chef d'escadron.	
	28 Au nord des Cabanes.	Lieutenant - Général, Général Gazan.	Prise de cent mille cartouches et de 2 pièces de canon
20	29 Sassello.	Lieutenant-Général ; Général Poinsot; Godinot, Chef de la 25e légère.	Prise de 3 pièces de canon.

DATES.	Nᵒˢ d'ordre et désignation.	COMMANDANTS.	OBSERVATIONS.
Germinal.			
	30 Varaggio.	Général en Chef, Général Gardanne, Général Fressinet.	Le Général Gardanne, les Adjudants-GénérauxCérisa et Campana, les Aides-de-Camp Burthe, Marceau et Laudier, sont blessés.
	31 Ivrea.		
21	32 La Verreria.	Lieutenant-Général, Général de division Gazan, Général Poinsot; Mouton et Godinot, Chefs de brigade.	Prise de sept drapeaux.
	33 ⎫ 34 ⎬ L'Hermette, Gros-Pasto. 35 ⎭	Lieutenant - Général, Général Poinsot, Général Fressinet; Mouton et Godinot, Chefs de brigade.	Le Chef de brigade Godinot blessé ; le Chef de brigade Villaret tué.

DATES.	N°ˢ d'ordre et désignation.	COMMANDANTS.	OBSERVATIONS.
Germinal.			
	36 Cogoletto.	Général en Chef, Adjudant - Général Gauthier.	
22	37 Perte de l'Hermette.		
	38 Reprise de l'Hermette.	Lieutenant - Général, Général de Division Gazan , Général Poinsot, Général Fressinet.	Prise du colonel du régiment de Keith.
	39 Reconnaissances en avant de l'Hermette.		
	40 Reconnaissances sur Santa-Justina, la Galera et la Stella.	D'Aoust , Chef d'escadron.	
24	41 La Moglia.		
25	42 Hauteurs de Savone.	Général en Chef, Général Oudinot, Adjudant-Général Gauthier , Adjudant - Général Thiébault.	

Dates.	Nos d'ordre et désignation.	Commandants.	Observations.
Germinal.			
	43 Sassello.	Général de Division Gazan.	
	44 La Moglia.	Lieutenant - Général, Général de Division Gazan, Général Fressinet, Général Poinsot.	Le Général Fressinet reçoit 2 blessures.
26	45 46 } La Verreria, Sassello.		Le Lieutenant-Général repousse la sommation du Général Bellegarde de mettre bas les armes.
28	47 Voltri.	Lieutenant - Général, Général de Division Gazan.	Le 28, mort du Général Marbot.
	48 Sestri du Ponant.	Général Cassagne.	

DATES.	Nᵒˢ d'ordre et désignation.	COMMANDANTS.	OBSERVATIONS.
Germinal.			

Commandement du Général Miollis.

du 18 au 28

    49 La Bochetta.
    50 Campo-Maron
    51 Torriglia.   L'Adjudant - Gé-
                     néral Hector.
    52 La Bochetta.
    53 Albaro.   Général Darnaud.
    54 Monte-Faccio.   Général Darnaud.
    55 En avant du fort Adjudant - Géné-
        du Diamant.   ral Ottavi.

(Ici finit l'expédition du Ponant, ainsi que le commandement du Général Miollis.)

Floréal.

   1   » . . . . Première offre
                                     d'une capitu-
                                     lation hono-
                                     rable (par le
                                     Général Mé-
                                     las)

   2   36 Monte-Rati.

DATES.	Nᵒˢ d'ordre et désignation.	COMMANDANTS.	OBSERVATIONS.
Floréal.			
3	57 Saint‑Pierre‑d'A‑ rena.	Général Cassa‑ gne.	Prise du colo‑ nel du régi‑ ment de Na‑ dasti.
	58 Les Deux-Frères.		
	59 Rive gauche de la Sturla.	Général de Divi‑ sion Miollis.	
4	. . . .		Deuxième offre d'une capitu‑ lation hono‑ rable (par l'Amiral Keith.)
6	60 Ponte-Decimo.		
7	61 Reconnaissances.	Général Cassa‑ gne; Godinot, Chef de briga‑ de.	
9	62 Saint‑Pierre‑d'A‑ rena.	Général Cassa‑ gne.	

DATES.	Nᵒˢ d'ordre et désignation.	COMMANDANTS.	OBSERVATIONS.
Floréal.			
10	63 Deux-Frères. 64 Du nord.	Général Cassagne Lieutenant - Général, Général de Division Gazan , Général Spital ; Coutard, Chef de bataillon.	
	65 Du levant.	Général en Chef, Général de Division Miollis, Général Darnaud, Général Poinsot. Adjudants - Généraux Thiébault et Hector; Donnadicu, Chef d'escadron.	Trois pièces de canon prises.
12	66 Reconnaissance de la Coronata. 67 Deux-Frères. 68 La Coronata.		

DATES.	Nᵒˢ d'ordre et désignation.	COMMANDANTS.	OBSERVATIONS.
Floréal.			
18	69 Cornigliano.		
	70 Combat sur mer.		Une chaloupe napolitaine coulée ; deux traversées par nos boulets.
19	71 Second bombardement.		
21	72 Il Becco, Monte-Faccio, Monte-Cornua. 73 Monte - Parisone , Bavari, Nervi.	Général en Chef; Lieutenant-Général, Général de Division Miollis, Général Darnaud; Adjudants-Généraux Gauthier, Reille, Hector ; Chef de brigade Vouillemont.	
22	74 Saint-Pierre - d'Arena. 75 Nervi		

DATES.	Nᵒˢ d'ordre et désignation.	COMMANDANTS.	OBSERVATIONS.
Floréal.			
23	76 Monte-Creto.	Lieutenant - Gé - néral, Général de Division Ga- zan, Général Poinsot, Géné- ral Spital. Ad- judants - Géné- raux Gauthier, Reille et Gau- thrin.	Le Lieutenant- Général bles- sé et pris; l'Adjudant- Général Gau- thier, blessé; le Chef de brigade Per- rin, de la 2ᵉ de ligne, tué.
	77 Sur le Bisagno.	Adjudant - Géné- ral Hector.	
23	78 Sur la Sturla.	Général de Divi- sion Miollis.	
23	₰		Troisième offre d'une capitu- lation.
27	79 Troisième bom- bardement.		
28	80 Monte-Faccio.		
29	81 Combat sur mer.		
30	82 Quatrième bom- bardement.		

DATES.	Nᵒˢ d'ordre et désignation.	COMMANDANTS.	OBSERVATIONS.
Prairial.			
»			Au 1ᵉʳ prairial, le nombre des prison- niers faits par 17,000 *moribonds* , était de 13,242 hom- mes.
1	83 Cinquième bom- bardement.		
2	84 Combat de nuit sur mer.		
	85 Cornigliano.		Destruction de nos moulins.
	86 Sixième bombar- dement.		
	87 Saint-Pierre-d'A- rena.		Canonnade.

DATES.	Nᵒˢ d'ordre et désignation.	COMMANDANTS.	OBSERVATIONS.
Prairial.			
8	88 Droite de la Sturla.	Général de Division Miollis. Général Darnaud.	Le Général Darnaud blessé et amputé. Les Adjudants - Généraux Hector et Noël Huart, blessés. Le Chef d'escadron La Villette, blessé.
10	»		Demande d'une entrevue par le Général Ott, quatrième offre d'une capitulation honorable.
	89 Septième bombardement.		
	90 Huitième bombardement.		90 combats en 57 jours.

Dates.	Nos d'ordre et désignation.	Commandants.	Observations.
Prairial.			
12	»		Ouverture des négociations, sous le prétexte de l'échange des prisonniers.
13 et 14	»		Continuation des négociations.
15	»		Conférence et ratification du traité.
16	»		Avant le jour, le Général en Chef, suivi de son état-major, quitte Gênes et se rend par mer à Nice.

TABLEAU Nº 3,

—

TABLEAU

DES

Distributions faites à Gênes pendant le blocus,

— ⋙⋯⋘ —

Du 50 germinal au 29 flor a',

La demi-ration de pain de 12 onces.

4 onces de farine de gros millet avec de l'huile ou du fromage alternativement, en remplacement de viande fraîche.

La demi-pinte de vin, et depuis le 13 floréal, la pinte entière chaque jour.

Du 29 floréal au 3 prairial (*).

8 onces de pain.
8 onces de viande fraîche.
La pinte de vin.

(*) Le 2 prairial il ne restait plus en magasin que 207 quintaux 29 livres de farine, et 526 quintaux 77 livres de son. C'est alors que le mélange d'autres substances devint indispensable.

Les officiers de santé présidèrent au mélange.

5 Prairial.

8 onces de pain fait avec
$\begin{cases} 50 \text{ quintaux de son rémoulu.} \\ 10 \quad — \quad \text{d'amidon.} \\ 30 \quad — \quad \text{de gros millet.} \\ 5 \quad — \quad \text{de petit.} \\ 5 \quad — \quad \text{de froment.} \end{cases}$

8 onces de viande fraîche.
La pinte de vin.

4 Prairial.

8 onces de pain fait avec
$\begin{cases} 50 \text{ quintaux de son remoulu.} \\ 10 \quad — \quad \text{d'amidon.} \\ 25 \quad — \quad \text{de gros millet.} \\ 5 \quad — \quad \text{de froment.} \\ 5 \quad — \quad \text{de petit millet.} \end{cases}$

8 onces de viande fraîche.
La pinte de vin.

5 Prairial.

6 onces d'un pain fait
avec de la farine pro-
venant de
$\begin{cases} 25 \text{ quintaux de gros millet.} \\ 5 \quad — \quad \text{d'amidon.} \\ 2 \quad — \quad \text{de froment.} \\ 3 \quad — \quad \text{de petit millet.} \\ 35 \quad — \quad \text{de son remoulu.} \end{cases}$

8 onces de viande fraîche
La pinte de vin.

6 Prairial.

6 onces de pain fait avec
$\begin{cases} 40 \text{ quintaux de son remoulu.} \\ 3 \quad — \quad \text{de froment.} \\ 22 \quad — \quad \text{de gros millet.} \\ 6 \quad — \quad \text{de petit.} \\ 9 \quad — \quad \text{d'amidon.} \end{cases}$

8 onces de viande de cheval.
La pinte de vin.

7 Prairial.

6 onces de pain fait avec
$\begin{cases} 25 \text{ quintaux de gros millet.} \\ 3 \quad — \quad \text{de petit.} \\ 8 \quad — \quad \text{d'amidon.} \\ 2 \quad — \quad \text{de graine de lin.} \\ 37 \quad — \quad \text{de son.} \end{cases}$

8 onces de viande de cheval.
La pinte de vin.

8 Prairial.

6 onces de pain fait avec
$\begin{cases} 16 \text{ quintaux de cacao.} \\ 2 \quad — \quad \text{de graine de lin.} \\ » \quad — \quad 18 \text{ liv. d'avoine.} \\ 2 \quad — \quad \text{de froment.} \\ 6 \quad — \quad \text{de haricots.} \\ 6 \quad — \quad \text{de riz.} \\ 31 \quad — \quad \text{de son} \\ 10 \quad — \quad \text{d'amidon.} \end{cases}$

8 onces de viande de cheval.
La pinte de vin.

9 Prairial.

6 onces de pain fait avec
$$\begin{cases} 20 \text{ quintaux de cacao.} \\ 10 \quad — \quad \text{d'amidon.} \\ » \quad — \quad 750 \text{ liv. de riz.} \\ » \quad — \quad 350 \text{ liv. de haricots.} \\ 33 \quad — \quad \text{de son.} \end{cases}$$

8 onces de viande de cheval.
La pinte de vin.

10 Prairial.

6 onces de pain, même nature de mélange que pour le 9.
8 onces de viande de cheval.
La pinte de vin.

11 Prairial.

6 onces de pain fait avec
$$\begin{cases} 5 \text{ quintaux d'amidon.} \\ 9 \quad — \quad \text{de froment.} \\ 5 \quad — \quad \text{de haricots.} \\ 26 \quad — \quad \text{de cacao.} \\ 25 \quad — \quad \text{de son.} \end{cases}$$

8 onces de viande de cheval.
La pinte de vin.

12 Prairial.

6 onces de pain, même nature de mélange que pour le 11.
8 onces de viande de cheval.
La pinte de vin.

13 Prairial.

5 onces de pain, même nature de mélange que pour le 11.
12 onces de viande de cheval.
La pinte de vin.

14 Prairial.

5 onces de pain, même nature de mélange que pour le 11.
12 onces de viande de cheval.
La pinte de vin.

15 Prairial.

3 onces de pain fait avec
$\begin{cases} 20 \text{ quintaux de cacao.} \\ 10 \quad — \quad \text{de son.} \\ 4 \quad — \quad \text{d'amidon.} \\ 4 \quad — \quad \text{de haricots.} \end{cases}$

12 onces de viande de cheval.
La pinte de vin.

Signé **AUBERNON,** Commissaire-Ordonnateur en Chef.

TABLEAU No 4.

—

ÉTAT

PRÉSENTANT

Le renchérissement progressif des denrées de 1re nécessité,

PENDANT LE BLOCUS DE GÊNES.

—◆—

BLÉ-FROMENT.

75 francs le quintal, du 15 au 30 germinal.
90 — du 1er au 15 floréal.
110 — du 16 au 30 floréal.
300 — du 1er au 5 prairial.

NOTA. Au delà de ce terme, il n'y a plus eu de prix fixe ; on peut dire seulement que la livre de blé a été portée à 5 fr. avant le 10 prairial, et à plus de 10 fr. avant le 15.

FARINES.

Le prix des farines a été proportionnel à celui des grains, jusqu'au 30 germinal ; mais à cette époque, le blocus de la place ayant été resserré et les moutures étant devenues plus difficiles, le

prix des farines s'est élevé, du 1er au 30 floréal, à moitié en sus
de celui des grains, et dans la dernière quinzaine du blocus, à plus
du double, en sorte qu'une livre de farine a été payée, du 10
au 15 prairial, au-delà de 20 fr. la livre.

PAIN.

24 fr. la livre, du 5 au 10 prairial.
De 30 à 36 fr. du 10 au 15 prairial.

BISCUIT.

Il était extrêmement rare, et on peut juger, d'après les données
ci-dessus, à quel prix il a été vendu.

RIZ.

250 fr. le cent, du 1er au 15 floréal.
320 fr , du 15 au 30 floréal.
6 fr. la livre, du 1er au 15 prairial.
8 et 10 fr. la livre, du 5 au 15 prairial.

LÉGUMES.

136 fr. le cent, du 1er au 15 floréal.
175 fr. le cent, du 15 au 30 floréal.
3 fr. la livre, du 1er au 5 prairial.
6 fr. la livre, du 5 au 15 prairial.

BLÉ-TURC.

175 fr. le cent, du 1er au 15 floréal.
220 fr. le cent, du 15 au 30 floréal.
4 fr. la livre, du 1er au 15 prairial.
7 et 9 fr. la livre, du 5 au 15 prairial.

CACAO.

3 fr. la livre, du 1er au 5 prairial.
3 fr. 50 cent., du 5 au 10.
4 fr., du 10 au 15.

Nota. Le manque absolu des grains, farines et légumes, ayant forcé de faire entrer le cacao dans la composition du pain, le prix en a été porté tout-à-coup au double de sa valeur ordinaire ; mais il faut observer encore que les frais de manutention de cette denrée étaient si considérables, que cette espèce de pain revenait, toute fabriquée, à près de 6 fr. la livre.

VIANDE.

2 fr. la livre, du 1er au 15 floréal.
2 fr. 12 s. la livre, du 15 au 30 floréal.
4 fr. la livre, du 1er au 6 prairial.

Nota. Au-delà du 6 prairial, les bestiaux manquèrent absolument ; il fallut recourir à la viande de cheval, dont le prix fut porté :

A 2 fr. 12 s., du 6 au 10 prairial.
5 fr. et même 6 fr. la livre, du 10 au 15 prairial.

VIN.

Ce liquide n'a jamais manqué ; aussi le prix ne s'en est-il pas accru dans la proportion des autres denrées Il s'est maintenu à 7 sous du 1er au 30 floréal, et ne s'est élevé qu'à 10 sous la pinte du 1er au 15 prairial.

Nota. Il est aisé, d'après ces détails, de se faire une idée juste des prix des autres comestibles.

Signé **AUBERNON**, Commissaire-Ordonnateur en Chef.

TABLEAU N° 5.

—

LISTE ALPHABÉTIQUE

DES

PERSONNES CITÉES DANS CE VOLUME,

Avec indication des pages où il est question d'elles.

—————————⊙⊱⊰⊙—————————

Nota. Quelques personnages de l'antiquité ou des temps postérieurs, rappelés à propos de certains faits historiques, sont également compris dans cette liste.

A

B

D

E

F

G

H

N

O

P

T

V

CARTE POUR L'INTELLIGENCE DE LA 5ᵉ ÉDITION DU JOURNAL

DES SIÈGE ET BLOCUS DE GÊNES 1846

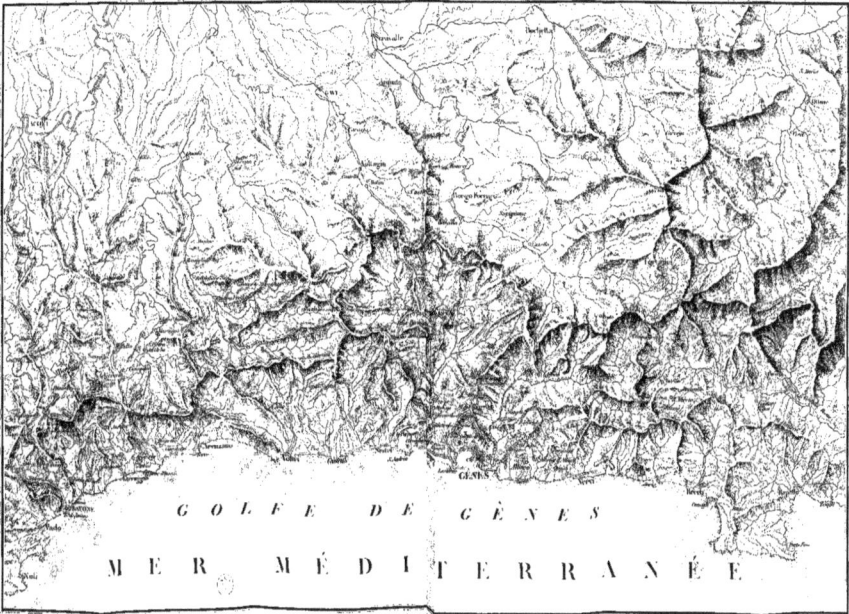

GOLFE DE GÊNES

MER MÉDITERRANÉE

Échelle de 24 000 mètres.

Échelle de 12 000 toises.

www.ingramcontent.com/pod-product-compliance
Lightning Source LLC
Chambersburg PA
CBHW050555270326
41926CB00012B/2067